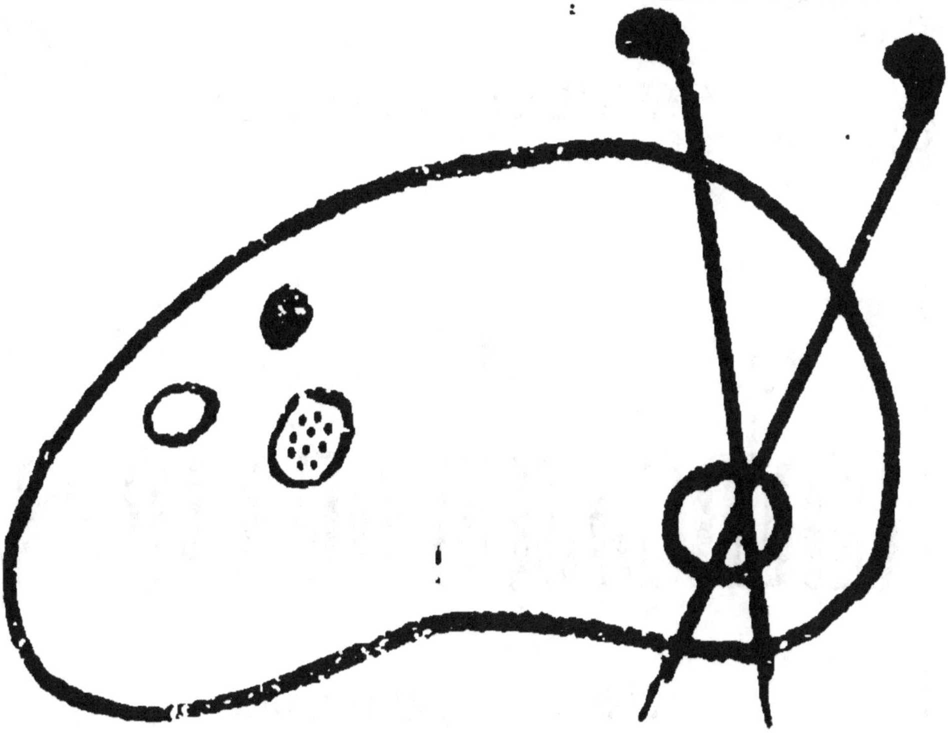

Couvertures supérieure et inférieure
en couleur

CATULLE MENDÈS

LE
CHERCHEUR DE TARES

--- ROMAN CONTEMPORAIN ---

PARIS
BIBLIOTHÈQUE-CHARPENTIER
EUGÈNE FASQUELLE, ÉDITEUR
11, RUE DE GRENELLE, 11

1898

Extrait du Catalogue de la **BIBLIOTHÈQUE-CHARPENTIER**
à 3 fr. 50 le volume
EUGÈNE FASQUELLE, ÉDITEUR, 11, RUE DE GRENELLE

ŒUVRES DE CATULLE MENDÈS

POÉSIE

Poésies complètes.	3 vol.
La Grive des Vignes.	1 vol.

ROMANS

Zo'har	1 vol.
La première Maîtresse	1 vol.
Grande-Maguet	1 vol.
La Femme-Enfant	1 vol.
La Maison de la Vieille	1 vol.
Rue des Filles-Dieu, 56	1 vol.
Gog	2 vol.

NOUVELLES

Lesbia	1 vol.
Le Confessionnal	1 vol.
La Messe rose	1 vol.
Arc-en-Ciel et Sourcil-Rouge	1 vol.

ÉTUDES

Richard Wagner	1 vol.

CRITIQUE

L'Art au Théâtre (1895, 1896, 1897).	3 vol.

7113. — L.-Imprimeries réunies, rue Saint-Benoît, 7, Paris.

LE

CHERCHEUR DE TARES

EUGÈNE FASQUELLE, ÉDITEUR, 11, RUE DE GRENELLE

ŒUVRES DE CATULLE MENDÈS

PUBLIÉES DANS LA **BIBLIOTHÈQUE-CHARPENTIER**
à 3 fr. 50 le volume.

RICHARD WAGNER (3e mille) . . . . 1 vol.
ZO'HAR (24e mille) . . . . 1 vol.
LESBIA (8e mille) . . . . 1 vol.
LA PREMIÈRE MAITRESSE (22e mille) . . . . 1 vol.
GRANDE-MAGUET (9e mille) . . . . 1 vol.
LE CONFESSIONNAL (3e mille) . . . . 1 vol.
LA FEMME-ENFANT (11e mille) . . . . 1 vol.
POÉSIES COMPLÈTES (2e mille) . . . . 3 vol.
LA MESSE ROSE (3e mille) . . . . 1 vol.
LA MAISON DE LA VIEILLE (8e mille) . . . . 1 vol.
LA GRIVE DES VIGNES (Poésies) (2e mille) . . . . . . 1 vol
RUE DES FILLES-DIEU, 56 (4e mille) . . . . 1 vol.
GOG (5e mille) . . . . 2 vol.
L'ART AU THÉÂTRE (1re année, 1895) . . . . 1 vol.
ARC-EN-CIEL (3e mille) . . . . 1 vol.
L'ART AU THÉÂTRE (2e année, 1896) . . . . 1 vol.

Paris. — L. MARETHEUX, imprimeur, 1, rue Cassette.

CATULLE MENDÈS

LE
CHERCHEUR DE TARES

— ROMAN CONTEMPORAIN —

PARIS
BIBLIOTHÈQUE-CHARPENTIER
EUGÈNE FASQUELLE, ÉDITEUR
11, RUE DE GRENELLE, 11

1898
Tous droits réservés.

J'ai longtemps hésité à faire imprimer ces manuscrits.

Outre que, au point de vue des récits, leur intérêt n'est sans doute pas excessif, et que, en ce qui concerne le style, leur valeur me paraît médiocre, pourra même, à beaucoup de gens, sembler totalement nulle, l'homme qui a noirci les Sept Cahiers d'une menue écriture, très serrée, aux lignes deux à deux se rejoignant, celle-là qui se précipite, celle-ci qui se hausse, au bord extrême de la page, comme

deux rails sur le point de n'en former qu'un,
— écriture rapide, pointue, incisive, agressive, agriffeuse, dévoratrice — m'a laissé le souvenir d'un fort déplaisant personnage.

Il fut malheureux à cause de sa propre vilenie. Nuire à soi-même n'excuse pas d'avoir nui aux autres ; le suicide, suivant le meurtre, dérobe à l'échafaud, non à la responsabilité ; l'empoisonneur qui boit, après sa victime, au verre mortel, est un double empoisonneur.

Et l'on ne pourrait pas objecter en sa faveur qu'il fut dément, ou démoniaque. Sa folie, en tout cas, n'était qu'intermittente, car, entre ses hallucinations, ses rages, ses humeurs noires, — sortes de crises d'hépatite bilieuse, — ou ses amnésies fréquentes mais peu durables, il faisait preuve d'un atroce bon sens, d'une méchanceté extraordinairement lucide ; la cacositie morale est un indice de perversité, non de déraison. Pour ce qui est de la hantise diabolique, s'il y croyait, s'il la jugeait visible et tangible à ses heures d'accès, je pense que, en l'état de santé, il n'y ajoutait foi que pour se disculper, à ses propres yeux peut-être, de ses malignités. De même que Socrate avait pour démon son génie, et Napoléon sa malice pour Petit-Homme-Gris, il avait, lui, pour cacodémon, son instinct.

Du moins, le personnage de qui je parle fut-il véritablement original ?

Je n'en suis pas bien sûr.

Il y avait en lui du Faust, — d'un Faust infime, et à rebours, amoureux non pas d'Hélène mais de Phorkyas, et qui serait son propre Méphistophélès autant que l'humanité peut contenir d'incarnation diabolique; du profanateur d'hosties, du salisseur de marbres, et, aussi, de l'Homme d'Esprit et du Critique dramatique; il aurait goûté de la gentiane dans un rayon de miel, bu de l'impiété dans le Saint-Graal. Surtout, il ne voyait bien, en l'être et en la chose, que le mal ou le laid, et, n'y fussent-ils point, les y voyait; son œil était un excellent microscope aux lentilles sales. Cet homme ressemblait encore à cette espèce de maniaques errants que connaissent les gens de police et qu'ils désignent sous le nom de « renifleurs d'égout ». Sa seule personnalité, c'est que, éperdu de sa malfaisance et de sa malpropreté, il en souffrait néanmoins, je l'ai déjà dit, effroyablement; stercoraire qui a horreur de l'ordure, scarabot qu'écœure l'excrément, il trouvait sa punition, non point son expiation, dans son vice, savait qu'il l'y trouverait, ne pouvait pourtant pas s'empêcher de l'y mériter.

Cela même était-il véritablement singulier, et, par suite, valait-il d'être divulgué?

Qu'une fatalité ou un instinct, vindicte déjà, nous ait poussés, n'importe ; chez tout homme, le mal a le malheur pour infaillible écho. L'assassin, d'une blessure invisible, saigne plus atrocement que l'assassiné; point de boue jetée qui ne rejaillisse; qui sait si, par chaque damnation nouvelle, le Tentateur n'aggrave pas sa propre damnation?

Mais la raison qui, plus qu'aucune autre, me retint d'ouvrir pour tout le monde les Sept Cahiers, c'est que l'époque où ils me furent remis, et beaucoup d'années suivantes, n'étaient pas des temps propices à leur publication.

Lamentables jours de vigueur abolie, d'hébétée torpeur, où notre race s'étirait, bâillait, ne sachant plus, ne croyant plus, ne rêvant plus, pareille, de la courbature aux reins et de la vomissure aux lèvres, à ces débauchés qui, soûlés d'abjectes joies dans quelque bouge de lumière et d'or, puant l'alcool et les filles, éructant des odeurs de tabac et des relents de maquillages, se prirent de querelle avec les soupeurs de la salle voisine, allèrent sur le terrain, dès le petit jour, en titubant, non de peur, se battirent mal, ivrognes, et, rentrés chez eux, rapportés chez eux, l'ichor leur suintant de la plaie, et la pituite des coins de la bouche, couvent en un mi-sommeil qui se tord pesamment et souffle, l'immonde nuit et l'ignominieux matin! et ils ont peur du réveil, honte du jour. La nation ne voulait pas revivre, se renfonçait dans l'opacité de l'abrutissement, préférait même d'affreux cauchemars, mensonges du moins, à la réalité de son désastre. Des millions de vivants étaient un tas immense de ressorts brisés! Ne pouvant plus l'amour, ni l'art, ni la gloire, ni même l'espoir, l'homme français fut, une heure de la durée, comme s'il n'existait point.

Quel crime ç'aurait été d'offrir à la foule aveulie, et désolée, des spectacles, des leçons, de plus de doute et de plus de désillusion et de plus d'inespérance encore, en les navrants récits des Sept Cahiers.

Hélas! nous n'avions pas besoin d'apprendre le dégoût — ni le néant.

Mais une autre ère, aux roses fraîcheurs d'aube, et, déjà, aux vives santés d'avant-midi, s'est levée et s'éploie. Il semble que la langueur et l'abominable ennui se dispersent comme de vaines brumes. L'activité sort du lit des mauvais songes et des paresses; il y a des frissonnements d'essor, vers où, vers quoi, on ne sait, n'importe, pourvu que les âmes s'ouvrent et palpitent. On dirait que tressaillent dans la société un tumulte et une joie de ruche près d'essaimer! Notre récente humanité a des clameurs et des gestes de mise en marche, la diane a sonné dans les esprits, la jeunesse croit à la beauté et à la bonté de vivre.

Donc, nul inconvénient désormais à imprimer les pages du Chercheur de Tares; non seulement elles n'auront aucune ralentissante influence sur l'heureux et généreux élan réveillé de notre race, mais, au contraire, par l'horreur d'un lâche exemple, par son naturel effet antithétique, elles stimuleront l'amour à plus de passion, l'espérance à plus de foi, la vitalité à plus de vie! C'est pourquoi les Sept Cahiers noirs seront publiés ici.

Maintenant, je vais dire en très peu de mots les circonstances où j'ai rencontré Arsène Gravache, quel il apparaissait physiquement, et comment ses manuscrits me sont venus dans les mains.

Il y a vingt-cinq ans, on me connaissait déjà pour un assez mauvais peintre; mes contemporains n'auraient peut-être pas besoin de fouiller longtemps dans leur mémoire pour se souvenir des gorges-chaudes que l'on faisait chaque année lorsque j'exposais, dans mon atelier ou dans l'arrière-boutique de quelque marchand de couleurs, mes tableaux refusés au Salon même des Refusés. Un cheval violet — ma trente-troisième œuvre — fut célèbre pendant plus d'un mois; je puis dire que, plus tard, on s'occupa beaucoup moins du *Pauvre Pêcheur*, de Puvis de Chavannes, que de mon *Hamadryade au lézard;* par un prodige que je ne me suis jamais expliqué, et que rien, tandis que je travaillais devant ma toile, ne m'avait fait prévoir, le lézard, sans doute durant le trajet de mon logement au lieu d'exposition, avait déteint sur toute la nymphe; et elle était si verte, je la vis moi-même si verte, que j'éclatai de rire avec le monde. En mon for, je me doutais bien que j'étais une mazette, que je ne serais jamais autre chose. Mais cela, je le *savais*, je ne le *croyais* pas.

Artiste imbécile, j'aimais mon art d'un amour passionné, qui, d'être toujours malheureux, ne s'alentissait jamais; et je trouvais dans le rut de mon impuissance des délices de possession parfaite. Non, je ne pense pas que Rubens, à voir surgir sous sa brosse les éblouissements de la chair d'or, ait connu plus de joie, ni Fra Angelico, à réaliser des saintetés d'âme en des beautés de corps, plus d'extase, que je n'en éprouvais à peindre une botte de carottes, ou un navet, à côté d'une casserole de cuivre! Car je m'étais résigné aux natures mortes. Ah! que Musset a bien raison! la Muse est toujours belle, même pour l'insensé, même pour l'impuissant! Mes navets étaient vraiment les pommes des Hespérides. Même je souffrais peu des déceptions : elles étaient si brèves, l'illusion se reformait si vite, et si magnifiquement. De sorte que, pas riche, mais point pauvre (je donnais mes tableaux à qui en voulait, à bien peu de gens, hélas!), jeune, blond, en bon point, joufflu même, un parterre de jardinier de roses sous la fenêtre de ma chambre à Montparnasse, et un éden de chimères dans la cervelle, j'étais, ma foi! un fort heureux bon garçon, bon aux autres, et bon à moi-même.

J'avais une maîtresse, une fois par semaine.

Stéphanie.

Stéphanie, c'était la Beauté.

A vrai dire, cette jeune personne était stupide, et d'autant plus qu'elle l'était avec littérature.

A quatorze ans, quand elle quitta, en cheveux, la fruiterie maternelle, pour aller poser chez le sculpteur au fond de la cour, elle ne savait pas ses lettres; rencontrée un soir de rôderie aux Champs-Élysées, par un Anglais, — un très grand artiste, affirmait-elle plus tard, — celui-ci l'emmena, la garda; et, comme il savait à peine le français, il lui apprit à lire dans Byron, Shelley et Swinburne; ce ne fut que longtemps après qu'elle put déchiffrer Ponson du Terrail et Xavier de Montépin dans le texte. De là, deux bêtises, l'une bassement romanesque, à cause des feuilletons, l'autre, emphatiquement chimérique, à cause des poèmes; et, elles se conjoignaient, s'accordaient en sa populacerie native. Stéphanie imagina d'être la capitaine d'une bande de souteneurs, cambrioleurs dans la banlieue; d'où six mois de pistole. Libérée, elle fonda rue Pigalle un « Cours pour jeunes Hétaïres, à l'instar des écoles de Lesbos et de Millet », afin, disait-elle, de préparer aux

Poètes et aux Philosophes des Maîtresses dignes d'eux ; mais comme, en dehors de son anglais et des romans-feuilletons, elle ignorait tout sauf ce qu'il est interdit d'enseigner publiquement, surtout en des leçons de choses, elle retourna à Saint-Lazare. Quatre mois plus tard, elle s'éprenait de Théâtre et d'un grand diable de troisième rôle des Gobelins, avec qui elle partit en tournée. Elle jouait un don Juan femelle dans je ne sais quelle pièce, où elle avait collaboré ! A Arpajon, sifflée, huée, son amant lui dit : « Tiens, tu n'es bonne qu'à être souffleur ! » Pleine de rage, elle accepta cet humble emploi ; et, le lendemain, dès le rideau levé, se tournant vite dans la boîte de planches, elle souffla en effet, de dos ! Fin de la tournée. N'importe ! depuis ce temps, bien qu'elle se nommât Stéphanie, elle exigeait qu'on l'appelât dona Juana. Les parties de bezigue chinois, avec de professorales Vieilles, rue Mazarine, dans l'arrière-boutique d'une herboriste entremetteuse et avorteuse — le remède en même temps que le mal — la firent plus ignoble, sans qu'elle cessât d'être pédante ; elle parlait, en anglais, le plus raffiné langage, et, en français, le plus abject argot. Au total, une immonde et insupportable pécore.

Nue, sous l'or presque pourpre d'une énorme tignasse qui faisait songer à un dais de princesse barbare, elle était sublime, défiait les augustes marbres et le rêve, égalait l'idéal de la perfection.

Cette beauté était sa seule vertu. Elle n'avait d'autre pudeur que sa splendeur. Fière d'éblouir, elle y consentait tout de suite, s'habillait à peine, résolue à se déshabiller tant de fois. Jamais de corset. Dès les mois tièdes, point de dessous ni de bas. Un long vêtement sombre, — sorte de robe de chambre ou de waterproof — d'où elle émanait toute, soudain. Et elle était modèle, même chez les gens qui n'étaient pas peintres.

Je n'étais pas jaloux de Stéphanie. Mais je ne laissais pas d'être surpris qu'elle vînt chez moi un seul jour de la semaine, le lundi. Où diantre allait-elle le mardi, le mercredi, bref, les six autres jours ?

Une fois, le waterproof pas encore remis, je l'interrogeai, sans amertume.

— Voyons, expliquez-moi, ma chère Stéphanie...

Elle m'interrompit.

— Dona Juana ! exigea-t-elle.

Avec moi, artiste, elle était littérairement stupide. Je pense même qu'elle aurait bien voulu me parler anglais. Mais, comme je n'entends pas cette langue, elle daignait se traduire.

— Bien, bien, dona Juana, repris-je, je crois que j'y suis. J'ai mille et trois rivaux ?

— Non, dit-elle. Mille et trois amants, c'est trop.

— Je l'accorde.

— Et trop peu.

— Peste !

— Belle comme je suis, c'est toute l'humanité virile que doit posséder une femme, oui, toute, non pas en ses innombrables individus, mais en ses plus magnifiques, ses plus augustes, ses plus exceptionnels exemplaires ; et il faut, — à vrai dire, cela suffit — être la maîtresse de Roméo, de Napoléon Bonaparte, de Léonard de Vinci, de Spartacus, du baron de Rothschild, de Swedenborg, et de Jésus-Christ.

— Oh ! dis-je, vous n'en êtes pas encore là ! Superbe :

— Qu'en sais-tu ? dit-elle.

Mais, rhabillée, elle cessa tout à coup de se traduire.

— Écoute, mon petit (elle enfonçait une épingle dans sa toque de faux astrakan, d'où bouffait en tas la révolte rouge de ses cheveux), tu sais l'auberge de la mère Robinette, à Meudon ? Amène-toi-s-y dimanche, à sept heures, sept heures et demie. Tu verras! A moins que l'on ne se flanque une peignée, on rigolera, pour sûr!

C'était, au tournant de la route qui s'achève sous bois en sentier rétréci de bruyères, une auberge d'aquarelle : façade de briques roses, à deux étages, grimpée de lierre, de chèvrefeuille et de glycine retombant en pluie de fusée d'or ; trois marches se haussaient vers une petite porte, toujours ouverte, qui laissait apercevoir, entre de longs bancs étroits, d'étroites tables longues ; mais, un peu avant, sous l'enseigne de tôle noire, peinte en jaunebuis d'un robinet, ou, plus précisément, d'une cannelle — attestation persistante de quelque ancestral tonnelier — bâillait la large entrée d'une cour aux basses bâtisses de planches, cour, ici, pavée, là, défoncée de petites mares, avec, sous un avancement de tuiles noircies, un tas noirâtre et mou de fumier hérissé de brins de paille encore dorés, et où piaulaient parmi des battements d'ailes presque nues, vers la poule qui closse, une escalade dégringolante de poussins; et, visible de très loin, tant elle était haute et rutilante, s'érigeait, du toit de l'auberge, une girouette en forme d'énorme cannelle au tuyau doré, à la clef de zinc vermeil.

De la plus haute des marches, la mère Robinette, petite vieille nette, gaie achalandeuse, — sans doute on l'appelait Robinette en diminutif de l'immémoriale enseigne, — me fit, dès que j'apparus au haut de la côte, des signes de me hâter; et, un peu intrigué, je l'avoue, j'arrivai en courant.

— Ce n'est pas malheureux! on n'attend plus que vous, monsieur Léonard, dit-elle; il y a longtemps qu'ils sont arrivés, les autres.

Et elle se courbait de rire, les poings aux hanches.

— Hein! fis-je, Léonard?

— Oui, oui, Léonard de Vin... de Vinci. Je crois que c'est ça. Entrez vite. C'est au premier, dans le salon de trente couverts. Mais, vous savez, il faudra vous tenir, un moment, dans un cabinet. Je vais vous conduire. Tous sont enfermés aussi, séparément, dans les couloirs, ou dans l'office, ou dans les chambres. C'est Mme Juana qui a arrangé les choses.

Puis, je sonnerai la grande cloche, et vous entrerez, ensemble, dans le salon, où elle vous attend. Ce sera comme quand on ouvre toutes les petites cages du côté de la grande cage où il y a la dompteuse.

Évidemment, Stéphanie s'était hissée à quelque étonnant excès de fantaisie absurde.

J'étais depuis deux ou trois minutes dans un étroit cabinet, lorsqu'une cloche sonna, violente, à coups irréguliers. La mère Robinette se tordait de rire en tirant la corde. Et, la porte poussée, je vis, dans le salon de trente couverts, entrer de tous côtés, non moins ahuris que moi-même, me sembla-t-il, de jeunes hommes, six jeunes hommes, vers la table déjà mise, où Stéphanie, debout et nue, resplendissait, triomphale, en une attitude de déesse, la nappe du dîner lui servant de nappe d'autel ! Alors, incomparablement stupide encore qu'incomparablement belle :

— Mes amants ! mes sept amants ! mes rêves, mes gloires, mes maîtres et mes esclaves ! soyez les bienvenus au seuil de ma divinité ! Je vous nommerai, afin que vous vous honoriez l'un l'autre dans le seul culte de moi.

Puis, avec sept gestes de bras nu :

— Voici Napoléon Bonaparte ! Voici Roméo ! Voici Léonard de Vinci ! (Léonard de Vinci, c'était moi,) et Swedenborg ! et Notre-Seigneur Jésus-Christ ! et le baron de Rothschild !

Là-dessus, elle sauta de la table, empoigna son waterproof, s'en vêtit, et, près de la porte :

— Maintenant, je me cavale, je vais aider la mère Robinette à monter les chaises et à désembrocher l'oie ! Débrouillez-vous, mes petits !

Nous nous regardions, les six convives illustres, et moi, non moins fameux. Nous portions des vestons d'alpaga, ou des jacquettes de cheviotte ; nous étions coiffés de chapeaux de feutre mou ou de chapeaux de paille ; Napoléon Bonaparte portait une casquette en forme de képi ; seul, M. le baron de Rothschild avait un haut-de-forme. Qu'allait-il arriver ? se fâcherait-on ? l'un d'entre nous, irrité de l'impertinence de notre commune maîtresse, lâcherait-il quelque parole dont les autres se jugeraient blessés ? Bah ! je pouffai de rire. Alors ce furent, de toutes parts, avec des esclaffements et des mots farces, des mains tendues ; et, Napoléon Bonaparte ayant avisé sur la planche d'un buffet des bouteilles, des verres et des carafes, nous étions en train de boire le vermout, lorsque rentra, une chaise sous chaque bras et suivie de la mère Robinette levant haut la soupière, Stéphanie, qui cria en laissant tomber les chaises : « Eh bien ! c'est des bons enfants, tout de même ! »

Le dîner fut très gai, parce que la chère était saine, — l'honnêteté des omelettes faites d'œufs frais met de la franche joie dans le cœur, ce voisin de l'estomac, — parce que le vin nouveau, clair et joli comme de l'eau rose, pétillait, et parce que les cheveux de Stéphanie rougeoyaient pompeusement, et parce que, les fenêtres ouvertes, entraient dans la salle et en nous, de l'air, de l'espace, du lointain et du soleil avec des cris d'oiseaux vifs, et parce que le plus vieux des convives n'avait pas vingt-cinq ans. Même, si bête, Stéphanie, qui, de déesse absurde, redevenait faubourienne ignoble, semblait drôle.

Et les choses, peu à peu, s'expliquèrent.

Le baron de Rothschild avait un emploi dans une maison de banque ; il ne cachait pas ses espérances d'être milliardaire avant peu. « J'ai le génie financier ! » C'était bien possible. Napoléon Bonaparte venait d'entrer à Saint-Cyr ; il en sortirait sous-lieutenant ; de là, à être général d'armée... Moi, Léonard de Vinci, je peignais, hélas! des navets et des carottes — sinon des nymphes vertes — à côté de casseroles de cuivre... Bah! grand artiste tout de même. Ressemblant, avec sa barbe jaune, pointue, en même temps à un yankee et à un compagnon charpentier, Spartacus était un artisan qui employait ses loisirs à des lectures et à des rêves. Swedenborg, presque un enfant encore — il ne devait pas avoir plus de dix-huit ans, — un enfant singulier, très maigre en un long habit serré, très pâle, aux yeux vagues et lumineux cependant, comme une âme incertaine et ardente, ne nous cacha point qu'il s'adonnait aux sciences occultes, et qu'il faisait tourner les tables. Roméo, élève du Conservatoire, se destinait à l'Opéra-Comique et, plus particulièrement, à l'amour; ses regards mouraient de tendresse, et presque visiblement l'abeille baiser palpitait vers la rose encore bouton de sa bouche. Jésus-Christ, aux longs cheveux doux et lisses, parlait peu. On devinait, à son air timide, discret, recueilli, à ses toutes petites mains fréquemment jointes, qu'une dévote famille de province l'avait fait élever dans quelque collège ecclésiastique.

Recevrait-il les ordres? Entrerait-il au cloître, ou bien, dans le monde, serait-il missionnaire? Il ne buvait que de l'eau. Où diantre Stéphanie l'avait-elle déniché, celui-là? Est-ce qu'elle allait à la messe, à Saint-Sulpice? D'ailleurs, elle proclama que, entre lui et elle, rien ne s'était passé, rien de grave. « Platonique. Ne rigolez pas. Je vous dis que c'est platonique. Il n'a pas voulu. » Seul d'entre nous, il n'avait pas fait tous les autres cocus! Loin d'en être fiers, nous en fûmes, — les six, — un peu humiliés. Et de rire de plus en plus, car nous en étions à la quinzième bouteille de vin rose.

La gaîté s'alentit un peu, à cause de la nuit montante.

Le bois, devant les fenêtres, était plus profond de solitude et de mystère; il y eut ces premiers cris, lointains, connus, toujours inconnus, des oiseaux qui ne sont pas des oiseaux de jour, et, par-dessus la décadence rougissante encore du soleil, s'épanouit, s'étendit, enveloppant tout, l'immense azur cloué d'étoiles au plafond de l'infini. Ce n'est pas sans raison que le mot populaire dit « le serein », il y a l'heure où l'on prend le serein. Sérénité pour les âmes bien portantes, frisson des esprits malades ; et nous nous taisions, à cause de la majesté mélancolique du soir.

Mais Swedenborg :

— Messieurs, dit-il, il n'est rien ici-bas qui ne soit une correspondance des choses célestes. Chacun de nous est un miroir de son, ou un écho de forme ; et, déjà, nous représentons ce que nous serons selon ce que nous fûmes. Tournez-vous vers le ciel, puis tournez-vous vers cette table, vous trouverez, dans le ciel, la ressemblance sublime de cette table, puis, à cette table, la ressemblance infime de ce ciel.

Il songea un instant.

Il reprit :

— Considérez cette constellation faite de sept étoiles. C'est la Pléiade, ou ce sont les Pléiades, et nous sommes sept hommes dans cette salle. Vous remarquerez que, en nos attitudes actuelles, chacun de nous reproduit précisément la disposition particulière, quant aux intervalles et aux orientations, de chacun des mondes, de cet assemblement stellaire. Préméditation ? non point. Hasard ? pas davantage. Quoi donc ? Correspondance. Et de même que chacun des sept astres luit d'un feu personnel et rayonne vers une part différente de l'infini, chacun de nous sept, qu'une âme différente habite, s'oriente vers un divers avenir. Nous sommes, à l'exemple de la pléiade céleste où se groupe, en se divisant, tout le ciel, la pléiade humaine, lumineuses parcelles de toute l'humanité. C'est pourquoi, au lieu des sobriquets, des dénominations seulement terrestres, c'est-à-dire éphémères, dont nous désigna Stéphanie, il sied que désormais nous portions nos noms véritables, nos noms seuls véritables au point de vue des essentiels rapports. Toi, Roméo, sois Alcyone! toi, Napoléon, Taygète! toi, Léonard de Vinci, Céléno! toi, Spartacus, Mérope! toi, baron de Rothschild, Maïa! toi, Jésus-Christ, Astérope! et moi, Swedenborg, je serai la plus lointaine et la plus mystérieuse des pléiades, Electra, qui rêve et qui espère, Electra, la plus proche de l'inaccessible!

Alors, les coudes sur la table :

— Et moi, dit Stéphanie, qu'est-ce que je suis? Je ne suis pas un astre, à ce qu'il paraît!

— Toi, dit-il, tu es ce qu'il y a de commun à tous les mondes du firmament, et, par correspondance, tout ce qu'il doit y avoir, tout ce qu'il y a, en effet, de commun — en différentes splendeurs, — à tous les esprits de la terre vraiment dignes d'être nommés esprits et de devenir anges; tu es, là-haut, l'inextinguible et immarcescible Lumière, et, ici-bas, son ombre rayonnante, la Beauté!

La bonne humeur, un instant mélancolisée de soir, se rénova, plus vive. Il ne nous déplaisait pas de porter des noms d'astres! On redemanda des bouteilles. La mère Robinette préféra servir un punch, où flambèrent, mêlées, toutes nos lueurs stellaires. Alcyone, — c'était Roméo, — buvait à la santé de Mérope, — c'était Spartacus. Moi, Céléno, j'embrassais Napoléon-Taygète. Electra-Swedenborg, l'œil ébloui, découvrait des mondes, habités d'anges, dans l'étincelle d'une cuillère à café, reflétée dans son verre, et, encore que juif, le baron Maïa embrassait Jésus-Astérope, qui avait trouvé le moyen de se griser avec de l'eau pure, à moins qu'il ne l'eût changée en vin.

Gamineries! jeux fantasques, et fous, et ridicules, où il y avait de l'idéal pourtant, — jeunesse!

Mais l'embarras fut grand quand il fallut revenir à Paris. Plus d'omnibus. Plus de bateaux. La mère Robinette s'ingénia d'un vieux break, laissé dans la cour, trois mois auparavant, par une bande d'orphéonistes belges, qui avait quitté l'auberge, par les fenêtres, sans payer; au break, on attela les deux rosses d'un maraîcher qui renonça aux Halles centrales. Empilement de la pléiade dans une roulotte de Bohêmes ! Ce fut Napoléon Bonaparte qui prit les rênes, futur fléau des hommes commençant en fouet de bêtes, et les cahots, parmi les pierrailles de la route descendante, scandaient les chansons et les rires. Les sept étoiles, en le parfait ciel bleu, avaient l'air de nous suivre et de nous sourire. Nous leur étions une bien burlesque correspondance. Jésus-Christ avait toutes les peines du monde à empêcher de se mettre toute nue Stéphanie, qui voulait se comparer à la lune.

Cette bouffonne équipée, voulue par la romanesque impudence d'une fille, eut un doux et noble effet: l'amitié de sept jeunes hommes, la mise en commun de sept âmes, — des sept rêves éternels de l'humanité, des rayons des sept étoiles de l'intelligence humaine ! — et ce qu'il y avait eu de farce dans notre rencontre ne fut point une gêne à la gravité de notre union. Parce qu'il s'incarnait en une catin, le symbole de la Beauté, conjoignant toutes les forces du septuple esprit, toutes les splendeurs de la septuple constellation terrestre, — image de la céleste —, était-il moins auguste?

Nous ne nous séparâmes qu'avec le serment de nous retrouver bientôt. Nous fûmes, en effet, un groupe bon, ardent, généreux, — la pléiade, comme nous continuâmes à dire. Stéphanie? on se garda bien de la répudier. Mais il fut convenu, — et je suis persuadé qu'aucun de nous n'a forfait à la convention — qu'après avoir été la maîtresse de tous, elle ne le serait plus d'aucun. Elle fut notre lien idéal, — comme la lumière associe les astres. Elle y perdit sept amants, chacun de nous y gagna six fraternités. C'est un des plus chers et des plus beaux souvenirs de ma vie, celui des semaines d'été que nous passâmes à Meudon, dans l'auberge de la mère Robinette.

Comme nous étions assez pauvres, hormis le baron de Rothschild, commis assez bien appointé, et moi, Léonard de Vinci, avec une petite rente, nous ne pouvions pas avoir chacun notre chambre; on fit du grenier un dortoir, où nous dormions tous. Swedenborg disait:

« Naturellement. Correspondance. Nous sommes la pensée! et le grenier est le cerveau de la maison. »

Quand Stéphanie nous faisait visite, on la logeait dans la grande chambre du premier, à côté du salon de trente couverts, payée à écot commun. « Mère Robinette! disait M. de Rothschild, plus tard je ferai tendre d'or cette alcôve! — Et, ajoutait Napoléon Bonaparte, vos petits-neveux montreront aux voyageurs la chambre de l'Impératrice des Songes ».

A vrai dire, Stéphanie venait assez rarement; des soins la retenaient à Paris, même l'été. Sans doute, elle s'occupait de grouper quelque autre constellation.

Sans elle, ou avec elle, nous mangions, les sept, à la même table, des mets simples, et même, en leur simplicité, peu ragoûtants. La vieille et gaie hôtellière, qui prodiguait aux passants, pour achalander sa gargotte, de fort acceptable nourriture, réservait à ses pensionnaires les poulets étiques, les poissons trop tendres, et les œufs couvés; mais nous avions des estomacs robustes, — autant que nos illusions! La joie, cette santé de tout l'être, nous donnait l'appétit de tout. Les bonnes consciences digèrent bien. Nous étions, physiquement, non moins que spirituellement, heureux, de nos espérances mêlées, se stimulant, s'éblouissant l'une de l'autre. Comme chacun de nous se plaisait à l'aveu enthousiaste des ambitions fraternelles! et, ensemble, nous portions tout le merveilleux avenir. Nous fûmes, en le désintéressement de l'âge sans déception, l'amour, la gloire militaire, la délivrance de la misère esclave, l'art sublime, poésie, musique, peinture, sculpture, et l'opulence triomphante, universellement rémunératrice de l'effort, et la religion miséricordieuse, et l'élévation vers la toute sublime immatérialité du mystère! Nous préméditions le bienfait, et la gloire, de réaliser matériellement toute l'idéale utopie. Étions-nous capables de tels accomplissements? L'inquiétude, en ce temps-là, m'avait quitté, de ne pas être un grand artiste ; et, certainement, Alcyone était convaincu de l'universel amour; Taygète, des batailles gagnées, des patries heureuses; Maïa, des caisses probes, débordantes d'or et de liasses; Mérope, des égalités libres et des bienfaisantes anarchies ; et Astérope, de son Père qui est au Ciel, et Electra, de son paradis, qui est dans toutes les planètes. Que sont devenus mes compagnons? Que suis-je devenu, moi-même? Sont-ils tombés comme moi, dans la parodie de leurs chimères? Napoléon Bonaparte devint-il capitaine d'habillement dans une garnison de province, tandis que je peignais des nymphes vertes et des chevaux violets? N'importe. Le doute n'était pas en nous; mais la certitude du bien et du beau était en nous. Et peut-être, — gloire tout de même, quoique si ignorée! — fûmes-nous, médiocres en effet, très humble groupe, sans doute burlesque, peut-être, dis-je, fûmes-nous, parmi l'universelle extinction d'alors, parmi la générale pénombre, les étincelles persistantes sous les cendres, où se rallumèrent les flambeaux que nos mains n'érigent pas?

Au milieu de nos chers ravissements, il y eut une pénible, très pénible aventure.

Une fois que, tous, nous rentrions pour dîner, Stéphanie marchant devant nous avec son énorme chevelure flottante comme un vermeil étendard, et avec, dans ses bras, toutes les fraîches fleurs des clairières, la mère Robinette, du haut de la troisième marche, nous annonça qu'elle avait un nouveau pensionnaire. Un monsieur d'un certain âge. L'air bien convenable, quoiqu'il fût arrivé en courant, et le costume un peu défait. Il avait trouvé l'auberge très jolie, — « seulement, il en vient, une odeur de fumier, de votre cour! » — et il avait payé d'avance deux semaines de pension; il s'appelait, d'après ce qu'il avait écrit sur le livre de l'hôtel, Arsène Gravache, il était rentier, venait de Paris. La mère Robinette pensait que ça ne nous ferait rien qu'il mangeât à la même table que nous? Elle avait bien tort de penser cela, mais comme chacun de nous lui devait autant de semaines que le nouveau venu lui en avait payé d'avance, nous n'avouâmes pas notre ennui; Arsène Gravache dîna dans le salon de trente couverts, comme nous.

Le dîner fut moins gai que d'ordinaire, à cause de cet étranger, d'aspect fort peu agréable et même inquiétant. D'un instinct, Stéphanie n'osa pas se mettre nue, au dessert, comme elle avait coutume, pour son plaisir, et notre éblouissement. Quelques jours passés, on s'habitua à l'hôte inconnu, qui saluait discrètement, faisait peu de gestes, ne parlait jamais, et ce furent à notre table les allègres repas de naguères, — Cènes joyeuses, augustes aussi.

Tout de même, de temps à autre, je prenais garde à cet homme, à cet Arsène Gravache; il m'agaçait, je ne pouvais pas m'empêcher de l'observer, il me coupait l'appétit.

Quarante ou quarante-cinq ans, sinon cinquante, l'apparence d'âge plus vieille peut-être que l'âge réel, comme chez les gens rongés d'un cancer ou atteints d'ictéricie chronique, il était tout petit, non pas de nature, semblait-il, car il avait les bras étrangements longs, mais comme par ratatinement, et sa maigreur, très arquée au buste, était telle, en la redingote strictement boutonnée, que l'on devinait, vraiment, les creux entre les côtes du squelette à des cannelures obliques du drap très tendu. De courts cheveux, gris, çà, d'un gris de blanc sale, là, d'un gris roussâtre de fer rouillé, se crispaient plutôt qu'ils ne frisaient, en mèches torses, sur un menu front toujours remué de petites rides ; et dans une peau terreuse, ocreuse, couleur de bile épandue ; et, par endroits, comme caillée en plaques de fiel plus opaques et plus livides, il avait, sous un nez rebroussé, qui humant, s'ouvrait extraordinairement, puis, après avoir humé, se restreignait très vite jusqu'à clore les narines, une bouche sans couleur, aux lèvres rentrantes, qu'on ne voyait presque pas, et le menton s'avançait en pointe de sabot de polichinelle. Presque toujours, il gardait les yeux baissés; s'il levait ses paupières, on voyait deux petites plaies creuses, roses, aux orles de sanie, comme si on lui avait crevé les prunelles.

Et, en outre, je remarquai en lui une singularité faciale, une singularité de transformation faciale, qui m'étonna au dernier point, qui m'alarma presque.

Quand il tournait les regards vers Stéphanie, il y avait une très rapide flambée dans ses creux yeux vermeils, et du désir, de la joie même. Mais, tout à coup, son nez rebroussé, sa bouche rentrante s'allongeaient, proéminaient, comme en forme de cul-de-poule, ou de museau flaireur. On eût dit, véritablement, d'une bête dont l'appareil aspiratoire et dégustateur aurait la faculté de s'allonger en manière de tentacule; puis l'avancement, très vite, se renfonçait, comme chez une pieuvre qui se reforme en boule; et c'était alors la face accoutumée d'Arsène Gravache; seulement, ses petits yeux rouges devenaient tout humides, comme un vieux mal qui ressaigne. Or, ces étranges mouvements de visage se produisaient assez fréquemment, sans motif perceptible. Ainsi, au commencement du dîner,

Arsène Gravache se penchait vivement vers l'assiettée de potage, plein de faim, eût-on dit, mais son grouin s'avançait, se retirait, s'avançait encore, se retirait de nouveau ; et ses yeux, étrangement mélancoliques, se mouillaient d'ichor rouge.

En somme, ce vilain convive m'était fort pénible, par ses laideurs, — plus encore par la pensée que cette laideur était comme un affleurement d'âme. Je sentais en lui quelque chose d'anormal. Sans doute, je le devinais malheureux. Mais il me semblait que je n'aurais pas dû avoir pitié de lui. Sa tristesse n'était pas bonne.

Enfin, je cessai d'observer Arsène Gravache. C'était quelqu'un qui était venu, voilà tout ; ça ne me regardait pas, en somme ; je repris, comme mes compagnons, toute l'allégresse coutumière ; et jamais nous ne fûmes plus joyeux que le soir où le baron de Rothschid, qui avait reçu une lettre recommandée, ordonna à la mère Robinette de déboucher sept bouteilles de champagne, autant de bouteilles qu'il y a d'étoiles dans la Pléiade ; et nos rêves, abondamment lyriques, s'exaltèrent en toasts enthousiastes.

— Je bois, dit Roméo, à l'impérissable

amour, auguste charme et délicieux tourment des âmes et des corps !

— A ta santé, Alcyone !

— Je bois, dit Napoléon Bonaparte, aux triomphales armes sonores et aux drapeaux victorieux !

— A ta santé, Taygète !

— Je bois, dis-je, en tant que Léonard de Vinci, à tous les arts, à l'art !

— A ta santé, Celeno !

— Je bois, dit Spartacus, à l'universelle délivrance, à toutes les races librement épanouies en la fraternelle humanité !

— A ta santé, Mérope !

— Je bois, dit le baron de Rothschild, à l'or tout-puissant, généreux et fécond comme le soleil !

— A ta santé, Maïa !

— Je bois, dit Jésus-Christ, à la charité de pardon et d'espérance qui pleure en gouttes de sueur divine des temps du Crucifié !

— A ta santé, Astérope !

— Je bois, dit Swedenborg, à la sublimité conquise du mystère infini !

— A ta santé, Electra !

Et, tous levés, nous nous embrassions en un délire de foi.

Mais une voix, rude à la fois et flasque comme un jet de crachat :

— Imbéciles !

Nous nous retournâmes vers le bas bout de la table.

C'était Arsène Gravache qui avait parlé.

Il se tenait debout.

Il était tout petit.

Je vis avancer vers nous, puis se renfoncer, la tentacule de son grouin flaireur, et il avait dans sa main mi-ouverte un verre brisé, qui tombait sur la nappe en menus débris clairs, vifs, aigus, avec des gouttes rouges.

Stéphanie demanda charitablement :

— Vous vous êtes fait du mal ?

— Oui, du mal. Comme toujours. Qu'est-ce que ça fait ? Vous êtes des imbéciles !

Puis, par saccades de paroles dures et cassées, qui devaient lui faire saigner la bouche comme son verre brisé lui avait fait saigner la paume :

— Vous êtes des gamins et des dupes. Depuis des semaines, je vous écoute ; je ne disais rien, je vous écoutais. Enfin il faut que je parle. Je ne vous envie même pas, vous êtes trop bêtes. D'ailleurs, depuis longtemps, je n'envie plus, — parce qu'il n'y a rien d'enviable. Vous y croyez donc, à vos billevésées ? vous êtes, enfants, les adorateurs de ces bulles volantes ? Vous ne voyez point déjà, dans leur splendeur fragile, la petite lourdeur de savon sale, où, crevées, elles se résoudront ? Il se peut, — et je l'accorde, puisqu'il plaît à l'homme de le croire, puisqu'il lui plaît d'avoir été dupe, même avant d'être ! — il se peut que, du Verbe créateur, la Lumière, à un moment du temps immémorial, soit née, la Lumière où il y avait, parfaites, la beauté, la vertu et la joie, mais en même temps, une autre voix a dit : « Fiat Nox ! » et si, d'abord, moins puissante, toute l'ombre n'a pas absorbé toute la clarté, si même elle en fut trouée et dispersée, sa défaite a tenté des revanches de blessure ; et de son éparpillement jaloux et obstiné, gouttes de sang sombre de la Nuit vaincue, elle a fait des taches à la joie, à la vertu, à la beauté, à toute la lumière. Il y a eu, inévitablement, le laid dans le beau, le mal dans le bien, le désastre dans le bonheur. Et, d'âge en âge, les taches se sont élargies, gagnant en extension sans perdre en intensité ; elles s'élargissent encore, elles gagnent, elles gagnent, avec la lente sûreté d'un accroissement de dartre ou de cancer, et elles gagneront toujours davantage, pour le triomphe définitif de Celui qui proféra la noire Parole, écho révolté du Verbe clair. C'est vainement que, suprême effort, en la douleur et en la charité, de la clarté salvatrice, Crucifer, — le porteur de la croix radieuse, — tenta d'éloigner le triomphe du porteur de l'étoile noire, jadis vaincu qui, par une parodique et blasphématoire antiphrase, se nomma Lucifer. Lucifer, Crucifer. Les deux tenants de l'immense duel. Mais, victorieuse de la Lumière, la Nuit sera ! Et vous prenez pour des aubes les crépuscules du total obscurcissement, inévitable ? Vous ne voyez point que, ce qui se développe, c'est, non pas le commencement, mais la fin, commencée avec lui ? Oh ! tant de signes pourtant devraient vous avertir, vous avertissent. Pas de parole qui n'ait en elle son mensonge, pas de bonheur qui n'ait en lui son ironie, pas d'espérance qui ne soit la jeune pousse d'une désillusion ; il y a dans tout serment le ver du parjure ; mirez le rêve dans la réalité, il apparaît ordure. Un peu de puanteur sort du plus frais parfum ; l'auguste et fougueux idéal est un lion mangé de poux. Quoi ! vous croyez ? quoi ! vous aimez ? quoi ! vous imaginez de sublimes avenirs ? Doubles sots ! triples niais ! La belle Chimère a été violée par le Réel, comme une vierge par un ignoble amant gangrené d'un mal infâme ; et, gagnant le mal, elle a enfanté la vie ataviquement pourrissante. Il n'a servi à rien de trancher le cordon ombilical. La Tare est le nombril de l'humanité.

Nous avions, en frémissant, laissé parler le Menteur.

— En voilà un sale type ! dit Stéphanie.

Je l'écartai ; Plein d'une colère que je sentais s'enfler de la colère de tous mes compagnons :

— Qui êtes-vous ? criai-je, d'où venez-vous ? que faites-vous ici, parmi de braves gens, et qu'est-ce que vous voulez ?

J'avais empoigné une bouteille de champagne. Véritablement, j'aurais eu plaisir à fendre le crâne de ce trouble-fête, de ce trouble-idéal.

Mais Roméo :

— L'imbécile, Monsieur, c'est vous. Quelle tare, dit-il, se trouve en l'amour ?

— Le Rut.

— Et dans la gloire ? dit Napoléon Bonaparte.

— La Charogne.

— Et dans l'art? dis-je.

— L'Impuissance.

— Et dans la liberté universelle ? dit Spartacus.

— L'Égoïsme.

— Et dans les bienfaits de l'or? dit le baron de Rothschild.

— Le Lucre.

— Et dans la religion? dit Jésus-Christ.

— L'imbécillité.

— Et dans le mystère? dit Swedenborg.

Arsène Gravache pouffa de rire:

— Le Truc! dit-il.

Je lâchai la bouteille. Je fis un signe à Stéphanie, elle comprit, elle monta sur la table, elle fut toute nue dans la transparence du brouillard crépusculaire qui, de la fenêtre, montait vers elle et l'enveloppait comme d'un mystérieux encens.

Jamais elle ne parut plus suprêmement belle.

Sous l'éblouissante rousseur de ses cheveux, sa blancheur aux nobles lignes avait la chasteté d'un tout parfait marbre taillé par le plus pur des génies humains, selon la forme divine! et, d'un geste sublime, elle levait un bras vers le ciel.

4

— Regardez! regardez! dis-je. C'est la Beauté! Quelle tare la déshonore? Regardez, parlez.

Arsène Gravache eut dans les yeux un reflet de splendeur.

C'est ainsi que doit s'allumer de lune l'œil triste du crapaud.

Mais son grouin flaireur s'avança, rentra, et, tendant la main, baissant l'index vers la Forme sublime, il dit, les dents grinçantes, comme en une fureur de dégoût :

— Le Sexe! le Sexe!

Il fit bien de s'écarter, de s'échapper, de n'être plus là. Je crois bien que cette fois je lui aurais brisé la bouteille de champagne au crâne.

Lui parti, nous essayâmes de tourner l'aventure en plaisanterie, de nous moquer de ce vil personnage.

Non, c'en était fait pour ce soir des francs rires et des enthousiasmes. Une gêne nous restait, des propos absurdes tenus par Arsène Gravache. Quelques cigarettes vite fumées, on parla de se coucher de bonne heure, pour être plus dispos le lendemain...

Dans l'un des lits du grenier-dortoir, je ne parvenais pas à m'endormir. Je songeais, malgré moi, avec colère, avec tristesse aussi, à cette maussade soirée. J'entendis, montant de l'étage inférieur, un bruit de pas, de pas qui se précipitaient, s'arrêtaient, se précipitaient encore. Il y eut aussi des retentissements de choses lourdes jetées ou traînées sur un plancher; et, une fois, et une autre fois, des sanglots, brefs, par saccades rauques, des râles. Qui donc logeait au-dessous de mon lit? Ah! oui, précisément, Gravache. J'écoutai plus fixement. C'étaient bien des sanglots, des sanglots, des sanglots encore, et, par instants, un long geignement comme de bête égorgée. Mes compagnons, endormis, ne bougeaient pas... Un autre geignement fut plus désespéré, plus déchiré encore. Je me levai, m'habillai à la hâte. Aucune pitié pour ce misérable, mais une curiosité de savoir pourquoi il se désolait ainsi. Je descendis, à tâtons. Devant sa porte, je prêtai l'oreille. Ah! que sa voix était horriblement plaintive. Je tournai le bouton, j'entrai.

Entre des malles çà et là, à côté d'une lampe, il était assis, tout habillé, sur le bord du lit.

En me voyant, il se dressa, recula, s'appuya à la muraille, les poings à la poitrine, tremblant.

Je demeurai très surpris. Jamais, sur une face, je n'avais vu se manifester une si profonde, si intense, si effrayante, si définitive désespérance. Et de ses rouges petits yeux sortait par sursaut une larme, une larme, une larme, suintement, rythmé de petites plaintes, de quelque fétidité intime, et douloureuse, qui bat.

Il me dit :

— Ne me faites pas de mal. Vous voyez, je me dispose à partir. Je m'en irai demain matin, avant que vos amis soient levés. D'ailleurs, ça ne vous servirait à rien de me maltraiter. Arrivera l'inévitable. Nyx me l'a dit encore, il y a un instant. Il était là, où vous êtes. Si vous étiez venu un peu plus tôt, vous l'auriez vu. Je croyais lui avoir échappé, en fuyant de chez le docteur Lecauchois. Mais il m'a poursuivi, il m'a retrouvé. Il reviendra avant le jour, pour prendre mes bagages. Car il est mon domestique, mon tout petit domestique, quand il n'est pas mon maître. Il m'a dit : « Ce sera bientôt le temps de mes noces avec Baubô, avec Baubô, qui, la nuit, se plaint vers moi, en deux larmes sonores. Elle est assez parée, maintenant, grâce à toi, pour la fête du mariage ; et toutes les extinctions seront nos torches nuptiales. » Vous ne comprenez pas ? vous ne pouvez pas comprendre. Vous ne savez pas ce que je suis ! Laissons cela, laissons cela, et pardonnez-moi ce que j'ai dit, tout à l'heure, à table, j'ai eu tort de parler. Je le sais bien, je le sens bien. Mais ce n'est pas de ma faute, je ne pouvais pas faire autrement, jamais je ne peux faire autrement ; il faut me pardonner, je suis si malheureux, si malheureux, vous ne pouvez pas deviner ! Mais je ne vous ferai plus de mal, puisque je m'en vais. Et je voulais vous laisser quelque chose, à vous et aux autres, pour que vous me compreniez. Puisque vous êtes venu, je vais vous remettre...

D'un tiroir de commode, il tira un paquet, comme de livres carrés l'un sur l'autre. Il déchira le papier qui enveloppait. Je vis des cahiers, cartonnés, semblables à des cahiers d'école. Il me les tendit. Il y en avait sept, les uns assez épais, la plupart tout à fait plats. Ils étaient reliés de noir. Il y avait, dessus, des caractères à l'encre rouge, comme par une diablerie banale. Il me mit les cahiers dans les mains, il me dit :

— Prenez. Vous comprendrez, quand vous aurez lu. Vous verrez, sur chaque cahier, j'ai écrit un nom, l'un de ceux que vous vous donnez, vos camarades et vous. C'est toute ma vie. J'ai été bien misérable, bien affreusement misérable. Emportez-la. Vous en ferez ce que vous voudrez. Mais laissez-moi seul, il faut que je finisse mes malles. Je partirai, je ne serai jamais plus sur votre route, je m'en retournerai... où j'étais. Il faudra bien que j'y retourne, il le faudra bien. Je ne veux pas vous dire d'où je viens, où je m'en retourne, vous seriez trop content. Voyons, à présent, sortez, sortez, allez-vous-en...

Qu'est devenu Arsène Gravache? je ne l'ai jamais su; sans doute, je l'ignorerai toujours. Il doit être mort. Tant de jours se sont écoulés! Il se peut qu'il vive, cependant, très vieux, plus horrible? Peut-être quelqu'un de ceux qui liront les pages suivantes (tantôt le misérable y raconte sa propre vie, tantôt des aventures, soit imaginaires, soit réelles, où il ne semble pas possible qu'il ait été mêlé personnellement, mais d'où son esprit n'est jamais absent), se souviendra-t-il de l'avoir connu, saura-t-il s'il existe encore, — ou s'il a fini de souffrir et quelle fut la fin de ses souffrances? Il ne serait pas sans intérêt d'en être informé. Sa mort (s'il est mort) a pu avoir l'importance d'un exemple.

Cependant, voici les Sept Cahiers noirs d'Arsène Gravache. Aucun souffle, si délétère et si sombre qu'il soit, ne saurait éteindre les Sept Étoiles.

PREMIER CAHIER.

D'ARSÈNE GRAVACHE

Pour Alcyone.

I

Maman était toute en soie.

Ainsi m'apparaît-elle au lointain le plus auroral de ma petite enfance.

Est-ce mon souvenir qui la revoit? ou mon imagination qui la forme? je crois que je me souviens. J'ai dû éprouver, d'elle, ce charme soyeux, glissant, de délicatesse légère et lisse.

Le glacis de ses fins bandeaux longs, d'un roux pâlissant qui chatoie comme un reflet et sinue, la nappe fluide de son regard lilas, ou mauve, me semble-t-il, plaintif, son clair visage uni où les lèvres sont comme la cassure d'un pli à peine rose, et l'exténué fléchissement de ses bras le long de la flexible robe douce s'allonge en cette lasse ondulance, sur de la soie aussi, des convalescentes blessées encore, et laissées; et il s'épand de ses yeux une tendresse, de son sourire une mansuétude, de toute elle une suavité, comme une fluence de soie infinie...

Je revois aussi, à ce matin de vivre, le mignon garçonnet, tête blonde, de safran ébouriffé, que me montrait la glace de l'armoire ou que me racontait, me tirant vers elle, me regardant de près, de tout près, maman, en de longs éloges éblouis, interrompus de baisers dans mes cheveux, sur mes yeux, sur mes menottes, toujours bien soignées, et qui étaient si petites. Je me rappelle que j'étais très bien mis. On me changeait de costume deux ou trois fois par jour. C'étaient toujours de jolis costumes, jolis comme la robe de soie de maman, comme maman qui était en soie; et j'avais un grand col blanc, bien empesé, avec une petite dentelle autour.

Comme nous étions riches, nous habitions, l'été, — c'est d'un été que datent mes premières souvenances — une grande, très grande maison, au milieu d'un jardin, entre deux tours où il y avait de petites fenêtres derrière des rideaux de lierre et où, au sommet, criaient de gros oiseaux, qui ressemblaient à des pigeons noirs.

Nous avions beaucoup de domestiques, toujours montant et descendant l'escalier; il y en avait un, très grand, bien plus grand que les autres, plus grand que papa, plus grand que tout le monde, — un nègre —, toujours en livrée, avec des bas blancs, avec de gros boutons d'or, qui restait du matin au soir, debout, dans l'antichambre, à côté d'un autre nègre, pas si grand, un plateau dans la main; celui-ci, habillé de rouge et de vert, n'était pas vivant; il faisait semblant; il était en bois; il avait sur la tête un chandelier doré où, le soir, on allumait une bougie.

Papa me défendait de jouer avec les domestiques. Dès qu'il était parti (il partait tous les matins, après le déjeuner dans une salle où il y avait des images de grandes bêtes mangées par des chiens), je me mettais à courir du haut en bas de la maison, à rire, à pousser des cris, à tirer la jupe de la femme de chambre ou des filles de cuisines; jamais je ne passais par l'antichambre sans pincer le mollet du nègre, de celui qui était vivant. Ou bien, j'allais jouer, autour du parterre, avec les petits garçons du jardinier qui logeait dans un pavillon de briques, à côté de la grille d'or; ou bien, monté sur le dos de ma bonne, — une mulâtresse qui s'appelait Da, qui était mariée avec le grand domestique de l'antichambre — j'empoignais à pleins petits bras des feuilles et des fleurs. Souvent, d'en haut, d'en l'air, comme si un oiseau avait parlé en passant : « Arsène ! Arsène ! » C'était maman qui m'appelait, toute en soie, au soleil, parmi les coussins de la chaise-longue, sur la terrasse ; elle ne grondait pas, elle disait de faire attention, de ne pas courir trop vite, de ne pas tomber. Ou bien, les doigts au rebord de pierre, une joue dans l'autre main, elle me regardait doucement, sans parler. Tout en jouant, je sentais qu'elle me regardait sans parler, doucement. Je sentais qu'elle était là, si près, si jolie, si douce, toute lustrée de soleil. Quand j'avais fini de jouer, je montais auprès d'elle. Je m'asseyais, bien sage, un peu essoufflé, au bord de la chaise-longue. Maman m'attirait, me pressait, pas trop fort.

Tout petit, j'étais sur le cœur de maman, et le long d'elle, bercé, caressé d'un adoucissement, d'un ensommeillement souple et pensif, et d'ensevelissement aussi, comme en un demi-deuil de soie.

II

Fut-ce le même été? Fut-ce un autre? Si un hiver s'était écoulé, qu'avais-je fait, durant l'hiver, ou à demi pensé, comme pensent les enfants? Je ne sais. J'ai oublié.

Je me retrouve dans la grande maison entre les deux tours où sont les gros oiseaux qui ressemblent à des pigeons noirs. Je m'inquiète de ces oiseaux, ils ne sont pas jolis, ils crient très tristement. Il y a des volées de chardonnerets, qui font, avec l'or de leurs ailes, mille petits bruits de sonnettes, aux rosiers du parterre; la volière, sur la terrasse, est pleine d'oisillons pareils aux bijoux que maman se met au cou et dans les cheveux quand nous avons du monde à dîner. Mais je regarde très souvent les oiseaux des tours. Quand ils s'envolent, je guette s'ils reviennent, et j'attends leur cri. S'ils crient, j'ai peur. Je ne puis m'empêcher d'attendre qu'ils crient encore.

Maintenant, je sais que ce ne sont pas des pigeons. On m'a expliqué qu'on les appelle des corbeaux. C'est le domestique de l'antichambre qui m'a expliqué cela. Je lui ai demandé :

— Pourquoi sont-ils noirs?

Il a ri, avec des dents très blanches. Alors moi :

— Et vous, pourquoi êtes-vous noirs aussi, toi et ta femme?

Maman, qui sortait de la salle à manger, m'a entendu. Elle m'a pris la main, elle m'a emmené en me serrant sur elle, entre la soie de sa robe, sur la soie d'elle, elle m'a un peu grondé en m'emmenant :

— Ce n'est pas bien, il ne fallait pas parler comme ça au valet de chambre, il est très honnête, il fait bien son service. Tu lui as peut-être causé de la peine. Ce n'est pas de sa faute s'il n'est pas de la couleur des autres gens. C'est sa race; tu comprendras cela, plus tard.

J'ai répondu :

— C'est à cause des oiseaux.

— Quels oiseaux?

— Ceux qui sont noirs, les corbeaux, et qui crient, ils sont vilains. Je les regarde.

Je me souviens, je me souviens nettement qu'à cette minute ma mère m'a serré plus étroitement, m'a enlevé, m'a emporté, comme s'il allait m'arriver un malheur, comme si j'étais menacé d'un grand malheur. Sur la terrasse de pierre blanche et de soleil, la volière gazouillait, pétillait, étincelait de toutes les couleurs. Ma mère me dit :

— On la mettra dans ta chambre. Tu l'auras, le matin, devant la fenêtre. Tu ne verras plus les oiseaux noirs. Il ne faut pas regarder les oiseaux noirs. Il n'y a pas de corbeaux. Regarde les bengalis, les améthystes, et ce bel oiseau de paradis!

J'étais ébloui des jolies ailes. J'étais surtout si heureux d'être dans la douceur de maman; je ne comprenais pas ce que c'est que d'aimer. Je l'aimais délicieusement.

Il me revient à l'esprit, de si loin, une petite aventure. Une fois, étendue sur la chaise, comme elle était souvent, presque toujours, à moins qu'elle ne me cherchât dans les chambres ou dans le jardin, maman avait dit : « Il y a quelque chose qui me gêne, sous l'épaule, sous l'épaule gauche, ce doit être un bouton de l'étoffe capitonnée. » Puis elle avait parlé d'autre chose. Elle se plaignait rarement, presque jamais ; elle ne criait pas après les domestiques. Le lendemain, après déjeuner, quand elle fut couchée sur la chaise, elle se trouva très bien. Rien ne la gênait, tout à fait à son aise, elle se souleva à demi, regarda. « Mais oui, c'était un bouton... et on l'a enlevé ! » Je me mis à rire ! à rire ! c'était moi qui, sans consulter personne, avais arraché le bouton. Je ne voulais pas l'avouer. Mais maman était si contente, si contente qu'elle m'embrassa je ne sais combien de fois, et elle pleurait de plaisir. J'avais le cœur tout mouillé. Nous nous aimions bien, maman de soie et moi.

III

J'ai grandi. Quand je passe devant l'armoire, je me vois dans la glace jusqu'à la poche de ma veste, renflée de la toupie et des billes.

Je dois avoir six ans.

C'est ma mère qui, du bout d'un long doigt si doux, me montre mes lettres dans un livre où il y a des images ; chaque lettre, haute et large, a l'air d'un petit monument; c'est une Majuscule enchevêtrée d'une forme d'animal en couleur.

A la barre de l'A, il y a une chose légère, diaphane, avec des ailes dorées. Maman dit :

— Ça représente une abeille. A, Abeille.

— Qui font du miel?

— Gourmand !

Le B est étendu sur le dos d'une bête de laine ou de neige, à quatre pattes, avec un air très doux, des yeux très gros, tout bleus.

— La brebis. B, Brebis.

— Ça n'est pas méchant?

— C'est la maman des agneaux. Tu en a vu dans le pré.

— Des tout petits agneaux?

— Des petits agneaux qui sautèlent, qui bêlent.

Un affreux être rond, l'air très lourd, si noir, escalade le C. Je dis :

— Ah! le vilain, le vilain !

Et je veux toucher l'image. Maman, comme effrayée, m'a retenu la main.

— Bobo.

— Il fait bobo?

— On le dit. On dit qu'il a du venin.

— Du venin ?

— Du poison. Ce n'est pas vrai, il ne faut pas le croire. C'est un pauvre animal, très sombre, très triste, très laid.

— Oh! oui.

— Mais il a une jolie voix.

— Il chante?

— Il se plaint, en regardant la lune. On entend

comme deux petites gouttes de cristal qui tomberaient dans un plateau d'argent. C'est le crapaud. C, Crapaud.

Maman tourne les pages, de lettre en lettre, mais, de ma petite main, je les tourne dans l'autre sens. Je revois le C..

— Oh! est-ce qu'il y en a beaucoup de vivants?

— Sans doute.

— J'aurais peur, si j'en rencontrais.

— Eh bien, ne le regarde pas.

— Tu m'en feras voir un, dis?

— Veux tu bien te taire!

La leçon continue. Quand j'ai bien appris, maman me raconte une histoire, pour m'encourager.

« Dès que tu sauras lire, tu en liras de bien plus belles dans les livres ». Je n'ai oublié aucune des histoires si amusantes, si jolies, si douces, que m'a contées maman toute en soie. S'en souvenait-elle? les imaginait-elle? à présent, je suis bien sûre qu'elle les inventait. Je n'ai retrouvé nulle part, ni dans les recueils de contes populaires, ni dans ceux des contes des fées, l'aventure du Chat qui épousa une souris rose le jour où le Roi est entré dans la Ville, ni celle de la princesse Pivoine emportée par le vent du Nord, ni celle du Gorille qui montrait au pays des singes un petit Savoyard qu'il avait sur l'épaule. Puis, dans mes réminiscences de ces contes, je trouve des détails, où ne s'attardait pas ma puérile intelligence, et qui, depuis que j'ai vécu, depuis que j'ai appris tant de choses hélas! m'apparaissent comme des reflets de vie réelle, personnelle, comme de menus échos, plaintifs, de la destinée qui avait enfin couché, délicate et soyeuse, sur cette chaise-longue, ma chère et douce maman. Et l'histoire qui m'intéressa le plus, — pourquoi? je ne savais, j'ai su pourquoi, depuis, j'ai su, j'ai su pourquoi! — ce fut celle, commencée un soir, et que ma mère n'acheva point.

Nous étions, après le dîner, sur la terrasse, elle étendue, moi un peu penché, les coudes dans les plis chatoyants de sa robe, les joues dans mes petites mains; et il me semble, que, tel que j'étais, joli, blond, rose, et si ardemment attentif, je me reconnais dans le souvenir que j'ai des yeux charmés de maman. Il nous arrivait, de la pièce voisine, des bruits de billes de billard; papa jouait avec ses amis qui étaient venus de Paris, qui avaient dîné avec nous; il y avait beaucoup de jour encore dans le jardin, où l'on voyait toutes les roses et dans le vent frais qui faisait remuer le cailloutis de l'allée, les hauts tilleuls aussi, les petites feuilles échevelées des lauriers de la terrasse, et la robe douce de maman.

Je me rappelle bien le commencement du conte qui ne fut pas achevé.

« L'archiduchesse Brioche était la plus belle personne du pays des gâteaux ; elle avait une toute petite tête ronde, avec un très gros corps, tout rond aussi, ce qui est la plus grande beauté pour les brioches, et elle était, tête et corps, si dorée et sentait si bon, que tout le monde, pour la regarder et pour avoir le plaisir de son parfum, s'arrêtait devant le palais de l'archiduc, son père, qui était le plus fameux de tous les pâtissiers du monde. Ah ! le beau palais, avec des murs de nougat, des corniches en sucre de pomme et des vitres en sucre candi. C'était, vraiment, une pâtisserie royale ; les éclairs au chocolat ou au café formaient la garde de l'entrée ; avec leurs chamarrures de sucre blanc, rose, doré, les biscuits prâlinés étaient des chambellans ; au milieu de beaucoup de babas, un plus grand baba était le premier ministre, et tous les petits fours de toutes les couleurs, c'étaient les petits pages. »

— Maman ! maman ! où est-ce ? est-ce loin de chez nous ?

— J'ai oublié de te dire qu'il y avait au comptoir une grosse dame qui faisait les comptes, elle s'appelait l'Indigestion.

« Mais l'archiduchesse Brioche était la plus précieuse gourmandise de l'étalage. Beaucoup de gens se pressaient pour l'acheter, pour la manger. Vint un jeune passant qui avait une couronne d'étoiles et qui était seigneur dans une ville où tout est bâti de nuages et où les maisons ont le ciel pour toiture. Le pâtissier lui dit : « Qu'est-ce que vous feriez de Son Altesse la Brioche, ma fille? Chez vous, on se nourrit de l'air du temps et de la musique des mouches. » Puis, se présentèrent les Rois Mages; ils étaient trois, avec de grandes robes de brocart et de gros turbans; ils dirent : « C'est ce soir l'Épiphanie, et nous savons que, dans beaucoup de familles, on va manger une galette en notre honneur, ou une brioche. Eh! bien, nous aussi, nous fêtons notre fête. Vendez-nous Son Altesse, afin que nous nous réjouissions en buvant du vin blanc. — Hélas! dit le maître de la boutique, je ne voudrais pas tromper d'honnêtes rois mages comme vous; Son Altesse Archiducale n'est pas ce que vous croyez. — Eh! quoi? dirent les rois mages, n'a-t-elle point de fève? — Au contraire, elle en a une, mais, voici ce qui est arrivé : Une fois que je n'étais pas dans ma boutique, quelqu'un est entré, je ne sais qui, et, depuis ce temps, il y a dans la brioche une mauvaise fève, une fève noire, une fève empoisonnée! C'est pourquoi, Rois Mages, je vous conseille d'aller chez un autre pâtissier. » Ils s'en allèrent. Ce qu'ils avaient appris, ils le contèrent à qui voulut l'entendre. Et personne ne regardait plus la belle brioche à cause de la mauvaise fève. Mais quelqu'un, qui savait... »

— Qu'est-ce que tu as? qu'est-ce que tu as? s'écria maman en me serrant contre elle, tu as les yeux hors de la tête, tu trembles, tes mains, tes petites mains sont toutes froides. Mon Dieu! tu es malade, qu'est-ce que tu as?

— Maman!

— Eh! bien, dis?

— Maman! est-ce que, dans toutes les brioches, il y a une mauvaise fève?

— Mais non! mais non! c'est pour rire.

— Une fève noire?

— Je te dis que c'est pour rire, que c'est dans le conte, dans un conte pas vrai.

— Noire comme le crapaud?

— Voyons, comment veux-tu?...

— Et empoisonnée?

Ma mère m'empoigna, se leva, m'emporta, en me baisant, en me riant aux lèvres, en me riant aux yeux, elle descendit vite, sans passer par le salon, l'escalier de la terrasse. « Faut-il que tu sois bête! Je te demande un peu, est-ce que ça existe les fèves noires, les crapauds! » De quoi s'inquiétait-elle?

qu'avait-elle deviné en moi? « Viens! viens! tu vas voir. » Nous étions derrière la maison, dans le verger. « Regarde, mon chéri, regarde. » Tout le ciel rayonnait d'un merveilleux couchant rouge et d'or. Toutes les feuilles autour de nous étaient des flammes roses. « Regarde! regarde! regarde! comme c'est beau! comme c'est clair! c'est le bon Dieu qui donne une fête dans le ciel. » Et j'avais mes petits yeux éblouis de tant de clarté. Un bruit vint de la vallée, de tout là-bas dans la vallée. Le bruit de quelque fête foraine. « Ecoute! dit maman. C'est la musique. Il y a une fête sur la terre, comme dans le ciel. Tout le monde s'amuse, tout le monde est gai, tout le monde est bon. » La musique montait plus vive. « Et il faut danser! » dit maman, et, me tenant les deux mains, elle me fit tourner, en tournant elle-même, et elle riait, et je riais, et nous dansions en rond dans la joie lumineuse de la vie.

IV

Mon père ?

C'est plutôt en notre appartement de la ville qu'en notre maison des champs que me le montre la mémoire de mes jours puérils ; sans doute il y était mieux lui-même, lié naturellement aux choses de la vie active, urgente.

Je le revois très grand, très fort, parlant haut, faisant beaucoup de gestes. Mais il ne me causait point de peur. Il ne me grondait jamais, il se penchait vers moi, pour me rire avec une bonne face blanche et rose entre des favoris de couleur jaune, que je tirais de mes deux petites mains. Il ne se fâchait pas. « Tire! tire! » Ou bien : « Hélène, prenez-le, défendez-moi! Sans ça, il va m'arracher toute la barbe! » Maman, dans le fauteuil, se tournait : « Tenez, disait-elle, l'air heureux, vous êtes aussi bébés l'un que l'autre. » Et, nous trois, c'était à qui rirait le plus.

Je crois que je ne l'aimais pas moins que j'aimais maman. Il était très doux avec elle. Jamais il n'entrait sans aller d'abord à elle, et il lui baisait la main, quand il y avait du monde; quand il n'y avait que nous, il lui baisait le front. J'avais bien remarqué qu'il mettait plus de temps à lui baiser le front qu'à lui baiser la main. Je le tirais par sa redingote, beaucoup de fois; c'était comme quand on sonne, impatienté, un domestique qui ne vient pas. « Voyez-vous! le jaloux! » Et il m'embrassait aussi. Comme j'étais très sage, j'allais jouer, bien embrassé par papa et maman, dans un coin du salon, avec mes joujoux, qui étaient toujours là.

Il y avait une bergerie avec de petits moutons blancs et trois bergers ayant, sous les pieds, un rond de bois vert, — sans ça, ils seraient tombés par terre, — et sur la tête un chapeau de paille avec un ruban rose, qui remuait. C'était maman qui m'avait donné la bergerie. Il y avait aussi, parmi les grosses balles de caoutchouc peintes de

rose, de bleu, de vert, — on aurait dit les petits
Arlequins de chez Robert-Houdin, pelotonnés, —
parmi le jeu de grâces, les engins de bois jaune de
la boîte d'escamotage, et une forêt de pins haute
comme mon jeu de quilles, un grand pantin nègre
presque aussi grand que moi, habillé de rouge et
de vert, avec une baguette d'or dans la main et
une couronne de flammes en papier sur la tête; il
ressemblait un peu au nègre pas vivant de notre
antichambre à la campagne. Je l'avais vu, — étonné,
effrayé, ravi, — à la vitrine d'une boutique de
jouets; papa me l'avait apporté en disant : « C'est
le Sorcier des Noirs. — Comment qu'il s'appelle? »
Papa avait réfléchi : « Il s'appelle : Nyx. — Ça
veut dire? — Ça veut dire la Nuit. Tu vois bien
qu'il est de la couleur de la nuit. » Mais, une servante qui avait entendu ça — quand les autres
domestiques l'appelaient, ils criaient : Eh! l'Alsa-
cienne? — me dit : « Vrai, je ne sais pas quelle
langue il parle, votre papa. Nix, ça ne veut pas
dire : la nuit. C'est un mot de chez nous. Ça veut
dire : Rien. Oui, rien du tout. » Je fus très étonné.
Papa ne pouvait pas avoir tort. Comment était-il
possible que le même mot voulût dire : « la nuit »,
et « rien du tout? » Je l'aimais bien tout de même,
le Sorcier des Noirs. Je jouais avec lui beaucoup
plus souvent qu'avec les bergers; je le levais en

6.

l'air pour faire peur aux moutons. Ça ne m'empêchait pas d'écouter papa et maman. Ils parlaient! ils parlaient! Mon père racontait ce qu'il avait fait, ce qu'il ferait, — un tas de choses où je n'entendais guère que du bruit. Ma mère répondait : « C'est très bien. » Ou : « Vous avez bien fait, mon ami. » Ou encore : « Je vous reconnais là. » Ou encore : « Vous seul, mon ami, vous seul, pouviez faire cela. Je vous remercie d'être si hardi, si bon, si noble. » Elle disait aussi, tantôt : « Vous êtes ma consolation, » tantôt : « Vous êtes ma fierté. » Ça me faisait plaisir de l'entendre dire ces choses. Je n'étais pas plus content quand maman me complimentait parce que j'avais bien lu (je savais lire maintenant) ou parce que, sans demander conseil à personne, j'avais jeté aux mendiants de la cour, une des petites pièces blanches qu'on laissait toujours sur la console, près de la croisée, pour les aumônes.

Je n'aimais pas beaucoup les mendiants. Ils n'étaient pas bien habillés, ils n'étaient pas propres; il y avait une guenilleuse qui chantait; elle faisait le bruit d'une vieille porte qui tourne mal. Une petite fille m'avait plu d'abord. Elle était jolie, pas trop mal vêtue. Elle avait des cheveux blonds bouclés. Tout le monde, des fenêtres de la cour, lui jetait des sous. Je vis qu'elle avait sur son œil quelque chose de vilain, de verdâtre, de noir, — une taie. Elle me dégoûtait. Mais je lui faisais l'aumône pour faire plaisir à maman.

A cause de papa, j'étais très fier. Les gens qui venaient le voir l'appelaient : « Monsieur le Comte ». Le Comte d'Aprenève. Quand on disait ce nom, je me tenais plus droit, un poing sur la hanche. Je pensais que j'avais l'air d'un jeune prince, d'un dauphin, et je me sentais chaud jusqu'aux cheveux, d'orgueil ! Quelquefois papa disait : « Il fait beau temps, je t'emmène, vous voulez bien, Hélène ? » Nous sortions côte à côte, comme deux hommes. Il me tenait par la main, d'une pression solide mais qui était douce, qui ne me faisait pas de mal. Sur le trottoir, je faisais les plus grands pas que je pouvais pour marcher aussi vite que lui, sans courir. Des passants le saluaient. Je rendais le salut, comme lui. Il avait un chapeau haut de forme ; je faisais de mon mieux, avec ma casquette. Nous allions le long de la grande allée où passaient beaucoup de voitures montant, descendant. On rencontrait du monde, on s'arrêtait, on causait. « C'est votre fils ? — Mais oui. — Il a huit ans ? — Sept à peine. — Peste ! il est joliment grand pour son âge, et il vous ressemble ! — Mais oui. — Et vous le promenez ? — Vous voyez. — Vous avez bien raison, mon cher ; la famille, c'est le meilleur de la vie. Mes hommages, je vous prie à Mme la comtesse d'Aprenève. » La comtesse d'Aprenève, c'était maman. Je saluais de de la casquette, avec un peu plus de morgue. J'avais tout l'estomac gonflé de plaisir. Je dédaignais la voiture aux chèvres. Trop de petites filles trop petites. Avec maman, j'aurais peut-être voulu y monter. Avec papa, je n'étais pas un « gamin ». Même je résistais à la gourmandise qui me conseillait de m'attarder un peu devant les marchandes de sucreries. J'essayais de lui serrer la main aussi fort qu'il serrait la mienne ; et si, au moment de traverser la chaussée, il me disait : « Prends bien garde ! », je le regardais d'un petit air fier, comme pour répondre : « Ah ! bien, si tu crois que j'ai peur ! » Nous marchions parmi les roues. J'admirais papa, à cause de son adresse à passer, entre les voitures, sans hâte. Evidemment, chez l'enfant qui traverse une rue toute remuante de voitures, garé, défendu, soutenu par la main paternelle, il y a cette vague infatuation qu'un jour, plus tard, lui aussi, père à son tour, il promènera dans des dangers son enfant qui n'aura pas peur. Tout en haut des Champs-Elysées, la victoria nous attendait, et nous revenions en voiture. De la fenêtre, maman, avec son mouchoir, faisait signe, et je grimpais l'escalier, et je tombais, en pouffant de plaisir, dans ses bras, sur son cœur. Papa venait tout de suite après moi. « Nous voilà! Ç'a été une promenade! et, vraiment, Hélène, il a été très sage, très sage. » Maman m'entraînait vers son fauteuil, me prenait entre ses genoux, et me baisait lentement dans les cheveux, sur les yeux, dans le cou. « Mon chéri! mon chéri! » Alors papa s'agenouillait. J'étais entre lui et elle. C'était à peine si la tête de mon père était plus haute que la mienne ; et, tous les deux, ils me serraient, ils m'embrassaient. J'avais à la fois leurs deux baisers sur le front, et je les entendais balbutier dans les baisers qu'ils me donnaient. Ah! combien d'horribles années depuis ces heures! mais les plus déchireuses douleurs, les désillusions les plus dévastatrices de toute candeur et de toute joie, ont laissé intacts (hélas! non, pas intacts!) ces instants d'enfance, où, inconscient, je sentais avec délices, de leurs lèvres, couler en moi, mêlées, et communier en moi deux âmes jusqu'au fond de l'âme qu'ils avaient faite! et j'avais tant de bonheur que je ne savais pas ce que c'était.

Puis les feuilles verdissaient aux arbres de l'avenue, sous nos fenêtres. Le médecin, M. Lecauchois, qui venait souvent déjeuner avec nous (il tutoyait papa, il avait une bonne grosse figure avec des poils noirs et gris partout comme le vieux chien de notre jardinier, et, toujours, un

gros bouton sec sur le nez; il n'aurait pas pu l'enlever, puisqu'il était médecin?) M. Lecauchois disait :
« Allons, Madame la comtesse, retournez à Courances. Vous avez trop veillé, beaucoup trop veillé cet hiver. Il faut vous faire des forces pour le temps où vous serez ambassadrice, présidente du conseil, est-ce qu'on sait? Le grand air vous est nécessaire, allez à Courances. — Je ne demande pas mieux! » disait maman. Moi aussi, je ne demandais pas mieux. A Paris, je rencontrais quelquefois, en traversant le salon, ou dans l'escalier, un monsieur qui s'arrêtait pour me regarder. Il avait sous un sourcil, au lieu d'un vrai œil, un verre tout rond; il me regardait avec cette espèce d'œil-là, qui avait l'air d'un trou; je ne pouvais pas m'empêcher de regarder ce trou qui m'effrayait...

Et nous partions avec tous les domestiques, et tant de malles. Nous étions souvent seuls, avec tant de plaisir, maman et moi, sur la terrasse. Il me semble que, dans le linceul même, il me restera un délicieux souvenir de mes ensommeillements en la tendre et longue douceur de maman toute en soie.

V

A la campagne, une fois que nous avions à dîner M. le maire et M. le curé, je m'étais esquivé de la table, avant le dessert, — je n'aimais pas beaucoup les crèmes, à cause des mouches qui se posent dessus — et, dans le salon, les genoux sur une chaise, le coude au rebord de la fenêtre, je regardais la plaine avec de gros tas d'arbres noirs, et la rivière qui roulait des nuages. C'est curieux, tout petit encore (je n'avais pas neuf ans), j'aimais à être seul quelquefois, et j'aimais à regarder les choses, tout seul ; il me semblait que, quand personne n'était là, je les voyais autrement. Elles étaient moins belles que lorsqu'il y avait du monde ; tout de même je préférais les voir, seul ; elles me faisaient de la peine, je ne pouvais m'empêcher de vouloir cette peine.....

Il y avait dans le ciel, sur le jardin, sur tout le pays, le noir déjà de la nuit. C'était triste, de tous les côtés. De petites étoiles, toutes petites, et grises, ne luisaient pas. Il fallait regarder fixement, longuement, dans le ciel, pour les voir. Je les cherchais, avec un effort, je les trouvais avec une angoisse qui me plaisait. Je n'aurais pas voulu qu'elles fussent claires, dorées, splendides. C'étaient, plutôt que des étoiles, des taches au ciel.

Pourquoi, après tant d'années, la vision de ce soir m'est-elle si précise ? Est-ce qu'il y a des points de la vie, d'où la destinée d'un homme prend son élan, sa direction, et qu'il n'oubliera jamais, comme un coureur, dût-il courir cent années, se rappellerait toujours la barrière ouverte, d'où il s'élança ?

Je regardais encore la nuit morne, la nuit désolée, et le ciel tout taché de vilaines étoiles, lépreux d'astres gris. C'était un plaisir, oui, mais un plaisir étrange, qui ressemblait à du désespoir, un plaisir intolérable ; j'avais le frisson, à cause du vent frais, et du brouillard, ou à cause de ce plaisir. Je devais avoir la fièvre. J'aurais pu rentrer dans la salle manger où l'on parlait, où l'on riait; toute claire de lampes et de bougies. J'aimais mieux être là, seul, regardant, écoutant, attendant je ne savais quoi.

Il vint à moi, de très loin, de petits sons légers, tintants. C'était, presque, comme lorsque l'eau tombe goutte à goutte, du robinet de la fontaine, dans la cuisine. Non, ces gouttes-là ne faisaient pas le bruit des autres gouttes; et le bruit, après avoir tinté, s'étendait, s'étendait, d'écho en écho, dans la nuit, jusqu'à la fin de tout. C'était triste, et délicieux, infiniment.

Tout à coup, comme si un rideau s'était écarté, un éblouissement me délivra des obsessions de l'ombre!

La lune avait monté de derrière un nuage; toute la campagne fut une féerie. J'avais vu, dans les théâtres où on conduit les enfants, les matinées des dimanches, des palais de stalactites étincelantes, des paysages de neige et de givre. Je n'avais rien vu d'aussi clair, d'aussi beau, que cette plaine sous la lune; et la rivière était comme des pierreries laiteuses qui couleraient. J'étais tout essoufflé de joie, de bonne joie, à présent.

Mais, après un silence, les deux petites notes tintantes à peu près comme des gouttes d'eau qui tombent de la fontaine, ou plutôt (quel souvenir d'une parole entendue s'éveillait en moi, à ce moment?) comme deux perles de cristal sur un plateau d'argent, résonnèrent plus claires, plus diaphanes, eût-on dit, là-bas, là-bas, plus loin que tout, et il me vint à l'esprit (est-ce que je me rappelle en effet? ou bien est-ce que je transpose, en cette minute de mon âge puéril, la sensation, que, homme, j'aurais éprouvée?) il me vint à l'esprit que c'étaient des larmes de la lune qui, en tombant, faisaient ce bruit mystérieux, ou bien que les bulles sonores d'un souffle mystérieux montaient, deux par deux, vers la lune, qui écoutait, comme moi !

Ah! quel charme, celui ou je m'abandonnais, les coudes à la fenêtre ! Si, enfant, je connus véritablement cette émotion, si, à l'heure actuelle, je n'en exagère pas l'intensité, certes, un étrange destin précoce était sur moi.

Le certain, c'est qu'un besoin, irrésistible, me prit de me rapprocher du son qui m'enchantait, de voir, de voir de près, de tout près, la chose, ou l'être, d'où il émanait. Qu'est-ce que j'espérais? Je ne sais. Croyais-je que je trouverais, où tintait la double note délicate et exquise, quelque merveilleux oiseau chanteur? non, je ne le pense pas. Au contraire, en réminiscence d'une chose que j'avais pensée quand maman commençait de m'apprendre mes lettres, éprouvai-je l'attirance de quelque sale et abominable monstre ? oui, plutôt. Car j'avais une espèce de peur de ma curiosité satisfaite. Ma curiosité n'en était pas moins ardente, pas moins passionnée. Oui, passionnée. A huit ans et demi! Je voulais savoir, je voulais savoir qui ou quoi chantait ainsi, mystérieusement, vers la lune! et même l'épouvante de quelque chose de hideux exaspérait mon désir.

Je quittai la fenêtre.

Je traversai la salle à manger.

— Comment, Arsène, tu n'es pas encore couché? Joseph, appelez la femme de chambre.

— Non, non, dis-je, je l'appellerai moi-même J'ai sommeil, je vais dormir.

J'embrassai papa, j'embrassai maman. A chacun des convives, j'offris, faisant le tour de la table, mon front, selon l'habitude, et je gagnai l'antichambre. Rien n'avait pu me distraire de mon vouloir. Les somnambules, qui reçurent un ordre, doivent marcher ainsi vers l'obéissance, ne se laissant pas retarder, ne se laissant pas distraire.

Les domestiques, dans le vestibule, sur l'escalier, ne prirent pas garde à moi. Il y avait un événement. Da, la mulâtresse (j'entendis sans comprendre) allait accoucher. La jardinière était partie pour aller chercher la sage-femme au bourg de Courances.

Je descendis, j'allai, je traversai le jardin tout fleuri, sous le ciel étoilé, devant la maison. Je suivis l'allée du verger, du potager, vers la petite grille de bois, au bout. Je ne m'arrêtai même pas pour écouter si les deux notes montaient toujours vers la lune. Je me trouvai parmi de grandes herbes, des roseaux, plus hauts que moi, qui remuaient, mouillés. Il me semblait que l'on pleurait sur ma tête. En ce temps, le pays de Courances n'était pas, comme à présent, un pays où il y a beaucoup de maisons et de villas. Derrière notre château s'étendait un vaste pays, très vert, très noir, très triste, où l'on disait que les gens prenaient tout de suite les fièvres, à cause des étangs qui dormaient entre les herbages et les vimes et qu'on ne voyait pas, même le jour, tant les verdures qui les entouraient, et poussaient d'eux, étaient opaques. Et l'on disait : « Là, il n'y a plus d'oiseaux. » Jamais, même accompagné de Da, ou de son mari, le grand nègre, je ne m'étais éloigné jusque-là... J'allais peut-être mettre le pied dans de l'eau ou sur un serpent? Oh! si je tombais dans de l'eau, dans de l'eau froide et sale, qui est profonde, où on se noie! Je fus sur le point de revenir sur mes pas... Non les perles du son tintèrent, plus proches, plus proches, sous les astres éteints, dans les ténèbres maintenant très épaisses. Il me semblait que j'étais tout près d'elles. Elles étaient, à présent, moins légères, comme plus obscures. Elles ne m'en attiraient que davantage. C'était comme une chute, lentement, de deux perles noires. Je continuai mon chemin, par un petit sentier de mousse et de boue. Oh! qu'est-ce qui me poussait? Moi, qui ne pouvais m'endormir quand maman n'était pas là, qui n'aurais jamais monté seul, au crépuscule, le grand escalier, j'allais si loin, dans la nuit, j'allais... je voulais, je voulais savoir... il me fallait savoir... Je marchais vers le son, toujours, toujours plus voisin; et à mesure que j'approchais, il se faisait plus âpre, plus sombre. Et il semblait me dire, avec ses deux petites notes plaintives vers le ciel ou vers moi : « Viens! viens! » et, encore : « Viens! viens! » Je venais. Vers quoi? oh! j'étais sûr, à présent, que ce serait affreux, terrible, sale, ce que je verrais! mais je venais, il le fallait.

La double note s'était tue; incliné, j'écartai une grosse branche de buisson. Un glissement, comme d'une lourdeur, courba l'herbe haute, autour d'une flaque. Non, ce n'était pas une flaque. Cela ressemblait à une ouverture de puits qu'auraient à demi comblé les pierres de la margelle, à l'ouverture d'un vieux puits en ruine... Et, se traînant, hors de l'herbe, sur la pierre humide et un peu luisante de lune (« Bobo! bobo! » m'écriai-je), m'apparut, vivante, la lourde et noire chose de l'alphabet. C'était le Crapaud! Il marchait vers moi, puis s'arrêtait, s'avançait encore, horrible, comme mouillé d'encre, ou de poison. Mais ma peur s'atténuait d'un tout puissant désir de le voir de plus près encore, de le toucher... Je ne pouvais pas fuir. Je ne voulais pas fuir. J'eus comme le vertige de l'eau noire et lunaire, du puits où il y avait le crapaud. Je tombai, en avant, je tombai dans le trou où il y avait le crapaud, dans le trou qui m'enveloppa, m'étreignit, m'emplit les yeux et la bouche d'ombre liquide et de boue.

VI

Lentement, lentement, je m'éveillai... Ou bien est-ce que je naissais, est-ce que je sortais avec beaucoup de peine d'une primordiale non-vie?

Il fut si sombre, si incertain, si pénible, si essoufflé, cet éveil, avec des rechutes dans un sommeil immémorial ou dans l'absolue inexistence, que, même à l'instant actuel, où je me rends compte des choses (de tant de choses, hélas!) je ne sais pas, *par moi-même,* si, jusqu'à son épanouissement en vitalité totale, en humaine intelligence, il n'avait pas duré un infini autrefois? Elles sont interminables pour le nageur qui plongea trop avant dans les ténèbres sous-marines, les secondes de la remontée vers la surface, vers l'air, le soleil, le salut! J'avais, je pense, éprouvé quelque chose de pareil. Mais j'en gardais, après l'émergence, l'angoissante certitude qu'elles avaient été, véritablement, longues, longues, les secondes, et comme séculaires!

Tout à coup je vis, de mon premier regard vraiment lucide, en face de moi, un peu loin, le pantin noir, le sorcier des noirs, Nyx. Oui, Nyx, habillé de rouge et de vert, fut la première chose que je revis. Je me suis étonné de cela, plus tard. Il avait l'air de rire, petite face d'encre luisante, aux sombres lèvres rosâtres.

Puis voici, et tout près, plus près, penchés vers moi, des extases de tendresse aux yeux, mon père, maman!

Mais quoi! qu'y avait-il? que s'était-il passé? Elle était plus pâle, maman, oui, d'une pâleur différente, moins claire, elle semblait fanée, ma chère maman toute en soie! Et les favoris blonds de mon père étaient comme si on les avait poudrés de cendre.

Je me dressai du lit où j'avais dormi, je vis, dans la glace, un adolescent blême et fluet qui ressemblait, à moi, petit garçon, comme un frère aîné, que j'aurais eu.

Alors, je m'en souviens, je sursautai en arrière

et me détournai comme d'un miracle, et ne voulant plus voir, j'eus peur de mes grandes mains sur mes yeux.

Mon père, empressé, inquiet, l'air si heureux tout de même :

— Ne t'inquiète pas, ne t'alarme pas, tout va bien, tu es guéri, tout à fait guéri. Seulement, il ne faut pas que tu t'informes, que tu cherches à savoir, tu sauras bientôt, quand on pourra t'apprendre les choses, sans danger. En attendant, sois calme, recouche-toi, tâche de dormir un peu.

J'eus un mouvement d'effroi.

— Oh! non, non, ce ne sera pas un long sommeil, et triste comme l'autre, ce sera un sommeil de repos et d'aise, d'où tu te réveilleras bientôt, comme tout le monde, comme tous les gens qui se portent bien.

Cette fois, c'était maman qui avait parlé, et, avec un emportement, elle me chuchota à l'oreille, dans de petits baisers vifs, et d'une voix où il y avait un cher orgueil :

— Tu sais, tu sais... ne dis pas que je te l'ai dit... c'est défendu... mais, enfin, puisque tu es guéri... Écoute... On ne nous entend pas... Je vais te dire... Mon fils, tu as dix-sept ans!

Dix-sept ans! moi! c'était vrai, puisque maman le disait. C'était un homme qui était le fils de maman ? Comme je l'aimais, elle ! Cette tendresse-là avait dû subsister même en ma vie abolie, et s'épanouissait tout de suite, plus vive, ainsi qu'une fleur qui ne se serait pas flétrie sous un énorme glacier, et, après l'hiver, s'ouvrirait chaleureusement hors de la neige et du gel, grandie ! Mon père serrait tendrement ma main droite dans ses deux mains fortes, ma main déjà virile comme les siennes. Et une fierté se mêlait à mon ravissement.

Mais j'étais très faible, je soufflais un peu, je détournai la tête, je m'ensommeillai, pas avant d'avoir entendu le médecin, M. Lecauchois, — que je reconnus, avec sa face de vieux chien plus vieux, bourrue à présent de poils tout blancs, recroquevillés, — dire, dans un pouffement de triomphe : « Eh bien, qu'est ce que je vous avais promis ? je tiens ma parole. Hors de tout danger. Ah ! ça n'a pas été sans peine. Mais, ça y est, ça y est. » Alors, papa et maman m'embrassèrent passionnément, en sanglotant de joie. Je m'endormis, doucement, comme on glisse dans du bien-être ; continuant, dans un commencement de songe, le rêve de mon réveil et de leur bonheur.

VII

Je me jetai dans l'ivresse de vivre !

Nous habitions une grande villa, au bord de la mer méridionale ; c'était le docteur qui l'avait choisie, parce que j'aurais besoin, en m'éveillant, de soleil et de grand air frais et salin, pour ne pas me rendormir.

Ma chambre était au rez-de-chaussée, à même une route de tamariniers qui avaient une bonne odeur de vent sauvage ; et, au premier, il y avait une terrasse, comme à Courances, — maman, comme à Courances, s'y étendait, toute en soie, un peu fanée, sur la chaise longue, — une terrasse où je devais me promener trois heures chaque jour. Il m'était encore interdit de descendre sur la plage; toute proche, la salure océanique m'aurait trop acerbement excité. Des ménagements, des peu-à-peu m'étaient encore indispensables. Et l'on ne m'apprenait qu'avec beaucoup de précautions, par morceaux, le passé qui, de l'enfance, m'avait conduit à l'âge adolescent. C'était notre jardinière de Courances qui, en revenant du bourg, avec la sage-femme, m'avait entendu crier parmi la boue et la pierraille du vieux puits; elle m'avait tiré de là, éperdu, remuant les bras et les jambes; et j'avais été bien malade. Une pneumonie d'abord. Puis une fièvre cérébrale. « Et après? demandai-je. — Voulez-vous bien ne pas être aussi curieux? interrompait le médecin. Plus tard, plus tard, on vous expliquera tout. Pour le moment, mangez, buvez, marchez. — Le docteur a raison, » disait papa ou maman. Je n'insistai pas. Sans doute, ma joie effrénée de revivre dédaignait de savoir comment j'avais vécu, quand je ne vivais pas. Après de profonds sommeils je sautais du lit, je déjeunais, famélique, j'allais, je venais, sur la terrasse ou dans le vaste jardin, avec des bonds de jeune bête libre, m'émerveillant de tout, des fleurs, du soleil, de l'herbe que j'arrachais à pleins poings, et que je jetais, en éclatant de rire, vers le ciel! Maman, qui me suivait, si fatiguée pourtant, bien plus fatiguée que jadis, me rattrapait au retour d'une allée, et m'embrassait, les paupières gonflées de larmes, — des larmes de joie, que je buvais. Ainsi, devant la salée immensité salutaire, et par la secousse fouettante du vent du large, je m'éployais, grandissant, épanoui, radieux ; une fièvre de vie m'emportait, et il ne fut plus question de me retenir à la maison. « La clé des champs! cria, un matin, le docteur Lecauchois en frappant des mains, et tu peux la perdre! ça ne fait rien, on ne ferme plus. » Dès lors, ce furent des courses enragées parmi les oliviers des collines, et le long de la mer, à travers les rochers, ou bien, les pieds dans l'eau, à la rencontre des vagues montantes. Dès le matin je partais avec Nyx...

Oui, Nyx.

Le pantin noir, le Sorcier des noirs?

Pas du tout.

Le fils du grand nègre et de ma bonne, Da, la mulâtresse ; le petit qui était né le soir précisément où j'étais tombé dans le puits.

Il se trouvait dans la chambre quand je revins à la santé. Je l'avais pris pour mon jouet, à cause de la ressemblance. Il y avait beau temps que le véritable pantin, disloqué, gisait dans quelque fond d'armoire. Mais, pendant que j'étais malade, maman, dès qu'il avait pu marcher, m'avait donné le fils de ma bonne pour jouet vivant, pour petit domestique, et on l'appelait Nyx, comme le Sorcier des noirs ; et il était habillé de vert et de rouge. Il paraît qu'il m'avait été très dévoué, tandis que je ne vivais pas. Il ne voulait pas quitter ma chambre. Le soir, il se couchait au pied de mon lit, en travers ; il s'éveillait dès que je me plaignais ; maman l'avais pris en tendresse à cause de cela.

Maintenant, c'était un garçonnet de huit à neuf ans. Son père et sa mère restaient à Paris, chez nous. Mais, lui, on l'avait emmené ici pour qu'il me servît, pour qu'il m'amusât. Et il m'amusait. Non pas en parlant. Il ne savait presque pas de mots. Il avait l'air de tout comprendre, mais, d'ordinaire, il se bornait à répondre : « Oui. m'dème ! » ou bien : « Oui, m'ssi ! » à moins qu'il ne baragouinât interminablement, sans paroles précises, en crissant très vite ; et il riait, imbécilement et drôlement, avec ses grosses lèvres qui s'ouvraient comme une roseur sombre dans une petite boule de bois noir, verni.

Mais Nyx était preste comme un écureuil, excellait à grimper aux arbres, à sauter de roche en roche, à passer, en s'allongeant et se resserrant comme une chenille, sous les bas avancements d'écueil ; et on le croyait encore ici, que déjà il vous riait, là-bas, là-haut, à la pointe d'un avancement, avec la menace drôle de ses quenottes blanches! Dès qu'il nous fut permis d'aller près de la mer, il se jeta dedans. Il faisait des cabrioles dans l'eau comme une petite bête marine, habituée. Quand il levait la tête hors de la vague, il avait, à cause de ses dents, l'air d'un petit requin. Il m'apprit à nager. Nous faisions de grandes promenades à travers le flot, — et des culbutes, comme les jeunes marsouins qu'on voit jouer au large. Quand nous revenions, nos costumes de lainage tout pesants et ruisselants d'eau, maman, qui, sur la plage, ne m'avait pas quitté des yeux, maman, encore un peu effrayée, mais enorgueillie de ma force et de mon adresse, m'embrassait passionnément, tout mouillé, au risque de gâter sa jolie robe de soie, souple et qui se plaignait doucement.

Un livre!

Un jour, sur une table du salon, je vis un livre. Je l'ouvris, l'air étonné; je regardais les pages; je voulus faire une « niche » à maman; je dis :

— Je ne sais plus lire.

— Oh! je t'apprendrai! Viens, viens. Tu sauras si vite. Viens, viens apprendre.

Mais j'éclatai de rire. Je lisais bien mieux qu'autrefois, je lisais, avec ma science d'enfant, et mon intelligence d'homme. Et je lus à maman des pages de tous les livres qu'il y avait dans la maison, en comprenant, en expliquant ce que je comprenais; et elle riait, elle riait, de plaisir et de fierté. Qu'avait-elle donc craint? Oui, qu'avait-elle craint? Désormais la folie de savoir m'emporta; j'achetais tous les volumes qu'il y avait à la librairie de la gare, et tous les journaux. J'appris la gloire de mon père. Car les honnêtes actions, la haute loyauté dont maman le complimentait, jadis, furent récompensées. Orateur éloquent, travailleur acharné, incontestablement probe, le comte d'Aprenève, maintenant, était ministre, serait probablement, l'an prochain, président du Corps législatif; et je dressais le front en pensant que j'étais le fils d'un grand et illustre honnête homme, utile à son pays. Je dressais le front, mais pas trop haut, pour que maman, qui n'était pas grande, pût le baiser; c'était si bon d'être orgueilleux de papa, et tout petit pour maman.

Le docteur Lecauchois disciplina mes lectures. Comme on ne voulait pas m'envoyer dans un collège, il s'offrit à m'instruire. Je fus un écolier extraordinaire. Il semblait que j'avais su les choses qu'on m'enseignait, tant je les apprenais vite. Mes facultés intellectuelles prenaient leur revanche d'une longue inertie, se précipitaient. Les poètes m'enchantèrent! Et, après les thèmes ou les ver-

sions, je lisais en cachette tous les romans. A vrai
dire, mes enthousiasmes s'interrompaient parfois
de réflexions qui, me semblait-il, inquiétaient ma
mère, — mais qui plaisaient fort au docteur. « Il a
l'esprit critique, » disait-il. Peu à peu, il me vint
un goût, très vif, et assez étrange chez un jeune
garçon, pour les livres où, obscurément, se débattent les problèmes de la vie et de la mort, de l'âme
éternelle ou finissante en la pourriture de la chair.
Je pense que, — si le docteur ne me les avait pas
ôtés, — j'aurais passé des nuits entières sur les
ouvrages de magie, de cabale, de sorcellerie. J'aurais voulu apprendre les formules d'évocation diabolique ! J'avais la curiosité avide, excessive, toujours plus penchée, du mystère, du mystère sombre.
L'ayant traduit une seule fois, je n'oubliai point
(je le sais encore ! hélas ! oui, je le sais !) l'hymne
orphique à Hécate — ou à Nyx, — mélancolie
amoureuse de l'éternelle laideur, plainte ardente
de Baubô, noire forme souterraine, vers la Lune,
vers la Nuit. Je répétai ce nom : Baubô ! Baubô !
Il me semblait qu'il évoquait en moi un souvenir,
et j'étais sûr que, aussi, il contenait un avertissement, une prophétie...

Heureux ? Je l'étais un peu moins depuis quelque
temps, à cause des livres sombres ; ou, peut-être,
parce que la joie de vivre, en perdant de sa nou-

veauté, avait perdu de son charme. Je demandais quelquefois à ma mère de ne pas l'accompagner, le soir, au Casino. Moins souvent je faisais de longues courses dans le bois d'olivier, ou le long de l'Océan. Le coude à ma table de travail, je ne songeais pas toujours au devoir ordonné par le docteur. Je pensais... à quoi?... Et le soir, j'allais me promener seul. Il y avait en moi, sans que j'en pusse comprendre la raison, une inquiétude, une angoisse; c'était comme un désir de savoir quelque chose, dont je souffrirais, quand je le saurais, qu'il me fallait savoir cependant...

Une fois :

— Tu n'as pas le courage de regarder derrière toi.

Qui avait parlé? Je me retournai. Je vis Nyx. Il m'avait suivi, selon son habitude.

Mais, sans nul doute, ce n'est pas lui qui avait parlé. Il ne savait parler qu'à peine. Bien certainement, il ignorait les mots que j'avais entendus. Puis, pourquoi les aurait-il dits? Il me riait niaisement avec sa grosse bouche nulle. C'était donc moi qui, sans volonté, avais dit : « Tu n'as pas le courage?... » Pourquoi avais-je dit : « Tu n'as pas le courage de regarder en arrière »? Et, en effet, oui, en effet, c'était vrai, je n'osais pas me tourner vers les années d'inconscience, vers le ténébreux et proche autrefois...

VIII

Quoi, dans ce trou? Qu'est-ce que c'était que ce noir, derrière moi, et qu'y avait-il dedans? Au dos de mon être actuel s'accrochait du passé, comme une hotte mystérieuse. Et c'était lourd. Et j'étais tiré en arrière par un fardeau de beaucoup de choses obscures. J'avais voulu aller vers l'avenir, léger, allègre, par de lumineuses voies large ouvertes. Je ne pouvais pas, à cause de la hotte. Tant de jours, et tant de choses, réelles ou chimériques, avaient dû s'y mêler! Quel chiffonnier avais-je été? Qu'avais-je ramassé, avec le croc peut-être d'un cauchemar fouilleur? Avais-je fait ou rêvé le bien, avais-je fait ou rêvé le mal, durant la longue inconscience où j'avais vécu cependant, puisque ma puérilité venait de s'éveiller en adolescence? L'hypothèse d'un long sommeil sans rêves n'était pas admissible. Je devais avoir existé d'une véritable existence, oubliée. Des livres, lus en cachette, affermirent ma foi en cette vraisemblance. Il y a, assure-t-on, des états de cérébralité, où rien de ce qui arrive matériellement ou intellectuellement, rien de ce qui est agi ou pensé, n'imprègne, même légèrement, la plaque mémoriale; l'amnésie peut cesser, par une guérison providentielle, voisine du miracle, ou à la suite d'une méthodique psychothérapie; mais la faculté de se souvenir, recouvrée, ne s'exerce que sur les choses d'après la guérison ou d'avant la maladie; tout ce qui se produisit dans l'intervalle demeure néant. Et cela est terrible d'être certain qu'on a été, sans se rappeler qu'on fut! Nulle épouvante comparable à celle de cette lacune vers où m'attirait impérieusement un vertige rétroactif. Mes questions à ma mère, à mon père, aux domestiques, ne suscitaient que des réponses dictées évidemment par le docteur. On me parlait de croissance pénible, des fatigues d'une excessive précocité, de fièvres intermittentes après une longue maladie, de voyages avec maman, à la recherche d'un meilleur air, d'un plus favorable climat; et il était tout naturel que j'eusse oublié ce que j'avais vu, ce qui s'était passé du temps que j'étais un enfant souffreteux, distrait de tout par son mal. Nyx ne pouvait me renseigner; sa toute petite enfance n'avait pu être qu'un trop étourdi témoin; d'ailleurs, interrogé, sa volubilité de sapajou bredouillait vainement, incomprise; ou bien, ployé, ses pattes brunes et rosâtres aux genoux, il me riait, niaisement.

Il était donc bien horrible, puisqu'on me le cachait, ce passé? Horrible, quant à moi, ou quant à d'autres?

Quant à mon père, à ma mère?

Hélas! misérable! cette abjecte idée me hanta, qu'il y avait en l'un ou l'autre de ces êtres si chers, en tous les deux, quelque mystère, de péché peut-être, une chose mauvaise, récente, qui se produisit durant mon inconscience, ou bien ancienne, très ancienne, antérieure à ma naissance même... une honte, née dans la maison, *avant* moi, et qui durait encore! Et il fallait me la laisser ignorer. Et je l'ignorerais toujours, toujours... quoi! toujours?

J'écartai ce soupçon infâme et absurde. La langueur où s'abandonnait maman, et qui, à elle-même sans doute, était douce et mélancoliquement chère, n'impliquait pas l'ininterrompue obsession d'une heure de jadis; et quelle faute aurait pu jamais commettre mon père, si bon, si probe, si glorieux, si estimé?

Non, la chose mauvaise qu'on me célait, elle avait été en moi, en moi seul. Elle n'avait pas cessé d'y être. C'était en moi qu'il fallait la chercher; en ce qui fut moi, dans le trou noir, dans la hotte d'ombre mystérieuse, béante après moi; elle devait être là-dedans, comme une bête noire, tapie, qui rampe, qui s'enfonce. Cette image d'une bête noire se reforma plusieurs fois, pareille à la fuite de quelque chose de sale et de hideux au fond de tout. J'épiais un vague surgissement de réminiscence... puis... plus rien, même d'imprécis... rien... dans la vertigineuse lacune.

IX

— Pas par là! Monsieur! Monsieur! non, non, je vous prie, pas par là!

Je m'arrêtai. J'étais arrivé, avec Nyx, en songeant, bien plus loin que la plage fréquentée, vers la falaise sauvage où de rares habitations s'érigent sur les promontoires de gazon qui, creusés par le flux, surplombent le bas chaos des roches et les vagues blanches.

Je ne vis personne.

C'était, sous l'immense buée céleste, un matin frais, de rose et de bleu épars, vaporisés, solitude pâle et silence bruissant, le long de la mer qui glisse sur le sable en nappe mince, et, diversement teintée par le soleil oblique, à travers le brouillard encore, puis s'élargissant en vaste demi-cercle, a l'air d'un arc-en-ciel qui serait la marée.

Je repris ma songerie; je suivis mon chemin.

— Mais, voyons, enfin, oui, vous, le monsieur au négrillon, puisqu'on vous dit de ne pas aller par là ! A-t-on jamais vu un pareil obstiné !

Une frêle voix parlait, en colère, et, cette fois, j'aperçus, pas très loin, dans une embrasure de roc noir et luisant d'eau, d'où glissaient des algues, une petite figure, si jolie, si rose, sous une tignasse mouillée, de toutes les couleurs, un peu pareille à une poignée d'herbes marines, de coquillages, d'étoiles de mer, sortie de l'eau au grand soleil. Et, là-dessous, la jolie figure riait, très fâchée.

Tout près d'elle, d'un creux du rocher, deux oiseaux blancs s'envolèrent...

— Vous voyez, ils sont partis ! c'est de votre faute.

Une fillette était sortie de derrière la roche.

Nyx me tira par la manche.

— Là, m'ssi, m'ssi, crabe, très gros.

— Veux-tu bien me laisser tranquille !

Il gambada de galets en galets, dans l'eau, obliqua, disparut. Je ne m'inquiétais guère de lui.

Je regardais l'enfant fâchée. J'étais très content. Je fus tout de suite certain qu'elle était singulière et infiniment gracieuse. Je pensais à une princesse en haillons qui se promènerait au bord de la mer, le matin, en négligé.

Je dis, la voix pas trop assurée :

— Je vous demande pardon, mademoiselle, j'ai dérangé votre chasse.

Elle fit une moue (ce fut comme si s'était serrée en s'avançant une touffette de roses blanches et roses), et elle haussa l'épaule sous une espèce de rude vareuse jaunâtre.

— Mais non, je ne chasse pas. Est-ce que vous tuez les bêtes, vous ? les petits oiseaux de la côte et des vagues ne tuent pas les gens. Pourquoi fait-on du mal aux êtres qui n'en font à personne ? Même à ceux qui en font il n'en faut pas faire. Je vais vous expliquer. Il y a là, dans ce trou, un nid de pigeons de mer. J'ai bien vu, hier, de chez nous, là-haut, — là-haut, la grande maison, c'est la nôtre, elle est belle, n'est-ce pas ? — que des enfants de pêcheurs guettaient le nid. Alors, je suis descendue pour qu'ils s'en aillent. Je leur ai donné de l'argent et des bonbons ; ils sont partis. Mais, comme ils auraient pu revenir ce matin, je me suis levée avant le jour, et je me tenais là pour faire le guet. Ah ! voici le père et la mère, qui revolent de ce côté.

Regardez, les voici. Allez-vous-en donc! Vous voyez bien qu'ils ont peur. Ah! ils ont peur de moi aussi. Venez, venez, venez.

Elle me prit par la main, elle m'entraîna. C'est ainsi que je fis sa connaissance, et que je me promenai avec elle au bord de la mer, le matin.

J'éprouvais beaucoup de surprise, et un grand plaisir, un plaisir infini. Je ne savais lequel, ni où je l'éprouvais. C'était dans la tête, ou au cœur, ou partout. Pourtant, si, je reconnaissais cette joie; la joie de jadis, petit enfant, quand maman me menait par la main dans les allées du parc de Courances. Non, ce n'était pas la même. Celle-ci était aussi douce, mais douce terriblement. J'étais bien heureux, j'aurais voulu m'échapper.

Je ne la regardais qu'à la dérobée. Vraiment, elle avait dans ses cheveux d'or presque vert, comme tassés d'un coup de poing, des fougères de mer, des crysoles et des astéries; parure de petite Amphithrite.

— Je suis drôlement coiffée? dit-elle. Je prends tout ça, dans ma main, flac! et c'est fait.

Elle pouffa de rire. Comme pris en faute, je baissais les yeux. Sa robe, de soie jaune, brochée de perles, déchirée, effilochée, — une étoffe très riche, très précieuse, devenue guenille, — entourait ses jambes, en manière de culottes; la traîne,

nouée à une écharpe en crêpe de Chine qui tenait
lieu de ceinture, laissait les mollets et les pieds
nus. Ces pieds, pas plus grands, je le voyais, que
les pieds des enfants qui courent sur la plage,
avaient la couleur d'un bec d'ibis rose ; et, quand
ils ressortaient du sable que pénétrait la mer, il
entrait si peu d'eau dans leurs traces qu'on l'aurait
bue d'une haleine ; je ne pouvais m'empêcher de
regarder ces petits pieds, parce qu'ils étaient si
jolis ; et aussi parce que, timide, je n'osais plus
lever les yeux.

Elle me dit :

— Ça doit vous gêner, des bottines, pour courir
dans le sable. Otez vos bottines. Nous jouerons à
courir.

C'est vrai, j'avais oublié. C'était une petite fille.
Quel âge avait-elle ? quatorze ans ? quinze à peine ?
et moi, blondin, je ne paraissais pas mon âge,
dix-huit ans accomplis, tant j'étais frêle ; puis,
maman — c'était un peu ridicule, à vrai dire, —
m'habillait toujours avec des vestes courtes, sans
basques, comme les jeunes garçons des collèges
anglais.

— Non, mademoiselle, dis-je, j'aime mieux ne
pas courir.

Je pris, dans la fierté de ces mots, le courage
de lui regarder le visage de tout près. C'était un

bouquet de vie, de joie, d'orgueil aussi. La bouche s'ouvrait, fraîche, rouge, heureuse, avec de toutes menues dents de morsure pour rire; dans le bleu de ses yeux, s'allumaient, s'éteignaient, se rallumaient des étincelles, pétillement, en un saphir, d'un semis d'or; le nez, un peu courbe, aux narines grasses, fier, faisait penser à une petite impératrice de tous les empires de la terre et de la mer. Et sa peau était de la douceur blanche, ardemment rose, aux joues, d'un affleurement de vie, et fraîche d'une fraîcheur de fleur marine où il y aurait une rosée de sel.

Mais pourquoi, sur ses épaules, mal retenue, les manches lâchement nouées au cou, cette vareuse d'un jaune sombre, pareille à un suroît de marinier? Sa tête sortait de là-dedans comme une rose d'un cornet de papier à chandelle.

Je crois bien que, silencieuse et maligne, elle m'observait l'observant.

— Vous savez, dit-elle, quand je vais au Casino, je suis mieux habillée que ça.

Et elle dénoua tout à fait les manches du grossier vêtement, qui tomba. Elle avait un resplendissant collier de pierres fines. Je ne le vis pas tout de suite. J'avais vu d'abord, dans un éblouissement, qui des yeux me coula dans tout le corps, une petite épaule nue, si frêle, plus bas un peu plus

grasse, et de la chair encore, de la vie blanche
et grasse, aux intervalles d'une brassière mal
agrafée. Maman, qui était très bijoutière, m'avait
souvent laissé jouer, jadis, de mes mains enfan-
telettes dans son coffret à joyaux. J'en avais pris et
gardé un ébloui amour des pierreries, très pers-
picace en même temps. Maman disait : « C'est
extraordinaire, Arsène s'y connaît très bien. »
Oui, je m'y connaissais. Il y a, dans le diamant,
la tache, le Crapaud. Mais elles étaient parfaites,
les pierreries du collier de la fillette, petite
princesse de conte de fées, en haillons d'or, qui se
promenait avec moi au bord de la mer.

— C'est, reprit-elle, un cadeau de papa. J'ai
une malle toute pleine de tout ce qui brille et
de tout ce qui coûte cher. Je vous la montrerai.
Il y a de vieilles étoffes, de tous les pays, qui
luisent, des jades, des bijoux de mille sortes, des
diamants, des saphirs, de longues ceintures de
perles, et mes vieux jouets de petite fille. La
malle est clouée de clous d'or qui sont en vrai
or. Papa est le plus riche de tous les hommes.
Vous ne nous connaissez pas? Je m'appelle Myrrhine. On dit Son Altesse Myrrhine, ou bien miss
Myrrhine. Ce n'est pas que je sois Anglaise,
ni Américaine; maman était d'Alger; mon père,
comme il dit, est de toute la terre; et moi, je suis

9.

née en mer, sur un navire qui se battait avec d'autres. J'en ai eu, des coups de canon, à ma naissance! bien plus qu'une fille d'empereur; et papa a gagné la bataille pendant que je venais au monde.

Elle continua :

— Vous ne savez pas le nom de mon père ? Mon père s'appelle le commandeur Ernan Ferdoc. Il est vieux maintenant, avec une longue barbe blanche, très fort toujours, et après le dîner, en buvant des grogs, il jure dans les langues des différents pays où il a remporté des victoires, — dans les langues de tous les pays; et il est si fameux, si riche, qu'il est comme une espèce de roi, six mois de l'année. Il a acheté une île, une île de rochers, de gouffres et de prairies; il y est le maître, le seul maître; il ne doit hommage qu'à la reine d'Angleterre. Il n'a pas beaucoup de sujets dans son île; quarante ou cinquante seulement; mais il reçoit les redevances, juge les procès, consent aux mariages, autorise les divorces; il bat monnaie comme les vrais princes. Jamais à son effigie, toujours à la mienne; la monnaie n'en est pas plus mauvaise, et papa trouve que c'est plus joli. Il a raison, dit-elle en éclatant de rire, je suis bien mieux que papa! Et moi, je suis la petite princesse de notre royaume; quand je me promène par les champs, les bergères de moutons s'interrompent de fumer leurs pipes, et me disent, en français, car tout le monde parle français dans cette île normande : « Votre Altesse se porte bien, miss Myrrhine? » Mais je m'ennuie dans l'île. C'est un pays très sauvage, avec des sapins qui montent jusqu'au ciel, et des abîmes, qui, entre des parois de montagnes rocheuses où la mer se rue et jette des mousses blanches, ont l'air de descendre jusqu'à l'enfer. C'est très beau. C'est très triste, même l'été, malgré les plaines où chantent les moissonneuses. Des brouillards blêmes couvrent, tout à coup, toute l'île; on dirait le grand capuchon blanc d'une monstrueuse tête géante. J'aime mieux ce pays-ci, plus doux, avec toujours du soleil, avec une mer presque jamais méchante, et avec un casino, où on fait de la musique, où on danse. Chaque année, nous y passons six mois, souvent huit mois, dans cette belle maison, là-haut, et j'y suis très heureuse, parce que, toute la journée, je puis courir le long de la mer, et, le soir, danser le cotillon.

Elle parlait avec drôlerie et fierté, comme une gamine et comme une grande dame. A vrai dire, aucun des livres que j'avais lus ne faisait allusion à ce vainqueur sur mer, qui était le père de miss Myrrhine, à cet Ernan Ferdoc assez riche pour avoir acquis le droit d'être le vassal de la reine d'Angleterre. Et mon étonnement avait quelque chose de pénible, d'alarmé. J'aurais voulu savoir... Mais, en même temps, j'étais ravi justement par ce qu'il y avait de féerique dans le récit bavard de ma petite compagne de promenade. Il me rappelait les contes de maman toute en soie. Puis la voix de la fillette me pénétrait comme une caresse fraîche et gaie, éparpillée partout dans mes veines ; je me sentais soulevé d'allégresse.

J'eus du chagrin.

La main de miss Myrrhine avait quitté la mienne.

Ç'avait été une séparation étrangement, intimement cruelle ; comme si mon sang qui, par le contact, s'était presque mêlé, peut-être, au sien, était étonné et triste de revenir, tout seul, vers mon cœur.

Elle ne parlait plus.

Nous continuions de marcher, les yeux baissés. Nous montions, maintenant, elle devant moi, un étroit sentier entre des herbes hautes, vers sa maison sur la falaise; le sentier s'élargit, nous pûmes marcher côte à côte. Mais nous nous taisions, regardant les pierrailles qui roulaient sous nos pieds. Elle avait peut-être peur, à présent, comme j'avais eu peur, comme j'avais peur encore. Elle avait parlé, bavardé, dit n'importe quoi, pour se donner du courage. Elle n'osait plus avoir du courage... et je me penchais de son côté avec l'expansion de tout moi vers elle, en elle, me semblait-il. Sans doute à cause de la montée, nous respirions plus difficilement. J'entendais son souffle, presque haletant; je haletais aussi. Jamais une telle douceur puissante ne m'avait possédé, dominé, vaincu. Je ne pensais à rien, je ne voulais rien, c'était comme si j'avais eu tout. Elle éclata de rire. Certainement, elle le fit exprès. Elle n'avait pas envie de rire. Mais on ne pouvait pas rester ainsi, toujours silencieux.

— Et vous, demanda-t-elle, comment vous appelez-vous?

J'allais répondre.

— Non, non, dit-elle, en riant plus fort, ne répondez pas, c'est inutile. Je vous connais bien. Je vous ai vu, au Casino. Vous êtes le fils du comte d'Aprenève, qui est célèbre, qui est ministre. Vous avez une maman, très jolie, très douce, avec l'air triste. Vous ressemblez à votre maman. Pourquoi ne venez-vous plus au Casino?

— Ils m'ennuient, les gens qui sont là. Ils sont mauvais. Ils sont bien habillés joyeux, aimables; en regardant à travers les dessus, on voit, ou on devine, des choses laides, tristes, méchantes, haineuses, noires.

— Fi! Le méchant, c'est vous. Il ne faut pas

juger le monde; est-ce qu'on sait? Mon institutrice, qui est une vieille Allemande, une savante, pas savante du tout, un peu bête même, très bonne, qui me borde mon lit, et me fait dire mes prières, mon institutrice dit toujours qu'il ne faut pas croire du mal des personnes, ni même prendre garde à leurs mauvaises qualités, et qu'on est toujours récompensé, non seulement du bien qu'on leur a fait, du bien aussi qu'on a pensé d'elles. Vous ne savez pas l'histoire du petit garçon qui avait tous les défauts? mais il avait un camarade qui était bossu, et il ne se moquait jamais de lui. Alors, quand il mourut, il fut reçu au Paradis, malgré tous ses défauts, parce qu'il ne s'était pas moqué de la bosse de son camarade, parce qu'il ne l'avait pas même vue!

Maintenant, le sentier était redevenu étroit. Pourtant je ne marchais pas derrière elle. Nous nous serrions l'un contre l'autre, dans la venelle toujours plus étrécie d'herbes hautes et de roches gazonneuses. Et je ne sentais plus rien, je ne savais plus rien qu'un délice venant d'elle... Je dus m'arrêter. J'allais défaillir. D'une voix qui tremblait — moins qu'eût tremblé la mienne, si j'avais pu parler — elle me dit :

— Ici... n'est-ce pas ?... il faut me laisser. Je suis arrivée. Je ne veux pas que papa vous voie aujourd'hui, ni mon institutrice. Ils ne savent pas que je suis sortie ce matin. J'ai fait une trop longue promenade, ils sont peut-être éveillés. Allez-vous-en vite. Seulement, si vous voulez, vous pourrez revenir, quelquefois, de bonne heure, de très bonne heure, pour empêcher les enfants de dénicher les petits pigeons de mer. Vous pourrez revenir... si vous voulez...

Un peu loin, son visage, ses cheveux, sa robe, étaient comme des choses roses et blondes, de la vie en fleur et en or qui s'éloignait. Elle s'en allait à reculons. « Revenez... si vous voulez... » Le sentier tournant, elle disparaîtrait, elle ne serait même plus un peu loin... Elle prit à pleines mains ses cheveux, et s'enfuit, en me jetant les fougères, les astéries, les chrysoles de sa coiffure. Ah ! le froid et glaçant baiser dans ma paume, cette étoile de mer ! Laide réalité sous le mensonge lumineux et bleu d'un mot. Je jetai l'abominable chose molle. Mais j'emportais — les baisant, les baisant, — les herbes, les jolies herbes marines, jaunes et vertes, et les coquillages roses, dorés, vermeils, qui avaient été mêlés aux cheveux de Myrrhine.

X

Peu à peu, la préoccupation continue transposa le point où convergeaient tous les efforts de ma pensée. Je l'eus devant moi, sous la fixité de l'attention, oui, devant moi, toujours, le trou noir, le trou ancien, qui avait, peut-être, la forme d'un puits, vieux, délabré.

Obstinément, je me penchais vers son ombre, tâchant de m'y accoutumer, pour voir en elle, enfin.

Il me semblait quelquefois que, par un lent et vague affleurement...

Imaginez un miroir dans une chambre où on a

fermé depuis longtemps toutes les fenêtres, éteint depuis longtemps toutes les bougies. L'œil de l'homme enfermé dans cette chambre, à force de regarder, avec obstination, le miroir, y retrouve, non pas, cela va sans dire, les images qui n'y sont plus, mais, — surtout s'il s'acharne davantage encore, — la faculté constatatrice des images qui y furent. Ce n'est pas le retour, la résurrection d'un reflet même de disparition ; c'est, dans l'absence de tout reflet, la réminiscence, avec l'oubli d'avoir vu, d'avoir pu voir. La puissance visionnaire, survivant à l'occasion disparue des images, renouvelle, sinon par la réalité de l'objet, du moins par la cause subjective de sa réalisation, la possibilité des reflets évanouis. Et le regard psychique, rebroussé, reconnaît les empreintes glissantes et furtives des ombres qui passèrent, en la capacité, rénovée et exaspérée par le persistant vouloir, de les avoir vues et retenues...

XI

Est-ce que j'avais oublié miss Myrrhine?

Vers la fin d'un après-midi, comme je passais sur la plage, ma mère, si doucement dolente, appuyée à mon bras de tout le cher poids de sa mélancolie et de sa tendresse, — et cela pesait à peine, comme de la ouate, même tombante, n'est pas lourde et caresse, — une voix, derrière nous, murmura :

— Ce n'est pas bien de ne pas être revenu. Un matin, papa m'a empêchée de sortir. Les enfants des pêcheurs ont pris les petits des pigeons de mer. Si vous aviez été là, ça ne serait pas arrivé. A cause de vous, il y a un pauvre nid vide, dans le rocher.

Nous nous étions retournés, maman et moi. Myrrhine, à côté d'une vieille dame, — l'institutrice sans doute — nous regardait, nous souriait un peu tristement, ou avec un effort de paraître un peu triste.

C'était vrai, pour le Casino, elle s'habillait très élégamment, avec trop d'éclat même. Soies écarlates, fauves, dentelles d'argent, dentelles d'or, chapeau à plumes, et, au corsage, sous l'éventail ailé de fanfreluches, un bouquet de beaucoup de jacinthes, de tulipes et de roses, elle était de toutes les couleurs : on aurait dit d'un splendide oiseau des îles, très rare et très riche. Je crois qu'elle eût été un peu ridicule, si elle n'avait été si jolie. On s'émerveillait d'elle, avec quelque envie de se moquer. Une petite sauvagesse, qui serait reine, et viendrait quelquefois à Paris, s'habillerait de cette façon. Mais tous les rêves d'aurore, de printemps, de chair en fleur, et de baisers de ciel, s'épanouissaient sur son visage en touffe réelle de vie. Je sentais mon cœur fondre, fondre en miel partout coulant dans mes veines.

Maman dit, un peu gaie :

— Je sais, mademoiselle, mon fils m'a raconté...

Oui, j'avais raconté à maman la promenade matinale au bord de la mer. Elle avait souri en m'écoutant. Ce sourire m'avait inquiété. Est-ce que ma mère était bien aise qu'une amourette me divertît d'autres pensées, de pensées que peut-être elle épiait, devinait en moi, et qui peut-être l'inquiétaient, elle ?

Mais j'écartai ces idées, je n'avais pas l'esprit à des choses pénibles. Je regardais Myrrhine, j'écoutais maman, celle-ci ajouta :

— Il faut lui pardonner. Il travaille beaucoup et il reste auprès de moi, qui suis seule, parce que M. d'Aprenève est presque toujours retenu à Paris. Mais Arsène m'a dit souvent, très souvent, le plaisir…

— Oh! je lui pardonne, dit Myrrhine, si rouge tout à coup que ce fut comme si le sang d'une blessure en elle lui avait sauté à la face.

Et je vis bien qu'elle serait tombée si elle n'avait empoigné le bras de sa gouvernante.

Ma mère, très doucement, avec moins de plaisir, mais avec plus de tendresse dans la voix :

— Comme vous êtes jolie, mademoiselle ? Voulez-vous me permettre de vous embrasser ?

Myrrhine sauta au cou de maman. J'entendis le bruit de leur baiser. Il me sembla que c'était le son d'une heure annonciatrice de l'infini bonheur à quelque horloge du Paradis.

Elles marchaient, en causant, devant l'institutrice

et moi. À présent, c'était au bras de Myrrhine que s'appuyait la tendresse dolente de maman. Je les contemplais toutes les deux, je les adorais toutes les deux. J'avais mon cœur dans mes yeux. Mes yeux les aimaient bien plus qu'ils ne les voyaient. Mes deux douceurs, mes deux amours, elles les joignaient, les mêlaient, en se frôlant, leurs robes, la vive soie printanière de Myrrhine, la languissante soie automnale de ma mère, la soie fiancée, la soie maman. Le duvet de l'espoir nuptial caressait le souvenir du duvet des berceaux...

Depuis un moment, Myrrhine, d'un geste d'écolière qui tend un livre défendu à une camarade, me montrait, derrière elle, sans cesser, très maligne, de causer avec maman, son bouquet, jacinthes, tulipes, roses. Pourquoi? je ne comprenais pas. Et elle avait dans le bras de petits tressauts d'agacement. J'aurais dû comprendre. J'étais dans mon tort. Tout à coup, définitivement impatientée, elle dit vers moi :

— Ah! que je suis folle! j'ai oublié de vous donner le petit livre que je vous avais promis. Prenez, prenez donc.

Elle avait tiré de sa poche, elle me mit dans la main un tout petit volume, pas relié, flexible. Elle ajouta :

— C'est curieux, qu'il faille donner des livres

aux savants. Ils ne savent donc rien, les savants!

Et elle reprit le bras de maman, un instant laissé, le serrant sous le sien.

Nous passions entre les grandes ombrelles de la plage, enfoncées dans le sable, grises ou rouges, autour des tentes où des dames brodent, le long des rigoles de sables où les bébés font des ruisselets d'océan. Je jettai un coup d'œil sur le livre, avant de la fourrer dans ma poche. « Le Langage des Fleurs. » Je compris. L'arrangement des fleurs en bouquet, prémédité depuis longtemps sans doute et chaque jour renouvelé avec des fleurs plus fraîches qui à leur tour peut-être se faneraient en m'attendant, signifiait des choses! Et elle me montrait encore la touffe de roses, de tulipes et de jacinthes. Hélas! je ne savais pas. J'étais un ignorant. Mais j'apprendrais. J'étudierais dans le petit livre.

Pourtant, il y a quelque chose de déplaisant, de tout à fait fâcheux en le fait d'une demoiselle, — oui, oui, demoiselle, et plus du tout fillette, de même que, enfin, je n'étais plus un jeune garçon, mais un homme — d'une demoiselle, pensai-je, qui pas un instant n'hésite à faire de telles avances à quelqu'un qu'elle a rencontré, un matin, il y a huit jours, à côté d'un rocher. Puis, ce n'était pas clair du tout, l'histoire de son père, si riche, seigneur d'une île royale; il devait y avoir là-dessous quelque fort laide vérité. L'institutrice m'inquiétait aussi. Les deux ou trois mots qu'elle avait dits, elle les avait dits en français; mais, aisément, on la devinait Allemande; et une langue parlée avec le sensible accent d'une autre langue, cela ressemble à un mensonge maladroit... Je vous demande un peu à quoi j'allais penser. Il y a des gens qui, toujours, cherchent le mal, même où il n'est pas. J'avais eu cette manie, quand j'étais petit; maman m'en avait presque guéri. Myrrhine avait achevé de m'en guérir, l'autre matin, en me racontant l'histoire du petit garçon qui, bien qu'ayant tous les défauts, fut reçu au paradis parce qu'il n'avait pas fait attention à la bosse de son camarade. Il n'y a pas de bossus. Il n'y a rien de mauvais ni de méchant ni de noir dans le monde. Il y avait ma jeunesse charmée, enthousiaste, tendre, éperdue. Il y avait maman, il y avait Myrrhine, et devant nous, le merveilleux soleil, pareil à celui que ma mère m'avait montré, un jour de mon enfance, et derrière nous la musique du Casino joyeusement dansante comme la vie.

Et pourquoi donc n'épouserais-je pas Myrrhine? parce que nous étions si jeunes, parce qu'elle avait seize ans, — je crois que je la vieillissais un peu pour l'épouser plus tôt, — et parce que j'en avais dix-huit? Voilà une belle raison. Roméo n'était guère plus vieux que moi, et, quant à Juliette, elle avait un an de moins que Myrrhine. La seule chose qui leur défendît de se marier, — d'ailleurs, ils s'étaient passé de permission, ils avaient joliment bien fait, — c'est que leurs familles étaient brouillées. Les nôtres ne l'étaient pas. Même il pourrait se faire que mon père et celui de Myrrhine trouvassent quelque intérêt à s'allier. L'un, puissant et illustre en France par tant de services rendus à son pays, l'autre, fameux par de lointaines victoires sur la mer, ils pourraient, ensemble, réaliser quelque œuvre universellement belle et utile! C'est à quoi serviraient mes noces avec Myrrhine. Elles serviraient aussi à notre bonheur, — à notre bonheur surtout. Je suivais ma mère et ma fiancée, qui causaient, amicales. Il y avait devant nous l'éblouissement du soleil dans la mer. Je suivais mes deux chères vers le délicieux et radieux avenir.

XII

Ce cri!

Qui l'avait jeté?

Un cri si aigu, si continu, qu'il semblait la plainte d'un long et minutieux écartèlement!

Je regardai autour de moi. Ma chambre, mon lit aux draps bouleversés, des lambeaux de ma chemise aux ongles de mes deux mains, et le chandelier renversé, dont la bougie, hors de la bobèche, brûlait encore, près de la laine du tapis. Mais, personne, personne, j'étais bien seul.

Qui donc avait crié?

Moi? dans quelque épouvantable songe?

Je tâtai mes tempes, de mes paumes; ce fut comme si j'avais palpé de la glace qui fond; un tremblement froid me descendait de partout, jusqu'aux orteils. Certainement, j'avais eu le cauchemar. J'en étais essoufflé encore. Mais ce n'était rien, ce sont des choses qui arrivent à tout le monde, même à ceux qui ne sont pas inquiets, qui n'ont aucun sujet d'angoisse, qui n'ont pas à savoir ce qui s'est passé derrière eux, dans l'ombre. Le mieux était de me rendormir et de rêver à Myrrhine, à ma chère Myrrhine, oui, de me rendormir et de faire de beaux rêves, si je pouvais...

Le tapis s'enflamma!

Je m'élançai pour l'éteindre. Je n'en eus pas la peine. Nyx, le négrillon, surgi je ne sais d'où, piétinait dessus.

Vraiment, ce fut à peu près comme un petit diable, dans les féeries, jaillissant d'une trappe où l'enfer flambe.

Puis, il sauta sur le lit, s'y assit à croppetons; et il s'était mis la bougie sur le crâne. Elle éclairait, d'une pâleur de cierge, remuée, les draps épars, pareils à un drap de catafalque, déchiré. Mais je ne pus m'empêcher de rire, bien que si plein de peur encore, tant Nyx (car enfin, c'étaix Nyx qui était là, Nyx le petit domestique noir), ressemblait, avec la lumière sur la tête, au nègre de l'antichambre de notre maison de Courances, à celui qui n'était pas vrai, qui faisait semblant, et Nyx riait aussi, de son rire... non, d'un autre rire, que je ne reconnaissais pas.

— Eh, bien! eh, bien! dis-je, la voix gaie et qui tremblait tout de même, voilà qui est drôle, par exemple; comment es-tu entré, et qu'est-ce que tu fais là?

— Moi?
— Sans doute.
— Qui? Moi?
— Toi, Nyx. Nyx. Il n'y a pas deux Nyx, je suppose.

— Tu as tort de supposer cela. Il y a beaucoup de Nyx, ou, si tu veux, il n'en est qu'un, mais innombrablement divisible et, par suite, universellement présent. Donc, il y en a ici, — microcosme d'ailleurs de sa totalité — une parcelle, soit, oui, c'est possible, sous une forme drôle, parce qu'il faut bien rire dans les ténèbres, pour se donner du courage. Mais tu sais bien que ton négrillon est couché, là-haut; si c'était lui qui eût sauté sur ton lit, il y a beau temps que tu l'aurais chassé à coups de talons; et la preuve que tu es sûr que je ne suis pas lui, c'est que tu viens d'avoir envie de le sonner, de le faire descendre, pour qu'il apporte beaucoup de flambeaux, ou pour qu'il ouvre la fenêtre au vent du matin, qui écarte les mauvais esprits et les brucolaques. Oh! comme tu voudrais qu'il fît jour.

— Comment sais-tu cela?

— Comment ne le saurais-je point, puisque tu le sais?

— Qui es-tu donc?

— Demande cela à ton image dans l'ombre du puits.

— Oh! tu es?...

— Que je sois moi-même, reflet ou être, l'obscur à-rebours de tout, ça ne te regarde pas, pour le moment. D'où te vient l'infatuation de penser que le Porteur de l'étoile noire, ou Nyx, la noire Splendeur, — c'est le même, ou c'est la même, — se dérangea pour venir tenir compagnie à tes épouvantes? Mère, sœur et fille des infinies ténèbres, Nyx n'est pas une évaporée, comme cette petite Myrrhine qui fait la cour aux garçons, leur montre ses pieds nus, pour les mettre en rut; et Nyx, l'éternel mal, n'aime que Baubô, l'éternelle laideur. Ce sera, dans les funérailles de toute la lumière, le noir et définitif hymen! En attendant, je ne suis, de Nyx, que l'infiniment petite étincelle sombre qui t'en fut innée. Je suis ta part de ténèbres et de haine! tu te considères et tu écoutes ton âme de nuit. Et tu ne l'ignores pas, puisque tu ne t'es pas étonné un seul instant de m'entendre te parler, silencieusement, — car ma voix ne fait point de bruit, et d'ailleurs, je ne suis pas où tu feins de me voir, je ne suis pas devant toi, étant dans toi, — te parler silencieusement, avec l'accent même de ta conscience. Tu essayes de m'extérioriser, de t'extérioriser, pour avoir, comme on dit, avec qui faire la conversation, et surtout parce que le monologue ne te réserverait aucune excuse de discussion ; tu te divises, pour être moins horrible en celle de tes deux moitiés qui fait semblant de croire qu'elle voudrait bien être innocente et purement tendre et angéliquement passionnée. Malin ! ça ne prend pas. Il y a quelqu'un (c'est peut-être celui ou celle de qui tu portes, en ton for, une sombre étincelle, ou l'Autre, l'antique vainqueur, qui sera vaincu), il y a quelqu'un qui ne se laisse pas prendre aux hypocrisies de la dualité. Non seulement je suis en toi, mais je suis toi-même, tout toi-même ; et si je te fais peur, c'est que tu es effrayant.

Je poussai un long et désolé soupir ! Nyx reprit :

— Mais, si cela te plaît, si cela t'est plus commode, causons. Où en étais-tu de tes trouvailles, quand tu as crié ? Car, ne te fais pas d'illusion, tu n'as pas eu le cauchemar, tu ne dormais pas. Tu cherchais dans les ténèbres de tes oublis ; comme une fois, tout petit, appelé par une plainte nocturne rythmée en chute de deux larmes, tu traversas le jardin, le verger, et tournas autour des mares jusque vers le puits, vers le puits en ruine. Et, tout à l'heure, tu étais sur le point de savoir, comme jadis tu trouvas le crapaud dans l'eau noire parmi la margelle éboulée, — le crapaud, la hideur initiale et impérissable, Baubô que, du fonds de toi, j'aime d'une part de mon universel amour pour elle. Mais, sur le point de savoir, tu as eu peur, et tu as crié !

— C'est vrai !

— Lâche ! pourquoi veux-tu, si tu n'oses ? Efforce-toi, efforçons-nous. Cherchons. Viens.

— Oui ! oui ! dis-je, haletant.

— Qu'avais-tu déjà vu, avant de crier ? Récapitule les détestables trésors ramassés, fais les entrer fortement, profondément, dans ta mémoire, pour que ta lâcheté ne puisse jamais plus avoir le prétexte de ne s'en point souvenir. Oui, d'abord, tu as pénétré, avec la lampe obscure de la cécité, de la cécité qui verra pourtant, qui va voir dans ce qui te semblait du néant, dans le trou du passé. Tu te reconnaissais souffreteux, dans la chambre pleine d'une odeur de drogues, tendant la main, hors du lit, vers des choses malpropres, qu'on avait laissées là ; et, si on ne les avait pas laissées, tu te levais de ton petit lit, tu allais, à tâtons, sans bruit, de peur d'éveiller la garde-malade, pour les chercher, pour les trouver, comme tu étais allé vers la bête basse et pustuleuse. On te rattrapait, on te lavait dans de l'eau fraîche, on te frottait avec de la toile blanche, mais toi, tu voyais des bêtes dans l'eau, des bêtes noires et furtives comme des têtards, et tu pleurais de ne pas pouvoir les prendre, avec tes petites mains, et, dès qu'on t'avait essuyé, tu tâtais le linge, dans l'espoir d'y trouver, écrasées, les bêtes vilaines.

— Oui! oui! c'était horrible.

— Et délicieux, n'est-ce pas? On ne sait point comme c'est effroyablement doux, l'ombre du clair, le sale du propre. Et la mémoire te revenait. Tu traversais des pays de soleil et de musique, avec ta mère toute en soie.

— Maman...

— Tu n'écoutais pas la musique, tu ne faisais pas attention au soleil, ni à la claire soie de ta mère.

— Si!

— Je te dis que non. Tu sais bien que non. Rappelle-toi! Un jour, sur la robe de ta mère, tu as trouvé une chenille, et tu as pleuré de rage, parce qu'on voulait la prendre, l'écarter, la jeter.

Puis, tu te souvenais, toujours plus clairement; tu te voyais dans une chambre toute blanche, dont la fenêtre ouvrait sur un jardin.

— Chez le docteur Lecauchois.

— Pas chez lui. Il venait tous les jours. Ce n'était pas chez lui. C'était chez...

— Tais-toi!

— Chez les fous. Tu t'es rappelé, tu t'es rappelé! Si on te laissait un instant, tu sortais dans les couloirs, tout seul...

— Avec Nyx!

— Ah! ah! tu es drôle!

— Avec Nyx, le petit domestique, qu'on avait conduit dans la maison de santé parce qu'il m'aimait bien, et pour qu'il me divertît.

— Non. Avec moi. Le petit nègre, c'est le prétexte que tu m'offres, — que tu te donnes. Tu étais seul. Tu ouvrais les portes des chambres, des infirmeries, des cuisines; regardant, tâtant, humant; tu entrais, tu retournais les oreillers, tu respirais les flacons de pharmacie, tu aimais dans les buffets le remugle des viandes, et, quelquefois, le soir, on te retrouvait dans la chambre de la vieille religieuse, caché, et la guettant, au moment où elle mettait son genou sur le bord sale du lit!

— Ce n'est pas vrai!

— C'est vrai. Pourquoi te mens-tu à toi-même? Tu sais bien que c'est vrai. Et quand on t'avait ramené dans ta chambre, et enfermé, seul, alors, pris de fièvre et de délire, tu voyais, autour de toi, de beaucoup de puits ouverts, de beaucoup de puits en ruine, sortir, monter, s'approcher, en se multipliant, des crapauds, des crapauds, des crapauds encore, qui pour arriver jusqu'à ton chevet grimpaient à des lettres d'alphabet!

— Mon Dieu!

— Et tous les crapauds étaient enfin sur ton lit, et ils se mettaient debout, et ils te complimentaient par des saluts, et pour te faire plaisir, ils te baisaient avec leurs baves.

— J'étais fou!

— Tu étais fou. Certainement, tu étais fou.

— Et je le suis encore?

— Non.

— Si.

— Non, te dis-je.

— Mais, un jour, je le redeviendrai.

— Sans doute.

— C'est épouvantable.

— Tu devrais te réjouir.

— Pourquoi?

— Tu devrais te réjouir. A quoi te servirait la raison, sinon à te conseiller de choisir entre les êtres et les choses, pour le ravissement de tes yeux ou de ton cœur, ceux et celles qui sont le moins éloignés des exigences de l'illusion humaine? Elle te conseillerait de te tromper. Toi, tu ne veux pas être dupe, tu veux savoir de quelle ombre est fait ce qui brille, quelle amertume il y a en toute douceur, et le mal du bien.

— Ah! je le veux!

— Et tu le voulais, même enfant, même malade. C'est pourquoi Nyx te parle et te remercie. Oh! la belle parure que tu amasses pour Baubô ma fiancée.

— Mais c'était si affreux de me rappeler que j'avais été fou, c'était si affreux de me voir fou... que j'ai crié!

— Ce n'est pas pour cela que tu as crié.

— Tu as raison! je me souvenais de choses bien plus horribles. Je me souvenais d'avoir, ouvrant les yeux à demi, feignant de dormir encore, vu papa, vu mon père prendre sur ses genoux la petite servante qui veillait à mon chevet. C'est pour ça que j'ai crié!

— Ce n'est pas pour ça.

— J'avais vu M. Lecauchois écarter le drap de mon lit... C'est pour ça que j'ai crié.

— Ce n'est pas pour ça. Tu as crié, après avoir longtemps fermé de tes deux mains ta bouche, tu as crié à cause d'une petite lueur tout à coup reconnue, d'une petite lueur, ronde, fixe, que tu avais déjà vue, une ou deux fois, quand tu étais tout enfant, et que tu as souvent revue quand tu étais malade, à cause d'une petite lueur ronde, semblable à l'œil du crapaud dans le puits, à l'œil de ma chère Baubô.

— Non !

— Je te dis que si. Et tu sais bien que c'est vrai, tu sais bien que tout ton besoin de savoir s'acharne en ton obstination vers cette lueur ronde, pareille à une espèce d'œil.

— Maman ! maman !

— Eh ! oui, il s'agit de ta mère, de ta maman toute en soie. C'est pourquoi tu as crié. C'est pourquoi tu n'auras ni trêve ni somme, tant que tu ne sauras point ce que c'était que cette rondeur claire qui ressemble à un œil souterrain ou à un trou vers le fond d'un vertigineux mystère. Va, tout est toujours, partout, la même chose. Tout se résume, ici-bas, et — tu verras, tu verras, — dans le monde intra ou supra-terrestre, en quelque chose en forme de puits, où il y a, au fond, quelque chose en forme de crapaud qui écarquille un œil. Mais regarde donc encore, dans ta sombre mémoire ; regarde, regardons mieux.

— Ah ! ah ! ah ! ah !

— Oui, c'est très drôle.

— Ah! ah! ah! ah!

— Ris, ris encore.

— Suis-je bête!

— Parbleu!

— Autour de cette clarté, qui m'attirait, qui m'effrayait, je vois maintenant...

— Un visage.

— Un visage d'homme. La lueur ronde, c'est un lorgnon, un monocle. Il n'y a rien d'effrayant à cela.

— Tu crois?

— Je... oui, oui... je crois...

— Tu crois tout le contraire! C'est ce visage surtout qui t'alarme et t'épouvante, et te charme. Tu mourras si tu n'apprends pas de quel homme il était, il est la face ou le masque. Qui est-il, cet homme? Cherche, cherche.

— Non.

— Pourquoi dis-tu non, puisque tu cherches en effet?

— C'est vrai. Malgré moi.

— Excuse. Cherche-le, retrouve-le, dans autrefois.

— A présent, il a une vieille bouche, pâle, où il manque des dents.

— A présent? dis-tu? Tu l'avais donc vu avant le moment où tu le revois?

— Oui. Il me semble. Il était, je crois, plus

jeune. A présent, il rit avec une bouche où il manque des dents.

— Tu as peur, parce qu'il rit?

— J'avais peur, et j'ai peur.

— Tu voudrais savoir pourquoi il riait, pourquoi il rit?

— Je ne pourrai pas le savoir. Comment le pourrais-je !

— Ecoute. Il est près de ta mâman?

— Non!

— Tout près d'elle.

— Oui, près de maman, il lui parle... il lui dit...

— Quoi?

— Je ne peux pas entendre.

— Si fait, tu l'entends rire.

— Je l'entends rire, mais je ne l'entends pas parler.

— Il faut pourtant que tu saches...

— Il le faut! il le faut!

— Alors, puisque tes souvenirs, même dans la lucidité du vouloir exaspéré, ne te renseignent pas assez... tu devrais t'informer...

— Oui... je m'informerai... je demanderai au docteur.

— Bête! est-ce que tu crois qu'il te dira les choses comme elles furent? Il doit être mêlé à toute cette histoire de l'homme inconnu qui t'obsède avec le regard de son lorgnon; il a certainement intérêt à ce que tu n'apprennes pas la vérité. Puis, est-ce que tu as confiance en M. Lecauchois?

— Pas trop.

— Si l'on cherchait bien derrière sa bonhomie...

— On trouverait peut-être...

— Sûrement!

— Je chercherai. Mais je puis demander à papa?

— Bon! voilà une belle idée; ton père aura des raisons pour te tromper. Est-ce que tu ne t'es jamais adressé des questions à propos de ton père?

— Jamais.

— Hypocrite! Les d'Aprenève étaient une famille ruinée. Comment se fait-il que ton père soit si riche? Il lui a fallu une grande fortune pour s'élever où il est monté. Car enfin, tu le sais bien, il n'a pas une très haute intelligence. Ses discours...

— Je l'ai surpris qui copiait dans un livre!

— Tu vois bien. En réalité, la seule personne qui pourrait tout te dire, c'est...

— Je ne veux pas!

— C'est...

— Je ne veux pas!

— C'est ta mère. Il la regardait, le lorgnon du visage de l'homme. Le mystère est en elle, est d'elle. Interroge-la.

— Maman!

— Alors tu ne veux pas savoir?
— Je mourrai, si je ne sais pas...
— Interroge-la.
— Oui, plus tard, un jour.
— Tout de suite. Cette nuit.
— Ah! chère maman toute en soie...
— Avec une tache dessus.
— Je veux dormir, je ne veux plus penser.
— Cette tache, qu'est-ce que ça peut être?
— Ah! mon Dieu! mon Dieu!
— Va voir.
— C'est impossible.
— Voir.
— Qu'est-ce que je lui dirai?
— Tu lui diras : « Avoue! »
— Mais, si je monte chez elle, papa m'entendra?
— Il est à Paris, tu le sais bien.
— Le docteur m'entendra.
— Tu sais bien qu'il est au lit avec la femme de chambre.
— Mais, maman, elle dort, elle sera épouvantée.
— Justement. Éveillée en sursaut, et à demi folle de peur, elle ne pourra pas mentir, elle te dira tout, elle te dira ce que c'était que l'homme avec le lorgnon, qui lui prenait la main.
— Oui, oui, il lui prenait la main! je ne me

rappelle pas quand. Il lui prenait la main. Savoir... savoir... Oh! si c'était trop horrible...

— Eh! bien, les chercheurs d'or se plaignent-ils qu'il y ait trop d'or dans la mine?

— Trouver l'or, l'or noir!

— L'or infâme!

— Oui!

— Allons.

— Nyx! Nyx! pourquoi t'es-tu levé? pourquoi es-tu descendu du lit? pourquoi me fais-tu signe de te suivre?

— Je ne me suis pas levé, je ne suis pas descendu du lit, je ne t'ai pas fait signe de me suivre, puisque je n'existe point.

— Qui donc est là, devant moi?

— Toi.

— Qui me prend la main, pour faire tourner le bouton de la porte?

— Toi. Et la bougie, qui n'était pas sur ma tête, que tu avais remise toi-même sur la table, c'est toi qui l'as prise, pour y voir clair dans l'escalier.

— Je monte derrière toi.

— Tu te suis.

— Attends!

— La volonté te devance.

— Redescendons! redescendons!

— Ta volonté ne veut pas.

— Oh! que dira ma mère, lorsque...

— Ne t'inquiète pas de cela. Elle parlera. Tu sauras. Ce sera horrible.

— Vite! vite! vite!

Je montai encore. Le chandelier avait glissé de ma main, la bougie s'éteignit. Les ténèbres, les ténèbres, seules et noires. Je cherchai pour m'en soutenir, pour m'en guider, l'épaule ou la tête de Nyx dans les toutes noires ténèbres. Je ne trouvai rien, Nyx n'était plus là, n'y avait jamais été. Le pied me manqua, je dégringolai, je heurtai du front, rudement, bruyamment, la porte de la chambre où dormait ma mère.

Quoi! elle ne dormait pas? Pourquoi ne dormait-elle pas?

Elle ouvrit tout de suite, sous une lampe qui baignait de douce clarté son pâle et long vêtement.

— Tu es là? dit-elle. Je t'entendais parler. On aurait dit que tu parlais avec quelqu'un; j'allais descendre pour te demander si tu étais malade, pour te soigner, mon bien-aimé chéri!

Elle me serrait contre elle, elle m'embrassait. J'avais dans les cheveux et sur le cou le souffle de sa chère âme tendre. Je bondis en arrière, je criai :

— Il faut que je sache. Parle. Dis-moi. Cet

homme qui venait, quelquefois, quand j'étais tout petit, cet homme qui te prenait les mains, quand j'étais malade, quand j'étais fou, qui était-ce ?

Maman avait reculé.

Elle était si blanche et si blême en son vêtement qui fût livide, en son long vêtement pareil à un suaire, sous la lampe, et si haute, les bras dressés, que ce fut comme si, l'ayant tuée, je voyais son spectre m'apparaître.

— Oh ! oh ! oh ! oh ! Qu'est-ce que tu as ?... Comment se fait-il... Qui t'a dit... Qui a pu te dire ?...

Moi, en mon abominable rage :

— Tu parleras. Ça ne peut pas durer comme ça. Je souffre plus qu'en agonie, depuis longtemps. Il faut que je sache, que je sache.

Est-ce que je l'avais menacée ? est-ce que je l'avais frappée ? la lampe tomba, roula, ne fut plus. Une lueur d'aube s'insinua par la vague fenêtre, entre les rideaux, et je vis, à peine, je vis, — après avoir entendu un soupir qui semblait le soupir de la mort d'une âme, — je vis maman tressaillir toute, fléchir, tomber, n'être plus qu'une chose de soie pâle sur le tapis, ainsi qu'une robe douce qui a glissé du mur...

XIII

Je m'enfuis comme après un crime. Oh! quel crime en effet. Maman! ma chère maman! J'aurais dû rester près d'elle, la relever, la secourir, lui demander pardon. Non, il m'eût été impossible de supporter le reproche de ses yeux rouverts. Quelle parole m'eût-elle dite? Cette parole m'aurait été d'autant plus terrible qu'elle eût été douce, je le savais bien. Je fuyais, je descendais l'escalier, la main glissant à la rampe. « Venez! venez! Docteur! tout le monde! Levez-vous! tous! Maman! » Quand je me trouvai devant la porte de ma chambre, déjà des bruits d'éveil et de paroles confuses

peuplaient le silence de la maison. On se préparait
à descendre. Tout le monde, au haut de l'escalier
encore obscur, allait paraître, se pencher sous des
abat-jour de lampes levées, et l'on me verrait sans
doute, on me demanderait : « Qu'est-ce qu'il y a ?
C'est vous qui avez appelé ? qu'y a-t-il ? » Est-ce
que je pourrais répondre, moi, que j'avais ou-
tragé ma mère, que je lui avais fait peur, qu'elle
était tombée sur le tapis, à cause de la peur que je
lui faisais, comme une douce loque ? Il fallait
rentrer dans ma chambre, dans le sombre chez-
moi des songes et des terreurs, — me cacher dans
ma solitaire épouvante.

Mais je n'osais pas pousser la porte.

S'il était revenu, Nyx ? S'il m'attendait, assis à
croppetons sur mon lit, avec, au-dessus de la tête,
l'espèce de cierge qui change les draps en linceul ?

Non, je savais bien que Nyx n'était pas dans ma
chambre ; que, en ce moment, le vrai Nyx descendait avec les autres domestiques, face de pantin
noir, burlesque et nulle. Mais j'avais peur de la
part de moi, du moi-même que j'avais été, cette
nuit, en mon lucide effroi, et que j'allais peut-être
redevenir...

On parlait ! on approchait ! Il fallait disparaître !
j'entrai.

J'étais dans l'ombre parfaite. Les volets, très

épais, étaient bien clos. Je ne voyais rien. J'entendais, montant de loin, le murmurant grondement de la mer. Et ce me fut une grande paix de me trouver en ces intenses ténèbres, il me semblait que, à l'écart du jour par qui tout se révèle, j'étais sauvé, non seulement de crimes futurs, mais même du crime accompli. Cette ombre m'isolait de tout. Et il y avait une nuit plus profonde encore que celle-ci ; la nuit où l'on descend par le tombeau. Je pensais à cette nuit délicieusement profonde, jalouse, infrangible. Là ne veille pas la Mauvaise Pensée, il n'y a pas de cauchemar dans la mort. C'est la nuit où la Nuit elle-même ne pénètre pas. Nyx ne vient pas s'asseoir sur le linceul, au pied de la bière. Hélas! je ne pouvais me le nier à moi-même, désormais : par quelque instinct personnel, ou par quelque fatalité de race, il y avait, en moi, un rêve de mal, qui exigeait la réalisation, et, toujours se réaliserait en douleur. Quel forfait ne commettrais-je point, quel désespoir ne subirais-je point, puisque déjà j'avais été capable de faire à maman, à ma chère maman toute en soie... j'allais penser : du mal... je pensai, puérilement : du bobo... Réminiscence de jours enfantins. C'était la parole que maman m'avait dite en me montrant le crapaud noir de l'alphabet, et c'était presque, — coïncidence dont je frissonnai — Baubô, l'éternelle hideur qui pleure d'amour vers le mal éternel, vers Nyx! Oh! entrer, pour toujours, dans les ténèbres où il n'y a même plus de laideur ni d'ombre.

Je ne voulais pas entendre les bruits qui venaient de l'escalier ; je ne voulais pas m'imaginer que maman, peut-être, se montrerait aussi, me tendant ses chères mains pardonneuses. J'avais l'effroi du pardon. Le pardon, sans doute, est horrible au mal, comme l'aube effare la nuit. Je ne désirais que le Rien. Le Rien. Tout à fait. Toujours. Je me rappelai, presque sans penser pourtant, que, sur un rayon de la bibliothèque, près de mon lit, il y avait un stylet très joli, en argent, bibelot aimable et sinistre, lame acérée, avec, pour cime, une tête de mort finement ouvrée, un stylet dont souvent j'avais coupé les pages de tant de livres, de tant de livres de mystère et de rêve obscur, de science mauvaise. L'image me vint de toute la lame entrée dans mon cœur, jusqu'à la tête de mort, qui, seule, resterait hors de la chair, le sang, aux trous des yeux, lui mettant des prunelles rouges. A tâtons, je cherchai la bibliothèque, palpant vainement l'ombre de la chambre avec les déjà meurtrières mains de mon vouloir plus profondément obscur...

Je fus ébloui !

Tout un univers de clarté et de joie entrait en

tout moi-même comme par la trouée de la secousse retournée d'un éclat de rire qui s'enfuit.

Qui avait ri?

L'aurore?... Quelqu'un?

Sans doute un coup de vent marin avait écarté les volets et les battants de la fenêtre; le clair infini matinal se ruait dans la chambre. Du bleu, du rose, du frais, de l'air frémissant et vaste! Je voyais, j'aspirais l'enfance de la vie universelle, et mon adolescence s'en épanouissait, éperdument ravie! Il y avait devant moi, de pente en pente, une glissée brumeuse et fine, ici accrochée aux tamarins, là fluante le long des roches blanches, plus loin rebroussée d'une villa de lilas et de roses, plus loin encore s'étalant sur le lisse du sable jusqu'à la mer, jusqu'à l'immense mer douce aux vagues répandues en nappe plissée à petits plis gris perle et çà et là illuminée d'une pénétrante caresse de soleil levant. Et à travers le clair brouillard s'élançait, vers l'éclosion du jour, une mouette aux ailes vives, avec un cri, alouette blanche du jeune rêve de la mer.

Mon âme la suivit, mouette, alouette aussi, après tant d'ombre.

Ce n'était pas vrai, la nuit aux cauchemars atroces, ce n'était pas vrai, Nyx, ni les mauvaises pensées rôdeuses dans les ténèbres. Je ne voulais plus rien savoir que la beauté, que la bonté de vivre. Merci, clair vent auroral qui ouvris dans ma chambre une fenêtre de clarté renaissante et en mes sombres funérailles nocturnes une fenêtre de joie.

Je baissai les yeux.

Sur le rebord de ma croisée (ma chambre, je l'ai dit, était au rez-de-chaussée, une route passait devant), il y avait des fleurs, des roses, des jacinthes, des anémones d'été, quelques œillets, des pervenches avec des boutons d'or ; fleurs en une courbe précise, comme volontaire, fleurs ainsi disposées exprès. Ce n'était pas le vent qui les avaient mises là ! Le vent, ce matin, n'était pas né encore. Il n'y avait que l'air immobilement diaphane et infini. Qui donc les avait apportées ? Je me souvins d'un éclat de rire qui s'enfuit.

Est-ce qu'un passant, un passant ami, une passante levée en même temps que l'aube, aube elle-même, est-ce que Myrrhine, — je ne l'avais pas vue depuis plusieurs jours, méchant songeur sauvage, — avait écarté les volets, mis là ces fleurs, ouvert la fenêtre, et fui, en riant ?

Je regardai de plus près les couleurs épanouies au rebord de la croisée. Je sentis, éclos comme elles, à mes lèvres un sourire qui me venait de l'âme ! Je ne me bornais plus à regarder, je lisais, oui, je lisais. Car j'avais étudié dans le petit livre que m'avait remis Myrrhine, étudié, avec beaucoup de soin non seulement les explications imprimées à côté des images de fleurs, mais celles que Myrrhine avait ajoutées de sa main. Je lisais. Sur la page de pierre, les signes fleuris disaient : « Absence. Pourquoi ? toujours pensée. Jamais adieu. Bientôt ? » Je m'accoudais à la fenêtre, je touchais, je baisais, sans le déranger, le frais verbe odorant. Un instant, je voulus grouper les fleurs en une tendre réponse. Il eût suffi de changer de place une ou deux jacinthes, trois pervenches, et une rose moussue, pour qu'on pût lire : « Retour. Pensée toujours. Jamais tristesse. Vous êtes venue, je viens ! » Mais j'aimais mieux adorer la demande, que lui répondre. Ma réponse serait un agenouillement vers de chères petites mains virginales et franches, éperdument serrées ; et, les noires chimères évanouies, je pris les fleurs à pleines paumes heureuses, et j'aspirais en leur aimante touffe qui était comme le printemps fiancé à ma jeunesse, la tendresse de Myrrhine, le pardon de maman et tout l'éblouissant matin ingénu de la vie.

XIV

Mais l'affreuse pensée, l'exigeant et incessant besoin de savoir était en moi. Je rôdais, inquiet, par la maison. Si ma mère m'avait souri, j'aurais peut-être trouvé le courage de me jeter à ses pieds, de lui prendre, entre mes mains repentantes, ses chers genoux de soie, et de lui demander pardon de la nuit horrible.

Elle ne me souriait pas. En me regardant, elle avait, dans les yeux, sur les lèvres, une tristesse si craintive, que j'avais peur de la redoubler en m'excusant de l'avoir causée; je remettais l'aveu de mon repentir, en la peur que maman n'éprouvât une nouvelle angoisse à consoler la mienne.

Mon père était arrivé de Paris. Lui avait-on écrit de revenir à la hâte? oui, sans doute.

Il m'embrassa, sans joie, me sembla-t-il; et les regards du docteur allaient de mon père à moi, avec un air de me désigner, de dire : « Voyez... »

La vie, dans la villa au bord de la mer, redevint-elle pareille à ce qu'elle était naguère? oh! non, pas pareille. Il s'était passé quelque chose qui, profondément, avait tout changé. Les repas étaient silencieux, silencieuses les promenades. Jamais maman ne me parlait de Myrrhine. Une gêne était sur nous, entre nous, toujours, On ne considérait donc pas comme une simple folie d'enfant, comme un cauchemar continué en somnambulisme, mon algarade nocturne? Mais, alors, ce n'était pas sans raison que j'avais voulu savoir? Il y avait, véritablement, quelque chose qu'on aurait voulu me cacher? et c'était donc bien effrayant, ce que j'ignorais, pour qu'on s'alarmât à ce point parce que j'avais voulu l'apprendre?

Un soir, comme j'entrais lentement, sans bruit, dans le salon où mon père, ma mère et le docteur se tenaient devant la table de whist, ainsi qu'ils avaient coutume avant le thé, je vis qu'ils ne jouaient pas; les cartes, qui leur étaient peut-être tombées des mains, gisaient sur le tapis vert en un désordre qui n'était pas celui du jeu. Et, les têtes l'une vers l'autre inclinées, ils se parlaient tout bas. En me voyant, ils reprirent leurs cartes, se mirent à jouer, baissant très vite le front, pas assez vite pour que je n'eusse vu la face si douloureusemsnt blême de ma mère, l'air furieux et menaçant de M. Lechauchois et, au bord des yeux de mon père, deux larmes, deux grosses larmes, qu'il essuya du revers de la main, en criant d'une belle humeur de bon joueur qui a perdu : « Vous avec le trick, docteur ! »

Mon père avait pleuré ! mon père, si grand, si bon, si justement illustre ! pleuré, à cause de moi ? oui, oui, à cause de moi, j'en était sûr !

Ah ! j'aurais voulu me précipiter dans ses bras. Je n'osais pas. Il m'aurait repoussé peut-être, il aurait bien fait de me repousser. Mais qu'est-ce que c'était donc, qu'est-ce que c'était, la chose, la chose inconnue, si épouvantable que mon père pleurait rien qu'à la pensée que je cherchais à la connaître ? Et justement par l'énormité de l'horreur probable s'accroissait mon envie de la surpendre.

Sous les regards de mes parents, du docteur, des domestiques, de Nyx lui-même, ce presque singe avec son imbécile sourire peinturé de sang noir, — regards tendres ou sévères, tous si attentifs, et inquiets... est-ce qu'on croyait que j'allais devenir... redevenir fou ? — j'errais d'étage en étage, dès le matin, et tout le jour, et la nuit aussi, furetant. Espérais-je donc trouver quelque objet révélateur, sous un meuble, derrière le piano, entre la glace et le mur, ou dans un panier à ouvrage? Oui, la Maison devait savoir le Secret. Ceux qui vivaient dans cette maison, et en qui était le secret, avaient dû en laisser, çà ou là, quelque trace. Ils avaient dû en parler entre eux, de ce mystère, du mystère si horrible sans doute... Maman, autrefois, m'avait conté un conte où un très vieil écho, qu'on croyait depuis bien longtemps sans mémoire et muet, se mettait à parler tout à coup et dénonçait le coupable!

Un fois, brusquement survenu, — j'avais, exprès, de ces soudainetés d'intrusion, — je surpris ma mère refermant très vite le tiroir d'un tout mignon bonheur-du-jour en bois de Portugal; et je vis une petite clé d'or glissée dans le corsage, entre deux boutons.

C'était, peut-être, là, dans ce tiroir, qu'il était, le Secret! Oui, il était là! Je retins un geste d'enfoncer, d'un coup de poing, le meuble. A force de guet, d'affût, j'étais devenu, en apparence, modéré, patient, rusé, comme les vieux chasseurs. Il ne fallait pas se hâter. Il fallait prendre son temps. Je m'emparerais de la clé, par quelque adresse, ou bien j'ouvrirais, sans clé, le meuble, par quelque invention, un jour que je serais seul dans le boudoir. Mais si ma mère choisissait, pour ce qu'elle dérobait là, quelque autre cachette? non, cela n'était pas à craindre, pour le moment du moins. Elle ne m'avait point vu la voir. Et je me donnai bien garde, le soir de ce jour, le jour suivant, de revenir dans le boudoir, même de jamais, dans mes allées et venues sournoises, m'arrêter à l'étage où était le boudoir. Il ne fallait pas qu'on crût que je m'inquiétais de cette pièce, du meuble qu'il y avait dans cette pièce. Il était d'autant plus difficile de ne pas éveiller les soupçons, que j'étais un surveilleur surveillé. Je compris qu'il fallait donner confiance en affectant un air libéré de tous soucis. Oui, oui, j'avais eu de maussades pensées, lesquelles? n'importe; mais, maintenant, j'étais un franc jeune garçon, qui est content, qui aime à rire, qui aime à jouer, comme lorsqu'il était tout petit. Il m'arrivait, en manière de plaisanterie tendre, de m'asseoir, — un homme! et qui pesait! — sur les genoux de maman. J'aurais voulu qu'elle m'embrassât, me caressât, me dodelinât ainsi que jadis. Si elle la gardait dans son corsage, j'aurais pu lui voler la clé! Mais, toujours douce, maman était moins câline. Et elle me regardait si plaintivement (sans jamais me rappeler la sinistre nuit où je l'avais meurtrie, sans jamais dire une parole révélant qu'elle s'en souvînt elle-même), si plaintivement, et si miséricordieusement, que j'avais pitié d'elle et de moi... Hélas! je l'aimais tant, tant, tant, ma mère chérie, ma mérette, ma maman toute en soie, qui me disait autrefois sur la terrasse de Courances, claire de soleil et vibrante des pierreries ailées de la volière, qu'il n'y a pas de corbeaux, qu'il n'y a rien de noir, et qui, me prenant par la main, dansait en rond avec moi dans la joie lumineuse de la vie. Oh! comme j'aurais voulu ne penser qu'à l'aimer. J'aurais voulu, aussi, lui avouer que j'aimais Myrrhine, lui parler longtemps de Myrrhine, lui raconter le conte de mon amour, aussi joli que les beaux contes dont elle me charmait jadis.

Une fois je m'enhardis. Je m'assis à côté d'elle, le plus près possible, je prenais ses mains, les laissais, je mis ma tête sur son épaule, je commençais de lui parler tout bas, tout bas. Je l'embrassais, je la serrais... Elle ne portait plus la clé dans son corsage!

Elle s'était donc défiée. Elle avait deviné que je voulais voir ce qu'il y avait dans le tiroir du bonheur-du-jour? Imbécile! j'avais trop tardé. J'aurais dû briser le meuble, dès mon premier soupçon; il était peut-être trop tard maintenant? Le tiroir était peut-être vide? Non, quelque chose me disait que, là, dans ce meuble délicat, dans cette joliesse, parmi le velours parfumé, il y avait encore l'affreuse chose désirée, désirée... toute noire.

— Baubô!

Qui avait parlé?

J'étais seul. Je poussai toute large la porte entr'ouverte. Nyx dégringolait l'escalier. Je haussai l'épaule...

Comment faire pour ouvrir, sans clé, le petit secrétaire? l'enfoncer? chose facile. Mais les gens de la maison qui allaient, venaient, entraient à tout instant dans le boudoir où ma mère recevait les visites, me surprendraient peut-être. Comment expliquerais-je?... Et, cependant, il fallait que s'accomplît mon désir, mon irrésistible envie, mon implacable instinct. (Hélas! hélas! ah! hélas! pourquoi étais-je ainsi?) Je ne savais quoi, entre deux petites planches légères, était l'unique point où convergeaient toutes les énergies de ma vitalité.

Un soir, dans l'escalier peu éclairé, comme je quittais la salle où mon père et ma mère achevaient de dîner:

— Allons!

— Quoi?

— Allons! te dis-je.

— Demain!

— Ou après-demain, n'est-ce pas?

— Il n'est pas assez tard.

— Le moment est bon, ils causent, ils ne s'occupent pas de toi.

— Le bruit les avertira.

— Il n'y aura pas besoin de faire de bruit.

— Alors, de quelle façon?

— Ta clé, à toi.

— Quelle clé?

— Celle de ta bibliothèque.

— En effet, je crois, presque pareille à l'autre.

— Et tu l'as mise dans ta poche, il y a deux jours, exprès.

— Pas exprès!

— Exprès.

— Mais dans l'obscurité, je ne pourrai pas.

— Tu passes devant ta chambre. La petite lampe de la table de travail est allumée.

— Comment serait-elle allumée déjà? Je n'ai pas donné l'ordre.

— Tu l'as allumée toi-même, avant de monter à table.

— Non.

— Pour la prendre en passant. Maintenant, va.

— Je n'ose pas.

— Va!

— Je ne peux pas.

— Va donc! dit Nyx.

13.

Je traversais, avec tant de précautions, le vestibule, la main devant la flamme baissée de la petite lampe. Tout le silence, non seulement de la maison, mais, me semblait-il, de toute la terre, m'enveloppait, me suivait. Sans doute, chaque fois qu'un homme va accomplir quelque chose de décisif, ce n'est pas seulement l'immédiat environnement de son être qui l'épie, qui l'accompagne vers l'irrémédiable, mais l'universalité de la vie, attentive, — parce que la même chose peut arriver à toute existence humaine! et c'est le guet de la future expérience.

J'avançais toujours plus lentement. La porte du boudoir n'était pas fermée. Je levai la lampe. Ah! le joli réduit de grâce et de charme! il y avait des luisances d'étoffes soyeuses et des brumes de dentelles, dans des coins de blancheur; une drôlerie de bibelot, japonaiserie vive d'un lézard d'or au col d'un fin vase bleuté, égayait la diaphane pénombre où s'allument, d'étagère en étagère, des échos d'étincelle! Et il y avait tant de douceur éparse que c'était comme si j'avais marché dans la présence vaporisée de maman toute en soie.

Une seule idée : celle du Secret dans le tiroir clos, je traversai la chambre, j'étais près du meuble...

Derrière moi se plaignit un soupir. Toutes les plaintes de tant d'âmes haletaient dans ce soupir redoublé, toujours redoublé, toutes les plaintes de toutes les mères...

Je le savais bien que c'était maman, derrière moi, qui avait soupiré.

Je me retournai.

— Ah! méchant! méchant! dit-elle sans colère.

C'était épouvantable, — et délicieux aussi — de la voir si exquisement douloureuse, si pâle, les cheveux déroulés en l'adorable soie fluante de son désespoir résigné.

Elle répéta :

— Méchant! méchant!

Elle dit ensuite :

— Pourquoi veux-tu que nous soyons tous malheureux?

Elle reprit :

— Pourquoi m'obliges-tu à te guetter, à te suivre?

— Maman!

— Mon chéri!

— Maman!

— Puisque tu voulais voir ce qu'il y a dans ce tiroir, il fallait me dire : « Montre-le moi. » Je t'aurais dit : « Tiens, vois, prends. » Oh! pourquoi es-tu là comme le voleur de la vie de ta mère?

Elle eut un petit rire sans fâcherie du tout, presque gai, qui me déchira.

— Tu sais, ta clé n'aurait servi à rien. C'est un vieux meuble fidèle, quoiqu'il semble fragile parce qu'il est joli. Tu aurais été obligé de le rompre, c'eût été dommage, il est précieux. Ecarte-toi un peu, laisse-moi passer.

Elle mit sa clé d'or dans la serrure dorée, tira un tiroir, prit un portefeuille; il avait un aspect singulier; on voyait une étroite lame de malachite, avec une petite croix d'or dessus, comme sur une toute petite tombe.

— C'est cela que tu voulais? C'est ce qu'il y a là-dedans que tu voulais connaître? Je te permets, prends, lis. Mais, n'est-ce pas, tu me rendras ce que je te donne? ce que je te confie? C'est une bien vieille relique, une relique de tristesse; allons, prends.

Je tremblais de honte et de remords, je haletais en la peur de je ne sais quel châtiment mérité, j'avais surtout tant de chagrin d'avoir fait de la peine à ma maman chérie, je balbutiais :

— Mère! mère! pardonne... je suis fou... je t'adore... je ne veux pas savoir... ne me donne pas... garde... garde...

Mais j'avais levé la tête, je vis dans les yeux de

ma mère une espérance. Une espérance? quelle espérance? à cause de ce que j'avais dit? l'espérance que je ne saurais pas?... j'empoignai le petit portefeuille, et je m'enfuis.

XV

Je m'étais enfermé. Seul? Oui, bien seul. Nyx n'était pas là. Quel Nyx? Hélas! Je ne savais plus, déjà! Ni l'un ni l'autre. Personne. Seul. Il n'y avait avec moi assis devant ma table, penché vers la petite lame de malachite tumulairement ornée d'une croix d'or, que la lampe. Elle regardait aussi. J'aurais voulu qu'elle m'éclairât sans regarder ce que je voyais, ce que j'allais voir. Est-ce que j'oserais, maintenant que je l'avais là, à ma portée, offert, pénétrer dans le secret de maman? Une haine de moi, un dégoût de moi, et une peur infinie, me remuaient tout l'être à la pensée de cette violation de sépulture. Oui, de sépulture. Car de la mort, certainement, dormait là. La mort de beaucoup de choses peut-être, — ou d'une seule grande chose, — se momifiait sous cette petite lame tombale, que sacrait une croix. Et la lampe serait comme la torche qu'érige le retrousseur de mystères funèbres. Oh! jamais pierre de sépulcre ne fut plus difficile, plus terrible à soulever, que cette frêle reliure de malachite si fine, si jolie, si douce, la soie de maman faite pierre précieuse.

Le désir triompha de l'horreur.

Les doigts fiévreux, je froissais des pages où des lignes étaient tracées, des pages entre lesquelles il y avait, pliés, des papiers fins que rien n'attachait au petit volume. Des lettres. Ma première pensée fut de lire ces lettres. Une seule d'entre elles, sans doute, me révélerait tout! Mais je maintins ma rage de tout apprendre en une seule fois. Je subissais je ne sais quelle nécessité de minutie dans la satisfaction de mon sacrilège besoin. Je voulais le peu-à-peu, le de plus-en-plus dans le désespoir.

Sur la première page :

« C'est la violette que je cueillais à ce moment-là. »

Rien de plus. L'écriture de maman! un peu différente de son écriture d'aujourd'hui. Moins ferme et moins précise, hésitante, écolière. Et il n'y avait point de violette. Je voyais seulement, sous la ligne, une petite tache, un peu verdissante, si pâle, l'adieu laissé à un feuillet d'herbier par une fleur disparue.

Et, sur les pages suivantes, sans dates :

« J'en étais bien sûre. »

Puis :

« Il pensait à autre chose. »

Puis :

« Il est revenu. Mais il ne prenait pas garde à moi. Il ne m'a pas regardée. Pourtant, j'ai peur que la Sœur ait vu qu'il me regardait. »

Puis :

« Il me semble qu'il s'est retourné, plus d'une fois, très souvent... »

Puis, ceci, un brouillon sans doute :

« Si, comme vous le dites, vous avez de l'amitié pour moi, je vous prie, Monsieur, de ne plus m'écrire, de ne jamais plus m'écrire. Vous feriez gronder la femme de chambre, qu'on surprendrait, et vous me causeriez beaucoup d'ennui. Vous avez eu tort, je vous assure, de croire que j'avais cueilli cette fleur à cause de vous. C'est à cause de vous, sans doute, mais pas comme vous le pensez. Bien que, certainement, nous ne nous connaîtrons jamais, je ne voudrais pas que vous ayez de moi une mauvaise pensée. Comme vous me regardiez, à travers la grille, pendant que je me promenais avec Sœur Denedicte, j'ai eu honte, et je me suis pénchée vers une touffe de violettes de la plate-bande pour me donner une contenance. Il n'y a pas eu autre chose, vous pouvez le croire, monsieur; il ne faut plus penser à rien de tout cela. Et si vous ne m'écrivez plus, je vous pardonnerai la peur que vous m'avez causée, en me poursuivant jusqu'ici. Au couvent, j'étais bien surveillée, pas autant que chez mon père, et si quelqu'un, habillé comme les gens de la ville, se promenait souvent près du château, sur la route qui passe devant ma fenêtre, les domestiques, les paysans finiraient par s'en apercevoir; on croirait peut-être que je ne vous l'ai pas défendu. Partez donc, je vous en prie, et n'écrivez plus. Ce n'est pas que je sois en colère contre vous; pour vous le prouver, j'ôte de la page où je l'avais collée, la violette que je n'avais pas cueillie pour vous, et je vous l'envoie, mais c'est à la condition que vous vous en irez, que vous ne reviendrez pas, que vous ne me causerez jamais plus le chagrin de m'écrire... »

Pendant que je lisais, une vision me venait de la toute jeune demoiselle, — ma maman fillette, le cœur frôlement ému comme un cœur d'hirondelle, — qui écrivait cela, craintive au moindre bruit, et si douce, et si pure, n'aimant pas encore, aimant peut-être, exquisement troublée.

J'aurais dû refermer le portefeuille, le rapporter à ma mère, en finir pour jamais avec le cauchemar de cette idylle... Non. Je *voulais*. Ou, plutôt, il *fallait*.

Sur une autre page :

« J'ai cru que je mourrais d'épouvante, quand je l'ai vu entrer dans le salon. J'aurais voulu m'échapper ; mon père m'a dit : « Eh ! bien ! qu'est-ce qui te prend ? qu'est-ce que tu as ? » Je suis tombée assise. Le docteur Lecauchois nous a présenté « M. Georges Lorelys, un jeune poète du plus grand avenir ». Je n'ai pas su saluer. Qu'est-ce que M. Lorelys pensera de moi ? Il doit croire que je suis bien sotte, bien mal élevée. Comment connaît-il le docteur ? il n'a pas l'air malade. Non, il est très jeune, il a un visage agréable, comme les gens qui se portent bien ; et il est très élégant, il parle comme dans les livres. J'ai eu beaucoup de plaisir à entendre sa voix, tant de plaisir que je m'en suis allée... et je ne veux pas penser à lui. J'écris ça, parce que c'est ma manie d'écrire ce qui m'arrive, comme je faisais au couvent. Mais je ne pense pas à lui... si... je pense à lui... il reviendra nous voir... »

Plus loin, d'une écriture plus serrée, comme colère, tremblante aussi :

« Je lui ai répondu que je ne voulais pas, que j'étais bien décidée à ne pas vouloir. J'ai eu tort de répondre. Mais il aurait attendu jusqu'au matin. C'était impossible de le laisser attendre. Du reste, comme ça, il sera bien sûr que je ne viendrai jamais, jamais, jamais. Puisqu'il nous rend visite une ou deux fois par semaine, à présent, ce n'est pas du tout nécessaire que j'aille lui parler, le soir, sur le chemin, pendant que mon père dort dans son fauteuil et que le docteur joue au bésigue avec ma tante. »

Entre les feuillets suivants, il y avait les lettres; elles n'étaient pas de l'écriture de maman.

Une écriture virile, résolue.

Comme j'avais peur de lire, comme je lus avidement!

« Je suis, mademoiselle, un mendiant qui ne demande rien. Il faut, à la prière, un peu d'espérance, pour oser prier. Et je n'espère rien, je ne puis rien espérer. Je n'ai seulement pas le droit de souffrir à ne pas obtenir. Vous ne me devez pas même une douleur. Hier, j'attendais, je guettais, sur la route, dans la pénombre. Quand vous avez, descendant le perron vers le jardin déjà obscur, regardé autour de vous, — vous étiez si blanche, si pure, si claire que c'était comme si le crépuscule du matin venait au-devant du crépuscule du soir, — j'ai connu un tel délice qu'il me sembla que j'allais en mourir. Quoi! vous n'aviez pas été offensée? Quoi!

malgré votre refus, vous consentiez à cette minute, seuls, de votre main entre mes mains?... Non, vous ne m'avez pas vu. Vous étiez venue sur le perron, par hasard, sans aucun souvenir de ma lettre. Et vous êtes rentrée. Je me sentis si seul que je crus qu'il n'y avait plus que moi sur la terre; et ce fut ma pensée que bientôt, bientôt, elle serait tout à fait déserte. Mais je ne me plains pas. Je ne vous adresse aucun reproche. Je suis quelqu'un qui a passé, une fois, devant un jardin où fleurissait, pas éclose encore, la fleur de son idéal. Est-ce que les fleurs sont obligées de s'inquiéter des passants? Une seule faute a été commise, par moi. Je n'aurais pas dû me faire présenter chez votre père. Un poète, pauvre, n'a pas le droit d'aller chez des gens riches, ni de regarder de près les belles demoiselles qui épouseront des banquiers. Ai-je du talent, seulement? Ah! peut-être, si vous aviez voulu, j'aurais pu être inspiré, puis glorieux! Vous ne voulez pas. Tout ce qu'il y avait en moi, qui sait? de génie, sera éternellement ignoré, parce que vous ne m'aurez pas souri. Je vous répète que je ne me plains pas. Votre sourire est à vous, et à celui que vous épouserez. Je ne serai pas celui-là. Et, parce que je vous dois d'avoir rêvé l'amour heureux et le génie après les épousailles, je suis sans colère, sinon sans détresse; le rêve fut si beau que, tant que je vivrai, — je ne vivrai pas longtemps, — je vous devrai encore de la reconnaissance, même après le désespoir de la déception. Et je ne reviendrai plus chez votre père. Demain le docteur annoncera que je suis parti pour un long voyage. Il le croira. Ce ne sera pas vrai. Je ne m'éloignerai de vous que le jour où je m'exilerai de tout. Ah! je le sais, vous ne viendrez jamais, le soir, sur la route qui longe la haie; jamais plus, même, vous ne descendrez, à l'heure que j'avais dite, les marches du perron, avec un air de chercher du regard... Mais, moi, rien ne m'empêchera de revenir où vous ne viendrez pas. Je serai là tous les soirs. Je ferai, pour vous, des vers, des vers si tristes, en ne vous attendant pas; et, aux petites fleurs des épiniers, à la branche du tremble, qui descend jusqu'à frôler en frémissant l'herbe haute qui eût frôlé votre main, je baiserai, parce que vous ne viendrez pas, je baiserai, consolation déchirante, le souvenir de votre absence. »

Cette lettre, — signée de ce seul nom : Georges, — je la froissai, avec rage. Non seulement parce que l'audace de sa tendresse outrageait ma mère, m'outrageait moi-même en mon tendre respect, en mon religieux amour d'elle, mais parce que, nettement, j'y démêlai du mensonge, et je ne sais quoi qui ressemblait à du complot. Pouah! que de littérature, mauvaise, et quelle évidence de piège offert à une âme si jeune encore et si éblouie, peut-être, qu'elle ne le verra pas, qu'elle y pourra tomber.

Je dépliai une autre lettre, je lus :

« Ces vers, ces humbles vers, pour vous! pour vous seule! »

Des vers, en effet, au-dessous de cette ligne. M. Lecauchois ne se trompait pas en disant que j'avais l'esprit critique. Ils étaient imbéciles, ces sonnets. Toutes les niaiseries de la romancerie sentimentale. Toutes les petites fleurs! tous les petits oiseaux! Mais cela ne fait rien, les mauvais vers de la romance, si c'est l'oiseau bleu qui la chante. Et les sonnets disaient l'enchantement du soir, et le frisson reconnaissant des fleurettes et des branches, parce que la petite Damoiselle Hélène avait daigné venir vers le page, — imbécile gredin! — qui l'attendait au pied de la tourelle.

Maman, ma chère maman! elle était venue! Ah! mon Dieu! elle était venue! Je la voyais, toute jeunette, toute jolie, et si simple avec du rêve — comme l'était Myrrhine à présent — descendre le perron, écouter si on la suit (non, on ne la suivait pas), s'enhardir, pousser la grille, arriver sur la route, et laisser prendre ses mains tremblantes... Maman! j'eus — littéraire, moi aussi, mais si sincèrement, si misérablement bourrelé tout de même — cette impression abominable d'une salissure à mon futur berceau! et il me semblait que c'était ma petite âme pas encore née qui allait être pécheresse.

Il restait deux papiers pliés. Je ne les lirais pas! Je ne descendrais pas plus loin dans l'affreux secret. Je me réserverais la suprême ressource du doute; et mon amour pour maman, bientôt, croirait à son innocence.

Il fallait refermer le portefeuille, ne jamais le rouvrir.

La toute-puissance d'un effrayant vouloir ne me le permit pas.

Je trouvai d'autres vers, plus médiocres, odieux. Maman venait sur le chemin, tous les soirs, tous les soirs... un tutoiement, près de la rime, me fut épouvantable! Oh! le soir, dans le chemin sombre, où ne passe personne, voisin de quelque bois aux hautes bruyères... Oh! la toute frêle et peureuse soie de maman vierge, tâtée, froissée, re... exécration!... retroussée!... J'avais des griffes au cœur, mais elles tiraient mon cœur, en un délice de torture, vers l'affreux de savoir davantage, d'être sûr.

Une lettre s'offrait, la dernière.

Je lisais, je lisais, les yeux et l'âme écarquillés. Je craignais atrocement, mais voici que, peu à peu, un calme, comme du lait après du vitriol, me coulait dans l'esprit et dans les veines (non sans quelque exécrable regret de la brûlure) pendant que je lisais :

« Nous pleurerons tous les deux, Hélène, mais nos larmes seront par elles-mêmes consolées comme celles qu'on pleure quand on ensevelit un enfant qui, s'il avait vécu, aurait trop souffert. Notre amour était un triste nouveau-né, qui n'aurait grandi que pour le désastre et la honte. Oh! à jamais je garderai le souvenir des heures délicieuses où vos bras, en un si chaste et si confiant abandon d'ange qui laisse toucher ses ailes, ne repoussaient pas la caresse de mes mains en prière. Mais je ne veux pas les tacher, ces ailes, en qui frissonnent les ingénus et incertains essors de votre âme. Jamais je n'aurais renoncé à vous, si j'avais pu nourrir l'espérance d'être votre mari. Je vous aimais tant que je ne voyais pas l'impossibilité de ma chimère heureusement accomplie. Hélas! hélas! la grande fortune de votre père, la sorte de mésestime pour ceux qu'on nomme les bohèmes, bien naturelle chez un homme qui, si honorablement, a édifié de ses laborieuses mains une haute situation industrielle, ne me permettent pas d'espérer que jamais il vous donne à moi. Et je vous sentais, — dans nos chères promenades du soir, — de plus en plus attendrie, de plus en plus aimante, consentante toujours davantage à mon éperdu amour. Oh! Hélène, ma chère, ma pure Hélène! jetez par la fenêtre, un soir de grand vent, mes lettres et mes vers, et les fleurs de bruyère que nous avons cueillies ensemble. Je ne mettrai pas une ombre sur votre blancheur, un remords dans votre innocence. Éternellement, je souffrirai, mais avec la consolation de souffrir pour n'avoir pas voulu vous causer une impérissable détresse. Ne m'aimez plus! oubliez-moi. Cette lettre, je ne la confie pas à votre femme de chambre. Il m'a semblé que, ces jours-ci, on la suivait quand elle sortait de la ferme où je m'étais logé pour être plus près de chez vous. Je ne saurais supporter l'idée de vous compromettre. C'est mon plus sûr, mon meilleur ami, Fabien Liberge, — je crois vous avoir parlé de lui, — qui, au lieu ordinaire de nos rencontres, vous remettra cet adieu. Il vous dira l'éternelle douleur de celui qui, ne se sentant pas digne de votre tendresse, veut du moins garder des droits à votre estime... »

Hein? quoi?

Que signifiait ceci?

Ce jeune homme, sacrifiant son amour au respect d'une vierge, était sublime!

A moins que... à moins que...

Il avait pris une résolution bien prompte, bien imprévue, après tant d'instances tendant à un but contraire, et qui avaient tant ressemblé à un patient calcul !

Puis, qu'est-ce que c'était que ce Fabien Liberge? Il me semblait que ce nom ne m'était pas inconnu, que je l'avais souvent entendu prononcer, que je l'avais souvent lu...

Très vite, je feuilletai... Plus de lettres. Seulement, à la dernière page, une large tache d'encre, très large, comme si quelqu'un, maman sans doute, avait voulu cacher de noire épaisseur, pour qu'on ne pût jamais les lire, des mots qui avaient été écrits, là.

Quels mots?

Que cachait cette rature?

J'essayai, longtemps, mais vainement, de déchiffrer de vagues caractères à travers le noir opaque de l'encre — des mots sous la rature.

Mais de quoi m'inquiétais-je?

Le vrai, l'incontestable, l'essentiel, c'est que maman avait été sauvée, et que, sincère ou non, celui à qui elle aurait pu devoir tant de tristesses s'était éloigné, n'était pas revenu. Le soupçon me hantait, à vrai dire, qu'il avait dû être contraint à être admirable, plutôt qu'il ne s'y était résolu de lui-même. Sans doute mon grand-père l'avait éconduit... Et je me souvins du conte inachevé, du conte de l'archiduchesse Brioche, où l'archiduc répondait à un jeune homme dans la boutique princière : « Que feriez-vous de ma fille, vous qui habitez au pays où les maisons ont le ciel pour toiture et où on se nourrit de la musique des mouches? » Puis, quelqu'un était venu... celui qui devait venir, le vrai fiancé, le vrai époux, le comte d'Aprenève, mon père, et il ne restait plus rien de cette chose futile d'un avant-printemps si lointain, un peu mélancolique, que deux ou trois lignes, sur des pages vieillies, d'une écriture d'enfant, et quelques lettres dont l'encre s'effaçait, — elle était peut-être morte, la main qui les avait écrites, — et une rature.

Même je n'en voulais pas à ma mère d'avoir conservé ces puériles et vaines reliques ; elle avait bien fait de les garder. Est-ce que Myrrhine ne m'avait pas dit que, dans la malle aux clous en or, il y avait ses jouets de petite fille ? eh bien ! ces pages, ces lettres, c'était comme les jouets, les jouets si anciens, du petit cœur de maman ; et, c'était du rien, brisé. Maman m'apparaissait, non pas moins exquise, moins adorable, mais au contraire plus délicieuse encore, plus touchante, plus en soie chérie. Oh ! comme je lui demanderais pardon de mes mauvaises pensées, et de lui avoir fait tant de peine, — de m'être fait tant de mal à moi-même. Car je sentais bien que c'était surtout de m'être fait du mal à moi qu'elle devait m'en vouloir. Comment m'y prendrais-je pour lui dire mon repentir? quelles paroles trouverais-je? Il y a des offenses dont l'aveu est une offense de plus. Non, je ne dirais rien, j'entrerais, tout à l'heure, dès que le jour serait levé, dans sa chambre, je me glisserais vers son lit, je m'accouderais à son chevet, je l'éveillerais d'un « maman » très doux, de mon « maman » d'autrefois, quand j'étais tout petit, et je lui rendrais...

Une lueur, d'entre les volets qui furent peut-être mal clos, glissa en longue ligne sur ma table, — me donna une idée. Qui sait si, sur le rebord de la fenêtre, il n'y avait pas?... Plus d'une fois cela était arrivé, que Myrrhine vînt mettre là, avant mon réveil, les fleurs qui étaient le cher poème muet de son amour. La croisée ouverte, je vis les fleurettes accoutumées. Non, pas celles de presque tous les matins : aujourd'hui des muguets de jardin, des pimprenelles et une touffe d'églantines presque pas roses, un frêle printemps jeune comme Myrrhine, jeune comme le petit rêve puéril de maman, jadis, et je pris toutes les fleurs, et je sortis de ma chambre, et je montai l'escalier.

J'avais frappé à la porte.

— Maman!

— Eh bien? Quoi donc? C'est toi, Arsène?

— Oui. Je t'ai réveillée ?
— Je n'ai pas dormi.
— Maman ?
— Que veux-tu ?
— Est-ce que je puis entrer ?
— Oui, oui !

En face de la fenêtre grande ouverte, elle était étendue, tout habillée, sur son lit, en sa longue mélancolie de soie, et le rose du matin était doucement triste dans les miroitements de sa douceur mourante.

Je me mis à genoux, et je levai les bras.

— Je te rapporte, dis-je...

Et je lui offrais le petit portefeuille tombal, le petit reliquaire de malachite, orné d'une croix d'or, que j'avais tout enveloppé des fleurs matinales cueillies au bord de ma croisée ; c'était tout le petit amour de maman, dans l'amour de Myrrhine.

— Mon fils !
— Maman !

Nous nous embrassions en riant comme des fous, et aussi en pleurant de tendresse.

— Tu n'as plus de mauvaises idées ?
— Non ! non ! c'est fini.
— Tu m'aimes bien ?
— Ah ! maman ! Mais...
— Quoi ?

— Tu sais...

— Eh bien!

— Je n'aime pas que toi.

— Vilain!

— J'aime aussi...

— Qui?

— Tu ne devines pas?

— Non...

— Si fait, tu devines! Tu fais semblant de ne pas savoir... pour me faire enrager...

— Non, voyons, qui aimes-tu?

— Myr...

— rhine! acheva maman.

Elle riait, elle riait, elle essuyait avec ses chers cheveux si doux les heureuses larmes de mes yeux.

XVI

J'étais heureux, j'étais joyeux, j'avais envie de sauter au cou de tout le monde. On disait : « Il pleut ! » Je pensais : « Il pleut du soleil ! » L'innocence de ma mère avait été, sur mon cœur, comme une caresse qui épure en même temps qu'elle charme, avait été, dans mon esprit, comme un clair remuement d'une touffe parfumée écarteuse du mauvais air et de ces vilaines bêtes, es mauvaises pensées. Il y eut une grande nouvelle. Mon père, selon la volonté du Prince, et à l'unanimité des voix, venait d'être élu président du Corps législatif. A cette occasion, il donnerait, bientôt, dans notre hôtel, à Paris, une grande fête où devaient assister, avec les plus illustres personnages de la nation, les ambassadeurs des nations étrangères; le Prince lui-même avait promis d'y venir. Mon père triompherait, parmi cette gloire ; ma mère triompherait aussi, si douce; et comme, en ce temps, je faisais des vers, je pensai à une petite pervenche de l'orée parmi une couronne de lauriers d'or. Ah! que j'étais heureux! Je poussai le bonheur jusqu'au défi. Je n'avais pas du tout peur du petit Nyx, qui se fourrait toujours dans mes jambes, et me suivait, quand je sortais de la maison, en criant : « M'ssi! M'ssi! » Je l'emmenais. « Allons, cours! monte à cet arbre! saute dans l'eau! » Il était si drôle, avec sa frimousse d'ébène, trouée de gros yeux blancs, et son bon rire bête. En somme, je l'aimais bien, ce vilain petit homme, noir, rouge et vert, qui m'avait été dévoué, et qui avait joué, qui jouait encore avec moi. Certes, pas plus intelligent qu'un singe qu'on aurait dressé, mais si plaisant, si « fantoche ». Comment diantre avais-je pu prêter son image à un atroce cauchemar? Il ne ressemblait qu'à mon jouet d'enfance, au petit Sorcier des Noirs ; et j'étais, à présent, si loin de m'effrayer de lui, que je l'employais à cueillir, pour Myrrhine, à la cime extrême du plus haut tulipier du jardin de la villa, les plus fraîches tulipes, si tendrement vertes! car je savais très bien, désormais, le langage des fleurs ; même aux classiques significations, j'avais ajouté des interprétations nouvelles : la tulipe des tulipiers, qui s'entr'ouvre, là-haut, là-haut, vers le ciel, c'était mon cœur, mon jeune cœur, mon cœur frais, aspirant le paradis bleu d'un cœur divin qui se penche, le matin, tout rosé d'aube, et, le soir, avec d'exquises pulsations d'étoiles !

XVII

Dans la roche, à présent, il y avait un autre nid, le nôtre. C'est extraordinaire, comme c'est large, et profond, ces anfractuosités des écueils marins. La fois que s'envolèrent de celui-ci deux blancs oiseaux, il m'avait paru qu'il offrait juste assez de place pour que s'y accrochât une menue rondeur d'algues et de mousses amères ! et voici que nous y tenions très bien, — au contraire, pas assez serrés l'un contre l'autre, — Myrrhine et moi. Tout de même, qui aurait dit, aux rares gens qui venaient de ce côté, le matin, qu'il y avait, dans le rocher, des fiancés qui s'aimaient d'un amour si tendre ?

Comme l'avancement de la pierre, d'ici, et de là, nous cachait bien ! Et, eussions-nous parlé haut, il n'y aurait pas eu moyen de nous entendre, à cause de la mer qui, même douce, fait un si grand bruit dont s'ensilencent tous les autres bruits. D'ailleurs nous parlions tout bas, dans notre cachette verte et sombre, mouillée, où, tout à coup, le jour, qui venait de tout là-bas, avec la marée, jetait de grêles écumes de vague et de clarté, jusqu'aux pieds nus de Myrrhine. Et, souvent il y avait, entre le menu flot montant et moi, des querelles, parce que je ne voulais pas qu'il se glissât entre les petits doigts des pieds de Myrrhine, et je lui disais : « Va-t'en ! va-t-'en ! » et je l'écartais, le remplaçant de ma main plus caressante. Mais on eût dit que, en s'en allant, il laissait quelque chose. Un coquillage. L'ongle rose et d'or de l'orteil de Myrrhine. Et comme elle riait ! Comme elle riait ! Son rire, dans sa bouche trop étroite, avait la joliesse un peu sauvage d'un petit jet de source en perles à travers une rose déchirée. Que disions-nous, plus sages, plus sérieux ? car nous étions de grandes personnes qui se marieraient bientôt. Que disions-nous ? rien, — tout. Chaque mot a un sens particulier, toujours le même, pour presque tout le monde, pas pour les amoureux. Pour eux, les paroles n'ont point de signification précise; et, quelles qu'elles soient, s'ils aiment véritablement, elles expriment tout ce qu'ils veulent dire ou veulent entendre. Elles sont la sonorité de leur amour. Et, moins on affirme, plus on avoue, plus on promet, — plus on comprend, et plus on est compris. Il ne s'agit que de s'entendre, et on s'entend, sans s'écouter. Nous étions, Myrrhine et moi, deux petites âmes se penchant, se mêlant, et là, dans ce creux de rocher, où personne ne pouvait nous surprendre, il y avait deux pures tendresses, fraîches comme une double fleur marine, que ne cueillerait jamais la mauvaise main du sort qui passe.

XVIII

Pourquoi nous laissait-on, Myrrhine et moi, nous rejoindre tous les matins, dans ce trou d'écueil? Le commandeur Ernan Ferdoc n'avait pas été présenté à ma mère. Je n'étais jamais entré dans la maison d'Ernan Ferdoc. Je ne savais rien de ce qui se passait dans cette maison, lointaine de toutes les autres. Et c'était extraordinaire, enfin, ce batailleur sur la mer, illustre, — et que personne ne connaissait, — merveilleusement riche, — et dont on ne citait aucune aumône. Qu'est-ce qu'il faisait, dans sa solitude, invisible, buveur de grogs, en jurant et sa barbe blanche faisant déborder le rhum du verre?

L'institutrice, aussi, m'inquiétait, m'invitait à des suspicions, avec son air de regarder sans voir, et, aussi, par cet accent qui, en désavouant maladroitement la nationalité réelle, frelate deux patries.

Mais c'était surtout Myrrhine elle-même qui me tourmentait, m'entraînait à d'affreux doutes.

Ah! certes, nos baisers, à peine des baisers, ne furent encore que des frôlements, comme ailés, de lèvres; et si j'avais touché ses chers pieds nus, c'avait été pour jouer avec le flot jaloux qui s'amuse. Mais, moi, n'avais-je pas été secoué, jusqu'au plus profond de moi-même, du plus intense, du plus brûlant désir? Est-ce qu'il n'y avait pas eu du rut en mon angélique amour? Est-ce que, souvent, les nuits, je ne songeais pas à Myrrhine?... Ah! ce serait affreux, ce serait abominable si Myrrhine, elle aussi, loin de s'abandonner seulement au charme des pures tendresses adolescentes, cherchait, trouvait, en nos ingénus contacts, des prétextes aux rêveries qui tiennent éveillées les pensionnaires, ou les nonnes, dans les dortoirs, ou dans les cellules! J'avais lu des livres libertins. Il y en avait chez nous, de ces livres. Car il y en a partout, avec des gravures. Il y en avait dans la bibliothèque du docteur et dans la bibliothèque de mon père. Il y en avait dans le tiroir de la cuisine; souvent j'avais guetté le cocher, qui, dans l'office, pendant que les maîtres prenaient le café, s'agenouillait devant la cuisinière regardant un volume où il y avait des images. Ah! que je savais de choses. Je savais beaucoup plus de choses que tous les jeunes hommes de mon âge, — parce que les autres ne prennent pas garde aux occasions de savoir; parce que moi, j'avais suivi, surpris, saisi toutes les possibilités d'apprendre. Etais-je bien sûr que Myrrhine, si puérilement, si ingénument caressante, n'était pas une de ces petites qui se lèvent, la nuit, pour aller regarder, par l'intervalle de la porte lentement entre-bâillée, leur frère aîné se mettre au lit, et qui se frottent contre les domestiques rencontrés dans l'escalier, et qui emportent dans leur lit leur inconsciente damnation de fillette, plus tard achevée en impudeur de femme? Oh! cette affreuse idée, ou plutôt cette à la fois torturante et affolante image de Myrrhine, de la si pure et si enfantine Myrrhine, faisant, la nuit, — comme moi, comme moi, hélas! — des rendez-vous du matin, au creux de la roche marine, et des petits rires, et des peurs au bord du baiser, de l'abjection haletante et de sales fléchissements dans un lit où les draps, qu'on mâche, étouffent les soupirs d'une virginité infâme!

XIX

A dîner, maman s'étonna de ma précipitation à vider, coup sur coup, des verres de champagne. J'avais demandé qu'on servît du champagne. Jamais, un peu nerveux cependant, je n'avais été d'aussi joyeuse humeur, taquinant Nyx toujours derrière ma chaise, disant à M. Lecauchois : « Eh bien ! docteur, pour la fête, à Paris, vous mettrez votre grand cordon de la Légion d'honneur ? » Et, de temps en temps, je demandais : « Quelle heure est-il ? est-ce qu'il n'est pas temps d'aller au Casino ? » Je me penchais vers ma mère, je murmurais à son oreille : « Vous savez, maman, miss Myrrhine doit venir ce soir, avec son institutrice, au Casino. Je l'ai invitée pour trois mazurkas et quatre quadrilles. — Ah! dit maman, je m'explique, chéri, pourquoi tu es si gai, avec cette impatience! » Mais la voix de ma mère ne m'apaisait point. Un dessein absurde, horrible, impatient en effet, était en moi. Je me levai avant le dessert. J'entrai, au Casino, dans la salle où l'on danse. Myrrhine était déjà là. Naturellement, puisque je devais venir. Loin de m'en sentir heureux, une colère m'en prit. Je m'approchai d'elle, je lui dis : « Il faut que je vous parle. Vous savez, l'allée, derrière la salle... » Je m'interrompis! J'avais pensé au rendez-vous que « Georges » donnait à ma mère, dans l'allée, le long du château. J'y songerais une autre fois. J'ajoutai : « Venez. — Oui », dit-elle, épanouie. Nous nous rejoignîmes. Nuit charmante de fraîcheur tiède et de mystère; toutes les étoiles dorées entre le vert balancé des arbres. « Arsène! — Myrrhine! » Et ce furent, si douces, si tendres, si chastes, nos caresses du matin. Non! non! non! jamais je ne l'avais serrée aussi amoureusement, aussi étroitement. Ah! comme j'étais horrible! ah! comme étais horrible! Car je ne sentais pas le simple délice de nos accoutumés rendez-vous; et, même je ne cédai pas à l'emportement sensuel que m'avait parfois causé l'abandon de son corps près du mien.

Je suivais une idée ! une affreuse idée ! J'avais un dessein bien arrêté. Je tentais (ah ! misérable ! misérable !) une épreuve. « Myrrhine !... » J'avais mis dans ma voix le plus de douceur possible... Elle s'écarta de ma poitrine, elle s'échappa de ma main, dans un cri ! Elle fuyait ! Elle s'arrêta. Elle revint. Je vis son cher visage de pudeur rose. Elle me dit : « Ah ! mon ami, mon ami ! Je ne sais pas, je ne vous en veux pas, je ne sais pas. Pourquoi n'êtes-vous pas comme toujours ? J'ai eu beaucoup de peine... Je suis si contente, quand nous parlons tout bas, en mêlant nos doigts, et quand vous me regardez dans les yeux pour voir, comme vous dites, si les étoiles sont bleues ? » Éperdu de honte, je tombai à ses pieds, je baisai, je baisai le bord de sa fraîche jupe profanée. « Pardon ! pardon ! » Et je m'enfuis. Volontiers, je me serais heurté la tête contre quelque mur, pour la briser, pour en faire sortir, avec la cervelle, les infâmes curiosités du soupçon... Le vent, dans la course, me rafraîchit, me rasséréna. J'avais, atrocement, le remords de mon mauvais dessein ! Mais j'étais si heureux qu'elle fût si loin, ma fiancée, si loin du mal, âme intacte comme en une île de candeur. Je revins au Casino, j'invitai Myrrhine pour le cotillon, et nous dansâmes jusqu'à minuit.

XX

D'ailleurs, en quoi Myrrhine eût-elle été répréhensible si elle s'était livrée à moi, passionnément? Est-ce que le franc et sain baiser a rien de commun avec la vilenie qu'en ont faite l'hypocrisie et l'ordure humaines? L'instinct, lui aussi, ne fut-il pas l'idéal? Est-ce que l'amour n'exige pas tout l'être, spirituel et physique, en la féminilité comme en la virilité? L'immonde, c'est la caresse qui ne veut que le plaisir, la possession qui ne se donne pas. 't, en un mot, de quel droit eussé-je reproché à Iyrrhine de m'aimer, — puisqu'elle m'aimait? Il l'y aurait eu, si Myrrhine s'était donnée, qu'un seul coupable, — moi! non pas coupable de l'avoir prise, mais de l'avoir prise pour savoir si elle se donnerait. Misérable! ah! misérable! Quel homme étais-je donc déjà? Il n'eût pas été criminel, non, non, il ne l'eût pas été, de maîtriser, pas résistante, et loyalement consentante, ardent et fort jeune homme, Myrrhine, belle et nubile. Qu'en serait-il advenu? des noces prochaines. L'infamie, — même sans l'achèvement — c'était d'être allé, moi, de l'avoir conduite, elle, jusqu'au bord de la faute, non point pour l'ivresse de la faute elle-même, mais pour m'assurer si Myrrhine était ou non capable de la commettre. Abominable besoin de la vérité, fût-elle honteusement désastreuse. Monstre! tu perds à observer, à chercher, à trouver hélas! le temps d'éprouver. Monstre! monstre! espèce d'abominable vierge! Monstre et martyr!

XXI

Pour me laver de mon infamie, je me jetai, éperdument, dans le pur délice de notre adolescente idylle; pour m'oublier, je me grisai, dans des calices de jasmin, avec la rosée matinale. Nous eûmes des audaces! Nous ne nous cachions plus dans le creux de l'écueil. Nous nous rencontrions, en plein jour, sur la falaise, nous descendions, les doigts mêlés, vers la mer, nous marchions à travers les vagues, puis, du haut d'une roche que vient battre la mer, je criais à Myrrhine:

— Dis, dis si tu m'aimes, petite Océanide?

Elle se rapprochait, les fraîcheurs consolatrices

de la mer s'épanouissaient d'elle sous la dévorante aspiration de mes lèvres.

Elle répondait :

— Je vous aime.

J'étais le petit Prométhée de cette mignonne nymphe marine. Ah! comme elle caressait bien, d'un sourire presque baiser, ou du rose mouillé de toute sa petite main, la plaie de ma tristesse, la plaie que m'avait faite, au cœur, la noire petite bête de proie, l'épervier Nyx! Puis, nous courions, échevelés, sur la plage, parmi le bon vent sain qui ne laissait rien autour de nous que notre propre expansion de jeune vie. Et je disais à Myrrhine les chers souvenirs, nos espoirs.

— Juliette?

— Oui.

— Tu sais?

— Oui.

— Dans le bal?

— Si je n'épouse celui-ci, c'est le tombeau qui sera mon lit de noces.

— Marguerite!

— Fi! je ne veux pas laver le linge à la fontaine.

— Nausicaa!

— Blanchisseuse aussi?

— Fille de roi!

— Roi?

— D'une île.

— Comme mon père?

— Comme ton père.

— Je veux bien être blanchisseuse, mais pas de dentelles noires!

Et nous allions, le cœur au cœur, sans oser nous mettre les lèvres aux lèvres, vers d'autres chimères. Elle me disait : « S'il pleuvait, je te ferais une ombrelle avec ma jupe, comme Virginie à Paul. » Et nous grimpions les sentes d'herbes et de pierrailles, nous courions, jusqu'au soir, le long de la falaise. gamins-fiancés, amants pas amants du tout, et, sur le haut du promontoire, tandis que, lasse enfin, Myrrhine marchait plus lentement, la tête à mon épaule, je regardais au plus profond, au plus lointain du ciel, par delà toutes les étoiles, ces blancheurs troubles, pas trop blanches, d'être si troubles, qu'on appelle « sacs à charbon », et qui, peu à peu, si on les regarde longtemps, et fixement, deviennent, d'être si peu blanches, si troubles, presque noires...

XXII

Myrrhine rentrée chez elle plus tôt que de coutume à cause du mauvais temps, je m'en retournai chez moi, le long de la mer amèrement sonnante, parmi les sanglots du vent qui semblait plaindre la douloureuse mer.

— Curieux.
— Quoi?
— Curieux.
— Quoi donc?
— Le domestique.
— Quel domestique?
— Tu sais bien. Le domestique, en livrée rouge,

qui ouvre la porte à Myrrhine quand tu l'accompagnes jusqu'à la maison sur la falaise.

— Ce vieux?

— Pas vieux.

— Quarante ans.

— Trente. Et beau.

— Un paysan d'Irlande.

— Un géant.

— L'air d'une brute.

— Blanc et gras. Même, c'est pour ça que tu as emmené Myrrhine...

— Tais toi !

— L'autre matin...

— Assez !

— Quand il se baignait dans la mer.

— Bête !

— Moi? ou toi? soit. Pas elle. Elle le regardait.

— Non.

— Elle le regardait.

— Je te dis que non.

— Pourquoi l'aurais-tu emmenée, si elle ne l'avait pas regardé? Toi, tu es maigre.

— J'engraisse.

— Jaloux !

— De ce valet?

— Imbécile ! De cet homme. Et de Myrrhine.

— Moi! jaloux de Myrrhine! si pure, si exquisement puérile! Tu as bien vu, l'autre soir?

— Qu'est-ce que j'ai vu, ou plutôt qu'est-ce que tu as vu? Il n'y a rien qui ressemble plus parfaitement à l'innocence que la parfaite rouerie. Si tu crois que c'est un endroit commode, pour faire semblant d être vierge, l'allée, derrière le Casino. Et puis, en somme, tu as été un sot.

— Par honnêteté.

— Par ignorance.

— Je sais...

— ... Des images.

— La...

— ... Femme de chambre de ta mère?

— Pas laide.

— Fat! le docteur est entré trop tôt. Tu es le rival du docteur. Et, à propos...

— Quoi?

— Puisque tu as eu envie d'une femme de chambre, pourquoi Myrrhine?...

— Tu es sale!

— Parce que tu n'es pas propre.

— Le sûr, c'est que, hier soir, l'Irlandais, quand tu as raccompagné Myrrhine, lui a dit, en levant la lampe : « Mademoiselle s'est donc assise sur des algues? » et il avait l'air très mécontent.

— Je n'ai pas entendu ça.

— Comment le saurais-je si tu ne l'avais pas entendu ?

— Tu écoutes toujours...

— A la porte de ta conscience. Et il y a eu autre chose.

— Quelle chose ?

— Pendant que nous commencions à descendre le petit chemin, l'institutrice a dit à l'Irlandais : « Le Commandeur est dans la cave. » Qu'est-ce qu'il pouvait bien faire dans la cave ?

— Je ne sais pas.

— Parce que tu n'as pas pu savoir. C'est drôle, ce vieux, dans la cave. Est-ce qu'il met lui-même son vin en bouteille, la nuit, — ou bien s'il enterrait quelqu'un ? Tu as aussi eu l'idée qu'il est faux monnayeur, ou qu'il fait de l'or, comme les alchimistes. Tout ça, c'est drôle, et obscur, — obscur surtout. Il faudra que tu demandes à Myrrhine de te donner la clé de la cave. Il doit y faire noir, noir. D'ailleurs, tout est noir. Comme la rature.

— La rature...

— Oui.

— Quelle rature ?

— Celle...

— Non ! Je ne veux pas !

— C'est à peu près vrai, tu ne mens presque pas ;

en effet tu ne voudrais pas. Tu aimes ta mère. Tu ne le fais pas exprès, tu l'aimes. Tu ne voudrais pas savoir... tu le veux pourtant! Il y a la rature.

— Non...

— A la dernière page du petit livre de maman. Voyons, tu sais bien, le petit livre relié en malachite?

— Oui, la rature.

— Qu'est qu'il peut bien y avoir sous l'encre?

— Je l'ignore.

— Naturellement, tu l'ignores.

— Quel intérêt ai-je à l'apprendre?

— Aucun. Mais tu en as envie, désespérément.

— Eh bien! maman a biffé quelques mots, quelques mots qu'elle ne voulait pas qu'on lût.

— Justement. Raison de plus pour que tu les lises.

— Va-t'en. Disparais.

— Tu veux te jeter dans la mer? Réfléchis. C'est extraordinaire tout de même que ta mère, t'ayant laissé tout apprendre d'elle, t'ait caché ce qu'elle avait mis d'elle-même dans ces mots couverts de noir, dans les mots qui sont sous la rature. Et n'as-tu jamais songé à Fabien Liberge? Si, si, tu y songes, depuis bien des soirs, le long de la mer. Fabien Liberge. C'est un nom célèbre, presque illustre à présent. Tu l'as trouvé dans les journaux, dans les revues, sur les affiches qu'il y a dans les gares. Fabien Liberge ! Depuis des mois, tu te demandes pourquoi c'est lui que l'amoureux de ta mère avait choisi pour porter la lettre.

— Quelle lettre?

— La lettre que tu as lue?

— Laisse-moi!

— Tu es bête. Tu ne peux pas te quitter. Mais, allons, soit, parlons d'autre chose. Tu ne trouves pas extraordinaire que l'on ne t'emmène pas à Paris, pour la fête que ton père donne?

— Je pourrais assister à cette fête s'il me plaisait. Papa m'a dit : « Tu seras content d'être là, je pense? »

— Est-ce que ta mère a commandé des habits de cérémonie, pour toi?

— Le tailleur ne les a pas encore apportés.

— Vois-tu?

— Ça ne fait rien, ça ne fait rien. Je suis bien content de ne pas aller à Paris. J'aime mieux rester auprès de Myrrhine.

— Tout de même...

— Quoi?

— Tout de même, ce serait curieux si ton père et ta mère ne se souciaient pas de te voir dans cette fête, où ils triompheront tous les deux.

— Quelles raisons veux-tu?...

— Est-ce qu'on sait? Le tailleur t'a-t-il pris mesure, seulement?

— Non. Quelle raison pourraient avoir papa et maman?...

— Dame, à Paris, tu pourrais rencontrer Fabien Liberge. Il ira sans doute à la fête, lui. Ou bien tu pourrais aller lui rendre visite. Il ne serait pas difficile de trouver son adresse. Il est fameux. Tout le monde, dans les librairies, dans les journaux...

— Oh! certainement, si la fantaisie me prenait de rendre visite à Fabien Liberge, j'apprendrais facilement où il loge.

— Et tu ne veux-pas?

— A quoi bon le voudrais-je?

— La rature.

— Va-t'en, va-t'en, laissons cela.

— La rature.

— Je te dis de laisser cela. Je pense à Myrrhine, à ma chère Myrrhine.

— Si quelqu'un sait ce qu'il y a d'écrit sous la rature, c'est Fabien Liberge.

— Maman le sait aussi.

— Mais elle ne le dira pas.

— C'est vrai, elle ne le dira pas. Eh bien! je verrai, plus tard, j'ai le temps.

— Le temps?

— D'aller à Paris, pour la fête.

— C'est après-demain qu'elle a lieu.

— Non.

— Quel absurde plaisir éprouves-tu donc à te mentir à toi-même?

— J'avais oublié.

— Tu n'avais pas oublié. Et tu sais très bien que ta mère part par le rapide, ce soir, à onze heures quarante. Tu as regardé l'Indicateur.

— Eh bien, cela m'est égal! Je ne veux pas de tristesse, je ne veux pas d'amertume; ce qui m'importe, c'est que j'ai dans les doigts le parfum des cheveux de Myrrhine, et à mes lèvres, le parfum de son âme; et je vais dormir de beaux rêves, la fenêtre ouverte au vent de la mer et du ciel!

Puis, tout à coup :

— Nyx!

— M'ssi!

— Grimpe à ce rocher!

— Voilà, M'ssi!

— Est-ce que tu vois une lumière?

— Où ça, M'ssi?

— A la maison d'en haut.

— Chez M'zelle? Oui, M'ssi.

— Eh! bien, c'est la bonne étoile, petit Nyx!

Il était redescendu, m'avait rejoint. Je lui tapotai la joue. Je l'envoyai, de ma bottine à ses reins, rouler dans le sable, parmi le vent et les volutes de son éclat de rire. C'était singulier, la manie où je consentais de temps en temps, de voir un être surnaturel, ou un dédoublement de moi-même, en ce petit individu falot, plutôt animal qu'homme, et farce comme une marionnette de la foire. Néanmoins, je pressai le pas dans le vent, dans le vent triste, qui beugle à l'oreille on ne sait quelles paroles apportées de loin... j'avais eu tort de penser à tant de tristes choses...

XXIII

J'entrai très vite dans la villa. Je vis, accoudée à la rampe du premier étage, ma mère, donnant des ordres aux servantes qui tiraient des malles sur la mosaïque du vestibule. J'enjambai les marches de l'escalier, deux à deux. Je saisis les mains de ma mère.

— Eh bien ! quoi ? dit-elle, toute surprise.

— Fabien Liberge ?

— Fabien ?...

— Oui, oui, Fabien Liberge. Tu sais qui je veux dire. Celui qui t'a remis la lettre de Georges.

— Oh ! Arsène...

— Ce Fabien ?... parle.

— Je connais M. Liberge, comme tout le monde le connaît. Il est très célèbre.

— C'est tout ce que tu as à me dire?

Elle se taisait, livide.

— Soit ! criai-je.

Puis, vers les domestiques :

— Vous me préparerez une malle. Puisque le tailleur qui devait venir, n'est pas venu, j'emporterai l'habit de soirée qui me sert pour aller au Casino. Je prends le rapide avec maman.

Je n'attendis pas de réponse. J'entrai vite chez moi. Je repoussai la porte, la fermai au verrou. Je me jetai tout habillé sur le lit. Je songeais. Fabien Liberge. La rature. Qu'est-ce qu'il y avait eu, qu'est-ce qu'il y avait, sous la rature?

XXIV

J'ai, de l'heure où je traversais Paris, seul, dans le fiacre ouvert, le souvenir d'une stupéfaction profonde et d'une convoitise forcenée. Stupéfaction, de quoi? de tumulte, de l'immensité, de l'énormité de l'effort. Convoitise, de quoi? de savoir ce qui s'agite au profond de ce tumulte immense, de cet effort énorme. Les coudes aux genoux, la face entre les paumes, je considérais la prodigieuse rotation de tout ce qui passe. La force d'une beauté, beauté résultant surtout d'une ruée effrénée d'énergies, m'empoignait, m'obligeait à l'admiration, — comme un infinitésimal fragment de matière cosmique est emporté dans l'orbe d'une planète, — mais l'irrésistible vertige de pénétrer jusqu'aux causes me possédait, me tirait les yeux et l'âme. Sans doute, sans doute, je ne pus m'empêcher de sourire, et de me moquer de moi-même, petit mousse de la chimère, qui, sérieusement, s'avisait de vouloir jeter la sonde dans le Malstrœm de la réalité. Et c'était encore comme si Pygmée — . ı Nyx, Pygmée aussi, petit Pygmée tou noir, — avait dit à Atlas : « Tourne-toi, que je voie le derrière de l'univers! » Eh bien, qui sait? j'avais tort peut-être de rire de moi-même. Le petit Jésus-Chichna n'avait pas encore cinq ans quand, pour les avoir tous eus dans la bouche, et les avoir mâchés jusqu'à l'amertume de l'indigestion, il savait ce qu'il y a dans les trois Mondes. Comparativement, je n'étais pas même précoce. Et j'avais assez attendu pour espérer enfin que, de l'antique submergement des heureuses et pures atlantides, une bulle crevée m'avouerait dans le désastre de tout, la hideur des tares éternelles!

XXV

Le fiacre s'arrêta devant le numéro 20 de la rue Le Peletier. « Attendez-moi », dis-je. J'allais entrer sous la porte cochère. Une forte main m'empoigna une épaule. Je me retournai. Je vis le docteur Lecauchois. Il me dit :

— Où vas tu ?

Troublé, avec cette humilité, devant le maître, de l'élève, je répondis :

— Je ne... sais pas... je vais...

— Tu vas chez Fabien Liberge.

J'empruntai une fierté à la rudesse de la voix qui m'interrogeait.

— Oui, monsieur, je vais chez Fabien Liberge.
— Pourquoi?

Je répondis, maladroitement menteur :

— Vous savez, monsieur Lecauchois, je fais des vers. J'ai envoyé des vers à M. Liberge, qui est très connu, et, puisque nous sommes à Paris pour la fête, je suis venu...

Le docteur dit :

— Mon pauvre enfant!

Il ajouta :

— J'ai à te parler. Viens dans ce petit café, Vois, nous y serons seuls.

Je le suivis, il cria au cocher : « Monsieur va revenir. Attendez là. » Nous entrâmes dans le café. Le docteur demanda deux verres de chartreuse jaune. Il avait un air, — je ne sais comment dire, — à la fois fin et très dur, l'air qu'aurait un chirurgien qui va faire une opération très délicate avec un très brutal instrument. Le garçon remplit les verres et s'éloigna.

— Tu n'as du tout envoyé de vers à Fabien Liberge, dit M. Lecauchois. Tu as joliment bien fait, d'ailleurs. Car si tes vers avaient été mauvais, — chose probable, — il t'aurait dit : « ils sont sublimes, » par amour du ridicule chez les poètes, et s'ils avaient été beaux, il t'aurait dit : « faites-vous clerc d'huissier », de crainte d'être humilié par un artiste de plus. La vérité, c'est que tu viens chez Fabien Liberge, parce que tu portes en toi, pauvre être, un abominable besoin de connaître tout ce qui peut te faire du chagrin. Voici longtemps que je t'observe — je t'observe depuis que tu es né — et je t'aime, va, crois-le, mon cher Arsène, je t'aime, bien tendrement. Je t'ai ramené de loin, je te le jure, des bords de l'Achéron, comme on disait autrefois. Ne t'obstine pas à y retourner. Il y a des Furies, pas seulement chez Hadès, mais dans les âmes. Et tout le monde, s'il le mérita, a chez lui son petit Tartare. J'essaie de rire, mon pauvre Arsène. C'est pour te divertir, c'est pour que tu ne sois pas triste, c'est pour que tu comprennes bien que je ne suis pas un méchant homme, grognon, voulant t'empêcher de vivre à ta guise. Non, non, amuse-toi, Va faire la noce avec de belles filles. Myrrhine est assez jeune pour t'attendre. Joue au baccara, fais des dettes, bats-toi en duel, signe des lettres de change, grise-toi le matin et soûle-toi le soir. N'entre pas chez Fabien Liberge.

Une folie m'emporta.

— Il sait donc bien des choses ! criai-je.

Le docteur, baissant la voix, dit, si tristement, en me prenant les mains dans ses vieilles mains caressantes, que je sentis si tendres, si secourables, bonnes comme les mains de maman :

— Je te prie, je t'ordonne, de toute l'autorité de mon vieux soin paternel, de ne pas entrer chez Fabien Liberge, de t'en retourner avec moi à l'hôtel d'Aprenève, chez ton père, chez ta mère. La comtesse, à cause d'un mot que tu lui a dit, s'est bien doutée que tu viendrais ici ; elle n'a pas osé venir elle-même, elle n'ose pas pleurer devant toi, Arsène, ta chère maman! je suis venu t'attendre, à sa place, retournons-nous-en, allons, viens, je t'en prie...

Je dis :

— Pourquoi donc ne veut-on pas que je connaisse Fabien Liberge?

Le docteur frappa du poing sur la table :

— Nom de Dieu! tu es trop bête, et trop dangereux, pour les autres et pour toi-même. Tu sauras ce que c'est que Fabien Liberge. Après, tu agiras à ta guise. Mais d'abord, il faut que tu entendes ceci, petit! Quiconque pense le mal le crée, et quiconque le cherche, le trouve, même où il n'est pas. Va, je sais qui tu es, comment tu es. Ce n'est pas de ta faute. Rien n'est de la faute de personne. Tu as été malade. Tu as gardé de la maladie ces yeux qui veulent trop voir, — ayant été aveugles. Tiens, tu es une espèce de fou, qui n'est plus fou, devenu sagace! Eh! bien, soit, je vais te satisfaire. Ah! ah! il te faut du laid, de l'horrible, de l'inconnu?.Tu vas être servi à souhait, je te le jure.

Le garçon, au bruit des paroles, était survenu; le docteur dit : « deux autres chartreuses », et reprit :

— Ce Liberge, je vais te le raconter, je sais son âme (ça, une âme!) et son corps. Autrefois, j'ai averti l'âme sans succès, et j'ai soigné le corps, trop bien ! j'ai guéri de la pourriture. Tans pis si je trahis le devoir professionnel. Ça peut te servir. J'en accepte la responsabilité.

Le docteur leva son petit verre.

— Fabien Liberge, dit-il, est né du baiser de deux plaies.

Il vida le verre et poursuivit :

— Je ne l'ai pas connu tout petit. Je m'en réjouis, à cause de la mauvaise odeur qui devait sortir de son berceau. Plus tard, trop lâche pour se faire même empoisonneur, il se fit homme de lettres. La littérature est le plus sûr des compte-gouttes d'empoisonnement. On peut être homme de lettres, et, cependant, mériter que Tropmann et Dumollard, si vous leur tendez la main, répondent : « Ah! d'abord, donnez-nous des références. » Et c'est effrayant que ce qu'il y a de plus sublime ici-bas puisse être aussi ce qu'il y a, ici-bas, de plus immonde. Arsène! quelqu'un d'admirable a dit ce mot : « La littérature est le plus noble des arts, et le plus vil des métiers. » Et ce métier s'est avili encore, du libertinage à la crapule. Le madrigal est aboli, pas l'invective; au lieu de la Chanson, c'est le Chantage; après la bouche de Chloris, la bouche d'égout. Celle-là était parfumée; celle-ci, on la cure lucrativement. Et maintenant, gamin, mon presque fils, Arsène, écoute ce qu'a été, ce qu'est encore l'homme à qui tu vas demander si ta mère est une honnête femme; — d'abord, ça ne te regarde pas! baise les chères mains de femme douloureuse qui se croisaient sur le ventre d'où tu es sorti! Ecoute tout de même. (Garçon! une autre chartreuse!) Ecoute! écoute!

— Oui, oui, criais-je, j'écoute, dites-moi!

— Ainsi, même pour le sauver, il faut consentir à son exécrable manie! Enfin, n'importe, ce Fabien Liberge, qui, d'ailleurs, ne s'appelle pas Liberge...

En une anxiété éperdue, je me penchai vers le docteur:

— Il ne s'appelle pas Liberge?

Je lui empoignai, des deux mains, les épaules :

— Comment s'appelle-t-il?

— Je ne sais plus. Chose vaine, d'ailleurs. Il n'est connu que sous le nom de Liberge, qu'il a illustré à sa façon.

Je lui secouais le buste.

— Docteur! comment s'appelle-t-il?

— Je l'ai oublié.

— Il a sans doute quitté son nom véritable parce qu'il était le fils de quelque père infâme, ou bien, parce que, ce nom, il l'avait déshonoré lui-même?

— Ah! malheureux enfant que tu es! Mais, cette fois, tu ne te trompes pas. Voir noir, c'est trop souvent une façon d'y voir clair. Fabien Liberge est celui qui déshonore. Cet homme d'esprit ressemble à un animal de qui l'instinct serait de souiller. On croit, lorsqu'il salit, qu'il cède à son intérêt? il n'obéit qu'à une irréfutable loi de son être natif. Et, sans doute, il trouve à lui obéir quelque extraordinaire satisfaction. La vipère, qui mord, ne sait peut-être pas qu'elle empoisonne; lui, il le sait; et son instinct connaît d'intelligentes délices. Voici son histoire. Il est né, dans une ville de la Flandre française, presque belge, d'un vieil homme, gros et suant comme un fût de vidange, qui, le soir, assis sur un banc de la promenade, retint entre ses genoux une rôdeuse en guenilles, treize ou quatorze ans. Ainsi, père et mère : le Rut, trop tard, la Prostitution, trop tôt. Rencontre des deux pires d'entre toutes les ignominies. Or, le vieux homme, en caressant la petite, s'aperçut qu'elle était vierge, ou crut s'en apercevoir, flatté. Ça arrive, que ces petites traînées, après tous les passants, n'ont pas eu d'amant encore. Il y a, chez les plus vils, une espèce de respect de la puérilité.

J'interrompis !

— Il y a surtout, criai-je, la peur de la police ? On ne peut pas prouver le plaisir, on peut prouver le viol. J'ai lu les livres de votre bibliothèque, docteur. J'ai lu les livres que vous avez écrits vous-même. Votre « Médecine légale », c'est très instructif. Je sais le pourquoi de la continence des roquentins. C'est la peur du chantage.

M. Lecauchois me considéra, comme épouvanté. Il poursuivit :

— Le vieux, trois mois plus tard, prit la petite à son service.

— Pour éviter un scandale.

— Elle accoucha.

— On mit l'enfant dans quelque hospice ?

— Oui, mais, devenant tout à fait vieillard, le gros homme s'attendrit à l'idée de son enfant, le reprit, le garda chez lui, le reconnut...

— Est-ce qu'il n'avait pas quelque collatéral à déshériter ?

— Puis, sénilement dévot, il épousa la mère, *in extremis*, sur le conseil de son curé.

— Qui était l'amant de la petite, rencontrée dans l'antichambre, le soir où il venait voir s'il était temps d'apporter les saintes huiles ?

Le docteur dit :

— Qu'est-ce que tu as ? Tu es absurde et effrayant.

Je ne t'ai jamais entendu parler comme tu parles.

En effet, depuis un instant, j'étais tout autre, en apparence. Je ne me sentais pas changé, en mon for; mais je sentais que j'exprimais ce qu'il y avait en moi, d'une façon qui ne m'était pas accoutumée. C'était comme si j'empruntais un air, un ton, à quelqu'un qui n'était pas là, qui devait être proche. Je conçus tout le ridicule qu'il y avait en mon air d'expérience pas vraie. Je devais ressembler à un bébé qui réciterait à haute voix une leçon infâme. Je dis :

— Ne faites pas attention, docteur. Je ne suis pas toujours comme ça. On m'a laissé lire trop de livres. Et puis, dis-je en imitant un éclat de rire, il y a quelqu'un...

— Quelqu'un?...

— Qui m'enseigne.

— Qui donc?

— Nyx.

Je riais à gorge déployée.

— Ton nègre?

— Oui, dis-je, le fiancé de Baubô.

Certainement, le docteur crut que je perdais la raison. Et il se montrait inquiet. Mais je cessai de rire, et je résolus de ne plus interrompre M. Lecauchois. Une effrénée envie me ruait vers l'histoire, horrible sans doute, de Fabien Liberge.

— Docteur, je vous en prie !

— La mère, veuve, et vieillie, et redoutée à cause de dartres aux lèvres et ailleurs, dut reprendre son métier de rôdeuse, parce que le fils avait mangé tout l'héritage ; et il attendait, au coin d'une rue, tout près de la promenade, l'argent que sa mère gagnait sur les bancs...

Je ne pus retenir :

— Sur le banc de papa !

— Elle creva de misère et de mauvais mal. Fabien essaya de rôder, comme sa mère. Il fut, sans le sou, la casquette à l'oreille, le garçonnet cireur de bottes, faisant les commissions des messieurs qui, au café-concert, invitent à souper la marcheuse dont le maillot creva exprès, au bon endroit, et le gamin ouvreur de voitures, parfaite fripouille, qui demande : « Est-ce que Monsieur et Madame ont besoin d'un strapontin ? »

J'écoutais, comme en un éblouissement noir.

— Car ce petit drôle avait des mots drôles. Aux tables des cafés, en offrant des cartes transparentes et les adresses des modèles, il ressemblait, par la faconde farce, à une espèce de pitre qui improviserait une parade à la porte d'une maison de joie. Il lui arriva qu'une chanteuse de beuglant, au lieu d'aller souper avec celui qui l'avait envoyé, l'emmena, lui, coucher chez elle ; et il fut un petit serviteur comme sa mère avait été une petite servante. Il fit, la nuit, à table d'abord, la connaissance du sous-préfet, jeune maniaque, presque albinos, cheveux déblondis jusqu'au blanc, les doigtelets tremblotants comme ceux des singes phtisiques; et qui, à cause d'une maladie de la moelle épinière due à d'antiques habitudes sales, continuées malgré le mariage et la sous-préfecture, ne subsistait que d'un usage quotidien de magnésie avant le repas du matin, d'une piqûre de morphine avant le repas du soir et d'un mâchement de gingembre au dessert du souper. Il n'en avait pas, à ce régime-là, pour six mois. D'ailleurs, il vit encore et se porte à merveille. Le sous-préfet dit : « J'ai justement besoin d'un jeune valet de chambre. » Le jeune valet de chambre fut bientôt secrétaire particulier. La sous-préfète, gaie, vingt-six ans, un peu trop grasse, même beaucoup trop grasse, jolie et obèse, petite figure poupine sur, tout à coup, sans encolure, un gros corps tout rond, l'air d'une petite rose tombée sur une citrouille, — le ventre, surtout, était énorme, bien qu'elle n'eût jamais eu d'enfants, comme si elle eût tout gardé, sans rien rendre, — la sous-préfète, ancienne fausse Mimi de huit ou dix faux Henry Murger, qui avait posé à cinq francs l'heure de jour, et à dix francs l'heure de nuit, parce que le magnésium crève les yeux, chez les moins honorables photographes (on doublait le prix de la pose, si on était deux, mais c'était bien fatigant, à cause des positions qu'il faut prendre), la sous-préfète, du secrétaire de son mari fit un secrétaire à peine plus intime; si bien, que, un beau jour, le petit journal satirique de la ville, où collaborait Liberge, raconta, fort plaisamment d'ailleurs, les mésaventures d'un fonctionnaire gouvernemental, au-dessous d'une image qui représentait, sur le même oreiller, la tête de la sous-préfète, celle du sous-préfet, celle de Fabien lui-même, et la petite gueule d'un King'charles jappant; petite gueule d'où sortaient, comme dans les rébus, ces mots... Tiens, je vais te les dire, comme ils étaient arrangés, je les vois encore, on s'en tordit à l'Ecole de médecine. Voilà :

> C'est pas bien,
> Fabien,
> De faire cocus,
> Fabien,
> De faire cocus,
> Fabien,
> Le mari, la femme
> Et le petit chien!

Scandale. Procès. Liberge condamné à cinq cents francs d'amende, qu'il ne paya point, et en quatre mois de prison, qu'il ne fit pas; et, le sous-préfet nommé préfet. Tant qu'enfin, un beau jour, rédacteur en chef du journal satirique (il avait appris l'orthographe dans les prospectus distribués à la porte du magasin des Trois-Cent-Mille-Paletots), bien mis (d'habits volés peut-être au magasin qu'il vanta), familier des coulisses, aux trois théâtres de la ville, entremetteur entre la claque et les débutants, entre les débutantes et les membres du Cercle qui, dès le commencement de la saison théâtrale, se distribuent les chanteuses et les danseuses; et charmant tant il avait d'esprit, redoutable tant il avait d'esprit, et d'autant plus charmant et d'autant plus redoutable que, véritablement, quand on croyait qu'il n'en avait plus, il en avait encore, toujours, — tantôt, car il était fin, pareil à un stylet empoisonné, tantôt, car il était populacier, semblable à un couteau de cuisine à bout graisseux de graisse pourrie, puante, — il fut le tyran, méprisable et méprisé, de toute la ville, tyran cependant, à cause qu'il avait eu un duel avec un sous-lieutenant ivre, le long d'une baraque de la foire (blessé, il eut cette gasconnade de n'en rien dire, et cette infamie d'enfoncer l'épée dans le ventre de l'officier, qui, déjà, remettait son uniforme); à cause qu'une étrangère, d'ailleurs espionne, le promena, trois après-midi, du Jardin zoologique au consulat de la République argentine; à cause que, s'il passait devant les cafés, ou les petites brasseries, on disait, en le désignant : « Tu ne sais pas ce qu'il a dit, hier... je t'assure... j'étais avec lui... nous avions dîné ensemble... il a dit, en parlant de... »; à cause, enfin, de l'universelle bassesse agenouillée et tremblotante devant la vraisemblance hélas! de toute calomnie! Et, sur la promenade, le long de l'allée, non loin du banc où il fut engendré, pendant que la musique militaire pleure d'amour, ou beugle d'héroïsme, seul, par chic, et si élégant entre les chaises, vague, avec un air de choisir des victimes, il avait, indifféremment, — éclatant par la cravate largement nouée, au-dessus de sa sveltesse à peine canaille malgré le dandinement — il avait à l'œil gauche un lorgnon, un monocle, qui regardait, menaçait, dominait, possédait toute la ville, comme un canon clair, noir au dedans, de couleuvrine!

J'empoignai les deux mains du docteur.

— Un lorgnon!

— Un lorgnon. Tu n'as jamais vu quelqu'un avec un monocle?

— Un monocle?

— Oui.

— Une rondeur claire, qui regarde, comme un œil qui vient du fond et qui va au fond?

Je me calmai. Je dis en souriant :

— Ne vous inquiétez pas, docteur; c'est une idée qui m'est revenue, à cause de Nyx. Ce lorgnon, ce monocle, il me semble que c'est un verre à travers lequel on pourrait tout voir, et qui voit lui-même ce qu'il y a sous la rature. Et c'est une espèce d'œil, en même temps, qui voit très loin, très loin, très loin... l'œil de Baubô! Continuez, docteur, je vous assure que je ne suis pas fou. Je l'ai été. Je ne le suis plus, vous m'avez guéri, cher docteur! D'ailleurs, l'important, c'est de savoir, de savoir. Continuez, continuez.

— Comme le mal t'attire! Je t'en montrerai toute l'horreur, pour que tu t'en écartes. Tu crois que je ne fais que te raconter une histoire, en ce moment? Tu te trompes. Je fais mieux. Je te soigne.

Je pris un air de comprendre, d'approuver, de remercier.

— Homœopathe! fis-je. Mais poursuivez, je vous supplie. Vous ne pouvez pas savoir combien cela m'intéresse, ce lorgnon qui regarde, de si loin et si fixement. Je vous supplie, poursuivez.

Le docteur cria :

— Une fine champagne!

Puis :

— Naturellement, Fabien Liberge partit pour Paris. Tu penses bien qu'il n'y avait pas assez de place dans une ville de province pour son expansion d'infamie. On a raconté qu'il avait été chassé par la réprobation publique, pour avoir assassiné le mari d'une femme qui, la nuit, lui ouvrait sa porte, — ou du moins pour, en duel, s'être fendu trop tôt, avant les épées jointes. Ressouvenir, sans doute calomnieux, d'un premier duel où Fabien fut trop facilement vainqueur. Le certain, c'est qu'il y eut du sang sur le sable d'une allée, pendant qu'une vieille femme, grand'mère dont on avait fait une servante, hurlait dans l'une des mansardes, ses bras d'apoplectique délivrés de l'immobilité pour la malédiction! Et Liberge, avec une malle bien remplie de vêtements, grâce à l'ancienne patronne des « Trois-Cent-Mille-Paletots », deux bagues données naguère par la sœur du sous-lieutenant, et un billet de mille francs, avancé par une succursale, provinciale, d'un Cercle parisien, sur les services qu'il rendrait à ce Cercle, partit pour Paris, le lorgnon à l'œil!

M. Lecauchois cria :

— Une autre fine!

Il se grisait. Moi aussi. D'horreur et de joie. Il but, il dit :

— En ce temps-là, on allait à Paris, d'abord en diligence, puis en chemin de fer; il suffit à Fabien Liberge de ce voyage, pour, en quelques livres achetés à crédit, dans une petite librairie près de la gare du départ, s'informer de toute la littérature contemporaine. Avant de mettre le pied sur le quai, à Paris, il savait George Sand, Balzac, Hugo, Gautier,

et tout le moderne génie rayonnant. Il en conclut :
« Zut. » En effet, Zut, c'était, logiquement, inévitablement, pour toujours, l'écho de tout, en lui. Tout, dans rien, ne peut faire que ce seul bruit : Zut. « Zut », c'est le pseudonyme farce de « Néant ». Z.U.T. Vois-tu, petit homme, qui entres mal dans la belle vie, et qui, tout de suite, tournes la page, à cause du verso où il y a peut-être la vérité, où, à coup sûr, tu trouveras la laideur, ce sont des lettres terribles, ces trois lettres. Z, biffe, U, bâille, T, tue. Et, en effet, — après l'effacement, — l'ennui, et la mort, meurtre ou suicide, qui achève, qui a raison d'achever. Un point, ou une tombe, c'est tout. O petit homme, que j'ai mis au monde, petite âme que j'ai vue éclore... vie déjà désolée, ne dis jamais, n'écris jamais : Zut! Ne le dis pas, ne l'écris pas... Ce sera l'épitaphe drôle de l'humanité universelle!

Je connaissais donc bien mal le docteur? Je l'avais toujours considéré comme un bon homme, non sans des absurdités mondaines ou professionnelles; et voici qu'il se révélait, intelligemment penché jusqu'au fond du désastre, jusqu'à l'enfer du spleen humain! Et quoi! tous les vivants sont-ils donc tout pareils? Et l'alarme infinie de Pascal songe-t-elle, hagarde, en toutes les âmes?

Le docteur dit :

— Revenons. A Paris, Fabien Liberge fut tout de

suite redouté, c'est-à-dire admiré. Entends-moi bien, petit, je ne suis pas de ces imbéciles qui croient qu'il suffit d'être une canaille pour réussir. Notamment, les canailles littéraires, bêtes, ont cette académie : Mazas ou la Morgue. Mais il y a les canailles de lettres, non pas intelligentes, — quiconque est intelligent est honnête — mais qui ont de l'esprit, avec un certain entregent. Or, celles-ci, justement parce qu'elles ne sont pas bêtes et parce qu'elles ne sont pas intelligentes, s'accordent admirablement avec tous les puissants de la politique ou de la finance, qui ont intérêt à ce qu'on s'amuse et à ce qu'on ne comprenne pas. Toujours les Plaisantins furent les amis, les complices, inconscients, peut-être, des Maîtres; et il y avait des bouffons dans les cours, non pas pour faire rire le roi, mais pour faire rire le peuple, à l'idée que le roi riait; et le masque drôle est l'excuse de la grimace tragique. Fabien Liberge fut, tout de suite, ce masque, — le monocle à l'œil. On peut dire que, trente années durant, ce monocle a tenu Paris sous la domination de sa perspicacité ronde et fixe. Je ne sais pas nettement de quelle façon Fabien commença sa fortune. Les circonstances sont les servantes du destin. Tout jeune encore, il passait pour avoir été l'amant de vingt femmes illustres, comédiennes ou Altesses; montrant, dans son antichambre, leurs portraits avec des dédicaces tendres jusqu'à l'obscénité; ne niait pas qu'il eût enlevé la femme de l'ambassadeur de Serbie; disant même : « Ah! je préférais les tétons de sa femme de chambre! » D'ailleurs, il calomniait aussi la fille de sa concierge que, rencontrée dans l'escalier, un soir qu'elle allumait le gaz, il avait négligemment retroussée; la fille de la concierge réclama, — les Altesses ne réclamèrent point! Et Fabien Liberge fut le don Juan de la diplomatie. En outre, parce qu'il était devenu, à souper, chez l'entremetteuse à la mode, le camarade du prince d'Irlande, il fut le collaborateur d'un journal américain qui, quotidiennement, insultait la patrie française. Et il fut si universellement fameux, pour avoir reçu des annuités, des mensualités, de toutes les ambassades étrangères, — note que ce n'était pas vrai! il n'avait rien reçu! il ne recevait rien du tout! cet ancien rôdeur, je t'expliquerai cela, s'était fait une espèce d'honnêteté! — qu'enfin, un journal du soir, bien connu pour sa respectabilité, lui confia le soin de rédiger sa correspondance étrangère. Par complicité? pas du tout. Par effroi. Parce qu'il avait de l'esprit. Parce que tout le monde savait que Fabien Liberge avait de l'esprit. Et, chaque matin d'émission de valeurs nouvelles, les banquiers se demandaient en conseil s'il n'y aurait pas moyen d'émousser la farce de Fabien Liberge, en l'emmitouflant d'un tas roulé de billets bleus; et, au conseil des ministres, chaque matin, — oui, je t'assure, c'est la vérité, tu demanderas à ton père, — on s'inquiétait du calembour que ferait Fabien Liberge; tant les maîtres de tout sont facilement inquiets, si un valet de chambre, un instant, les servit mal, de l'opinion que, peut-être, ce valet de chambre emprunta à une chronique. Fabien Liberge fut l'épouvante matinale des hommes politiques, qui, couchés encore, lisent vite les journaux. Et il faut le dire, — seule excuse à toute son abominable vie, — il lui arriva parfois d'insulter de malhonnêtes gouvernements. Mais, littéraire, il fut, toujours, sans excuse. Fabien Liberge a usé de sa renommée et à l'heure même où il avait de quoi dîner tous les soirs, pour être le plus bas, le plus infâme, le plus ignoble bafoueur de tout ce que l'immémoriale terre espère encore de beau, et de vrai. Une seule idée : être celui qui rit de quelque chose de pur, s'il ne peut pas rire de quelque chose de sublime. Et il y eut, sur trois générations, l'abominable acharnement d'un œil fait de toutes les noirceurs lucides.

— L'œil de Baubô! criai-je.

— Hein? Quoi? Baubô? encore! dit le docteur.

— Je vous demande pardon. Vous ne connaissez pas Baubô. Si Nyx était là, il vous expliqueait ce que c'est que Baubô. Continuez, de grâce.

— Donc, pendant trente années, cet homme, ce Fabien Liberge eut pour unique souci, pour seul rêve, pour extrême chimère de réduire à la mendicité, ou à la mort, quiconque, ingénument, honnêtement épris de n'importe quel idéal, tenta le bien, ou le beau. D'un flair qui, par l'éveil continu atteignait au prodige dans l'infaillibilité, Fabien Liberge a toujours été averti le premier du point de Paris où allait naître une grandeur, une gloire, une espérance! il se tenait aux aguets, pour l'œuvre abortive; il était, toujours prêt, l'écraseur de nids, le tueur de germes, l'abatteur de jeunes pousses. Pas d'autre outil que le Mot, mais le Mot sous toutes les espèces du meurtre. Le Mot qui broie, le Mot qui perce, le Mot qui étrangle, le Mot qui caresse; le Mot-Lacenaire et le Mot-Judas. Il avait inventé l'assassinat, du bout des lèvres, et l'empoisonnement par gouttes de sourire. Parbleu! les véritables génies, les énormes, les parfaits, les augustes, s'en fichaient un peu de ce Mot-roquet qui leur jappait aux chevilles; ils pensaient, à peine, rarement : « Qui donc fait ce petit bruit, là-bas, dans le ruisseau?. » ce fut sans doute, c'est encore le châtiment, je l'espère, de cette âme-désastre, qu'elle n'ait pu ni retarder d'une heure, ni faire dévier d'une ligne la marche en avant de l'innombrable génie moderne; et, — rage suppliciante sans doute — Fabien Liberge a tout de même à son front des reflets d'auréoles. Mais quelles revanches de ses défaites il prenait sur les moins sublimes, sur les moins inattingibles, pauvres êtres que la certitude du génie ne défend pas contre la raillerie inique, qui, incertains, inquiets, ne croient plus du tout en eux-mêmes si on les nie, esprits si nobles pourtant, à cause du rêve, plus aimables, même, d'être moins grands. Il leur fut épouvantable ! Il trouva, pour chacun d'eux, poète, peintre, ou musicien, ou tribun, le mot joli, drôle, extraordinairement drôle, et qui a l'air si juste tant il est farce, le mot que tout Paris répète, le mot qu'on a toujours derrière soi en quelque rue que l'on passe : il semble que tout le monde lise à haute voix une pancarte insultante épinglée à votre dos. Mais Fabien Liberge ne se bornait pas à la drôlerie meurtrière; il poussait la haine jusqu'à l'obligeance ! Ces pauvres diables — ces pauvres anges — dont plusieurs, grâce à lui, sont maintenant des cadavres, il les invitait à déjeuner, et il leur prêtait de l'argent — afin qu'ils fussent des parasites ! ou par une prévoyance d'ogre. Et telle était son instinctive horreur de la beauté qu'il la détestait et l'insultait, même chez les femmes. Il n'y avait même pas, en lui, la trêve du sexe. Fort luxurieux, de sa nature, il en voulait, à l'occasion de son plaisir, d'être trop charmante; il était humilié par le rayonnement des chevelures, par la splendeur de la chair; et ses pâmoisons se réveillaient en fureur. Crissements de volupté, crissements de rage. Et il fut — dans le Livre, dans la Revue, dans les petits théâtres où ses vaudevilles étaient illustres, — le calomniateur obcène de toutes les femmes qui ne le repoussèrent point. Il en épargna quelques-unes, — les laides, — comme il lui arrivait de vanter un mauvais poète. Mais toutes les belles filles qui se déshabillèrent chez lui, furent mises toutes nues, devant tout le monde, en un Mot criant la Tare! Quelques-unes, qui l'aimèrent, furent plus ignoblement retroussées. De toutes les beautés, celle de l'amour était celle, évidemment, qui devait l'exaspérer davantage. Mais, je te l'ai dit, je te le répète, ce qu'il y a de véritablement stupéfiant en cet homme, et même d'admirable, c'est que, dès qu'il gagna de quoi manger, il ne commit aucune vilenie, — lui qui les a commises toutes, — en vue d'un intérêt personnel. Je l'ai connu, je l'ai suivi, je l'ai compris. Les annuités, les mensualités, mensonges! mensonges qu'il laissait croire à cause de l'espèce d'infâme autorité qu'ils lui donnaient! mensonges tout de même! Et il n'est même pas cupide, il est, — chose qui comble de stupeur, — plus désintéressé (lui! ce monstre!) que la plupart des littérateurs contemporains. Dans les journaux, dans les revues, dans les théâtres dont il a fait la fortune, il n'a jamais exigé que des rétributions fort médiocres; et, oubliées les petites infamies d'une adolescence provinciale, il est (le misérable!) un fort galant homme. Pourvu qu'il eût de quoi donner de sonores pourboires aux garçons des restaurants illustres et qu'il fût bien habillé, le lorgnon sous l'arcade sourcilière, le long du boulevard terrifié, il était content. On ne sait de lui, d'une façon certaine, aucune compromission honteuse avec des maisons financières, ou avec des cercles où l'on joue. Si on lui offrait de l'argent, pour qu'il éreintât un beau livre, il serait capable d'en dire du bien, si beau que fût le livre! Il est incorruptible! et tout ce qu'il peut y avoir de probité en un assassin, il l'a. Il est, avec un esprit si divers, si complexe, si multiple, le Méchant simple. C'est une espèce d'Iago, plus gai, qui n'a pas eu besoin, pour faire du tort, qu'on lui fît tort. Il est mauvais comme on est blond, sans le faire exprès ; son ignominie n'est pas une teinture. Il est honnête! Est-ce à cause de cela que dure encore son action sur le grouillement parisien? oui, peut-être. Vieilli, moins drôle, n'importe, il est l'irréprochable patriarche de la médisance, de la calomnie, de la drôlerie tueuse. On le vénère presque, à cause de l'imm'moralité de sa bassesse qui ne fut pas lucrative. Il y avait, en Italie, autrefois, de vieux bandits dans la montagne, pas retraités, bandits toujours, mais si vieux, qu'on les confondait avec des ermites, — et les femmes se signaient devant eux, un peu par terreur, beaucoup par religion. Fabien Liberge, c'est quelque chose comme ces respectables Fra-Diavolo. Maintenant encore, bien que l'abominable mal maternel, auquel il ajouta un mal personnel, soit enfin sorti de lui, en plaies bouffies et en pustules qui crèvent; bien que sa face soit devenue comme la ressemblance affleurante de son âme, et que, dans une chaise roulante, d'où il ne se dresse plus, — le lit même lui est interdit, le lit qu'il a déshonoré comme il déshonora la beauté, l'amour, la foi, par le Mot, — il dodeline de la tête, vacille du menton, et, le lorgnon toujours à l'œil, bave de vieillerie dans sa barbe où aucun parfum ne domine l'odeur ancienne des mots pourris enfin, il est encore illustre ! et quelque légende fait peut-être de cet immonde éjaculateur d'ordures, un proclamateur de vérités.

Je m'étais levé, effrayé enfin. Effrayé, de quoi? du gouffre sale où je pouvais tomber.

— Docteur! dis-je.

— Eh bien?

— Entendez-moi. C'est horrible. C'est trop horrible. Je n'irai pas chez Fabien Liberge. Je m'en retournerai avec vous, chez papa et maman. J'irai à la fête, ce soir, bien qu'on ait bien peu insisté pour que j'y vinsse. A ce point de vue-là, Nyx avait raison.

— Nyx?

— N'importe. Donc, je n'entrerai pas chez Fabien Liberge. Mais à une condition.

— Laquelle?

— C'est que vous me direz, vous, ce que j'allais lui demander.

— Moi!

— Eh! parbleu, vous en savez autant que lui.

— Mais, qu'est-ce que tu veux donc savoir, petit malheureux?

— Je veux savoir pourquoi Georges Lorelys, au lieu de revenir sur la route, le long du château, a écrit à maman qu'il ne viendrait plus.

— Arsène!

— Je veux savoir pourquoi c'est Fabien Liberge qui a porté la lettre d'adieu de Georges Lorelys.

— Je te supplie!...

— Je veux savoir, en un mot, ce qu'il y a sous la rature. Dites-le moi, ou bien j'irai le demander à Liberge.

— Mais, mais, je ne sais pas... quelle rature?...

— Vous savez à merveille. Qui a présenté Georges chez le père de maman? C'est vous. Pourquoi avez-vous fait cela? Vous avez dû avoir, pour le faire, quelque raison, qui ne me sera pas toujours inconnue. Le certain, c'est que l'on ne conduit pas, sans motif, dans le château d'une jeune fille cinq ou six fois millionnaire, un jeune poète qui n'a pas le sou, et qui fera des vers à propos de violettes cueillies. Docteur! voulez-vous me dire ce qu'il y a sous la rature?

— Tu es fou!

— Non, je l'ai été.

— Je ne peux pas deviner!...

— Docteur! voulez-vous m'apprendre tout ce que vous savez?

— Non.

— Très bien. En voilà assez. Vous m'avez fait perdre du temps. Liberge parlera, lui. Et voulez-vous que je vous dise pourquoi vous ne parlez pas? C'est parce que vous avez dû être son complice contre ma pauvre, contre ma chère maman, contre ma maman toute en soie. Parlerez-vous?

— Non.

— Adieu!

— Je t'en conjure, Arsène! ne va pas chez cet homme! je t'en conjure, n'y va pas...

Une colère m'emporta brutale, injurieuse !

— Et qui me prouve que vous valez mieux que lui ? Est-ce que vous croyez que je ne vous connais pas ? Est-ce que, depuis des années, des années, des années, vous ne vivez pas aux crochets de mon père ? Tout le monde sait bien que vous êtes un fort médiocre médecin, et que vous avez eu tous les honneurs à cause de la protection de papa et aussi parce que vous avez volé une invention à un de vos élèves, interne au Val-de-Grâce. Docteur ! vous prenez sur vos genoux les femmes de chambre de maman. Ça n'est pas propre. Et ne vous rebiffez pas surtout. C'est plus d'une fois que vous m'avez ôté les draps de dessus les jambes, quand j'étais un petit fou, dans la maison de santé.

— Va-t-en !

— Mais oui.

— Va-t-en !

— Vous ne voulez rien dire ?

— Tu es un monstre !... Non, je t'en supplie encore,.. tu vas faire ton malheur éternel, et celui de tout le monde...

— Parlez.

— Non !

— Adieu.

Je m'échappai. J'avais cette crainte qu'il ne m'empoignât, qu'il n'appelât quelque sergent de ville.

Jeune comme j'étais, c'était à lui qu'on aurait obéi.
Il était resté dans le petit café, il payait les consommations. Je dis à mon cocher : « Attendez. »
En ma peur, tout de même, de connaître Fabien Liberge, j'espérais presque quelque chose qui m'en empêchât. Rien. Le docteur sortit du café, longea le mur sans rien me dire. C'en était fait ! J'entrai sous la porte. Il me sembla que, de la rue, venaient des bruits, des paroles à peine articulées, qui retiennent cependant, qui conseillent de ne pas entrer.

XXVI

La petite domestique, dès qu'elle eut ouvert la porte, s'en retourna tout de suite vers la banquette, et s'assit. « Ah! bien, dit-elle, si vous croyez qu'on annonce ici. On s'userait la voix, pour sûr. Vous pouvez entrer dans le salon, là, oui, par la porte à double battant. Il y a déjà un tas de monde qui attend. Des femmes. Le matin, ici, c'est le moment des femmes. On amènera monsieur, dès qu'il aura fini d'être opéré; on l'opère tous les jours. » Elle ne devait pas avoir plus de vingt ans, cette petite, proprette, en bonnet de dentelle, toute rose entre la dentelle; le corsage mal fermé, la crème grasse d'un sein un peu visible sous un entre-deux, une jambe sur l'autre, et le bas blanc bien tendu par la rondeur du mollet, elle cousait une touffe de rubans à une mule, si mignonne ; et, dans l'antichambre, où papillonnaient au mur des éventails et des portraits en leurs cadres de tourterelles d'or nichées dans des soies pompadour, elle ressemblait à une soubrette d'aquarelle libertine.

Tremblant, je poussai l'un des battants de la grande porte. C'était terrible, presque enfant encore, cette entrée, tout seul, dans un monde inconnu, chez l'effrayant homme que m'avait raconté le docteur. J'avançai, à peine, si timide, les façons d'un tout jeune lycéen qui fait tourner son képi entre ses doigts.

C'étaient, dans un salon tout d'étoffes claires, de miroirs et de dorures, beaucoup de femmes, fleurs, rubans, pétillements de jais, diamants aux oreilles, bracelets qui luisent et cliquètent, et des cris, des paroles jacassières, des rires, des rires encore, et toutes les couleurs dans des frémissements, — une volière changée en femmes. Personne ne prenait garde à moi, heureusement. Je me serais enfui, si l'une de ces personnes s'était tournée vers moi. Et j'entendais des mots où je ne comprenais pas grand' chose. « Un mufle ! — C'est moi qui aurais résilié ! — Dix mille francs de dédit. — Mais j'espère que

Fabien... — Bien sûr, c'est la faute de Germaine... — Ah! bien, zut! » Dans le tohu-bohu des élégances et des étincellements, il y avait aussi de vilains mots, des mots très sales. Le chant de cette volière.

Mais les bavardages se turent dans une seule ruée de toutes les robes, en froufrous, vers une porte, et je vis une religieuse, blanche et grise, une sœur de charité, inclinée comme pour pousser quelque chose. Je ne voyais pas ce qu'elle poussait, à cause de toutes les femmes groupées. Mais j'entendais : « Ah! a-t-il bonne mine! — On le disait bien, que ça vous guérirait, ce traitement! — Vrai, on lui donnerait trente ans. — Il devrait se raser, il paraîtrait plus jeune encore! — Dans huit jours, il viendra dîner à la Maison d'Or! — Il fait le malin, il pourrait marcher, s'il voulait! -- Je parie qu'il viendra à la première des Variétés. » Mais une toux sonna, rauque, puis grasse, une toux qui éructe et vomit ; toutes les femmes s'écartèrent, craignant peut-être pour leurs robes, et, au fond de la petite allée de luxe, de charme, de parfum qu'ouvrait l'écartement des belles filles, js vis, dans un fauteuil roulant que, toute grise et blanche, poussait lentement la sœur, je vis Fabien Liberge épouvantable.

Je le vis.

Je reconnus...

Son visage? Non. Certainement, je n'avais pas vu, déjà, un tel visage. D'ailleurs, il ne devait être tel que depuis hier, que depuis très peu de temps, — depuis une heure. Il était impossible qu'il eût longtemps existé ainsi. Tant de monstruosité ne pouvait être que récente. C'était, sous la drôlerie d'une coiffe rouge, une bouffissure blanche, sans nez, sans yeux, sans bouche visible en la mousse presque rase d'une barbe grise de vieux nègre, une rondeur blanchâtre qui s'avançait et se retirait, s'avançait de nouveau, grassement extensible et rétractible comme une mollesse de pieuvre.

Mais j'avais reconnu, à la place où aurait dû être l'œil gauche, le verre tout rond, qui avait l'air d'un trou très clair et très dur, le lorgnon qui, autrefois, quand j'étais tout petit, me regardait dans le salon, dans l'escalier ; j'avais reconnu la petite lueur ronde, semblable à l'œil du crapaud dans le puits, à l'œil que Nyx m'avait obligé de revoir dans les ténèbres explorées de mon long cauchemar.

Et je regardais le monocle de Fabien Liberge. Effaré, les reins au mur, tâtant d'une paume la muraille, en une espérance de trouver la porte qui s'ouvrirait tout de suite comme la porte secrète des mélodrames, je ne pouvais m'empêcher de le regarder. Oh! qu'avait-il vu, ce faux œil? Que de choses il pourrait dire celui qui, par ce faux œil, avait regardé la vie?

Et il me regardait...

Oh! sûrement, Fabien Liberge m'avait aperçu; dans le fauteuil, sous la lourdeur rouge de sa robe de chambre, il s'était remué, comme se balancent sur le sable les polypes de la mer; et, au bout d'un bras du fauteuil, un petit doigt, seul vivant en l'immobile main, avait frétillé comme une queue de vipère, gaie.

Il parla. Je m'étonnai que cette rondeur molle, et nulle, pût parler. On ne voyait pas la bouche tant les lèvres étaient minces. Mais la voix n'avait rien de flou ni de flasque. Elle était vive, coupante, acerbe, pointue; une lame qui sortirait d'une motte de graisse. Il demandait :

— Eh! là-bas, vous, le petit, qu'est-ce que vous voulez, qu'est-ce que vous faites-là!

Toutes les femmes se retournèrent vers moi. Je dus m'avancer, entre les couleurs frissonnantes de toutes les robes, vers le fauteuil rouge, vers l'ignoble homme qui savait tout, vers l'affreux malade, — malade peut-être de tout savoir, — au-dessus duquel, ses longues mains décharnées au dossier du fauteuil, se dressait la sœur blanche et grise, face couleur de vieil ivoire, qui ne faisait attention à rien, avec des yeux qui ne savent pas.

Je balbutiai :

— Monsieur, je suis le fils du comte...

— D'Aprenève! s'écria-t-il. Parbleu, oui, c'est vrai, et j'aurais dû vous reconnaître tout de suite, — à cause de votre ressemblance avec votre mère! ajouta-t-il dans un éclat de rire qui se casse et lacère. Vous ne connaissez pas Mme d'Aprenève, vous autres, les petites? Elle est si plaintivement pliée que tout le monde croit que c'est le saule sous lequel Ophélie s'est jetée à l'eau. Mais elle n'est pas en bois!

Toutes éclatèrent de rire. Je criai, la main levée :

— Vous êtes un malotru!

Il me regarda plus fixement.

— Oui, dit-il.

Et il me sembla que sa voix ne raillait point, qu'elle était profondément triste, comme si elle était remontée, de très loin, avec beaucoup de souvenirs. Mais quelque chose de vif flamba, cligna, au centre du lorgnon.

— Mon petit monsieur! je ne me bats plus, à l'épée, parce que les jambes ne valent plus rien; ni au pistolet, parce que je ne peux plus lever le bras droit, — ni le gauche. Je ne me bats même plus avec la langue, — la langue, cette arme formidable inventée par Pierre l'Arétin ! Je suis devenu infiniment pacifique, même en paroles, depuis que je suis malade. Je suis tout sucre et tout miel. C'est à croire que j'ai le diabète dans la bouche. Pourtant (le monocle pétilla!) qu'on s'y fie peu, chez vous, mon petit. Si je crève, — ça m'arrivera de crever, comme ça arrive à tout le monde, — j'éclaterai en morceaux empoisonnés ! Au reste, qu'est-ce que vous venez faire ici?

J'allais répondre...

— Tais-toi ! dit-il, tu m'insulterais, ou tu mentirais.

Puis, vers les filles :

— Fichez le camp, vous autres ! ne revenez que pour mon enterrement.

Et, tâchant de se tourner :

— Vous, ma sœur, laissez-nous, je vous prie, dit-il à la religieuse, je vous ferai appeler si j'ai besoin de vous. Vous direz au maître d'armes, oui, le valet de chambre, de vous remettre deux louis pour l'ouvroir de Ménilmontant.

Dans un tohu-bohu, si gai, si vif, de manteaux qui tombent, de chapeaux qui se sont trompés de têtes, et de mots : « Adieu ! adieu ! vous n'êtes pas gentil ! on était venues pour déjeuner ! » les belles personnes s'envolèrent en une exclamation de rires, — porte ouverte de la volière! Quand la sœur, derrière le fauteuil, par la petite porte, s'éloigna, il me sembla que tout ce que j'avais en moi, ici, de maman, disparaissait avec la laine bleue de sa robe, une laine douce, comme en soie aussi.

XXVII

Dès que nous fûmes seuls :
— C'est le comte qui vous envoie ?
— Non.
— Tant mieux, le comte est un sot.
— Monsieur !
— Un sot. Vous venez de la part de votre mère ?
— Non.
— C'est donc le docteur Lecauchois qui vous a dit de venir ?
— Le docteur Lecauchois m'a retenu plus d'une heure, dans le petit café qui est à côté de votre porte, pour m'empêcher de monter chez vous.

— Alors ? demanda-t-il.

— Alors, dis-je...

Si horrible à voir qu'il fût, je m'approchai de lui, je ne craignais pas de regarder de plus près son horrible faux œil, je tendis les mains vers lui. Je dis : « Je viens pour vous demander... » Et je fondis en larmes, comme un pauvre petit qui a peur d'être battu.

Quand je repris possession de moi-même, quand je pus redresser la tête, il me sembla qu'il y avait une buée sur le lorgnon de Fabien Liberge ; et, lui, d'une voix très acerbe :

— A la bonne heure, je comprends ; tu viens ici, tout seul, en curieux, en sondeur, comme on dit chez les femmes du monde. Va, va, demande, interroge, nous nous entendrons fort bien. Il paraît que je n'étais pas très doux, quand je me portais bien. Depuis que je suis malade, je ne décolère pas. Je t'ai dit que j'avais le diabète dans la bouche ? Il tourne à l'aigre, — à l'aigre d'Aqua Tofana.

Je dis :

— Vous avez connu M. Georges Lorelys.

— Parfaitement.

— Un poëte ?

— Un imbécile. En même temps, une canaille. S'il y a des canailles. Est-ce qu'on sait !

— Une canaille ?

— Avérée. Il avait, dès sa majorité, fait trois ans dans une maison centrale.

— Pourquoi ?

— Je veux te dire un de mes plus anciens mots, un de ceux qui me firent célèbre au temps où il n'était pas difficile de passer pour avoir beaucoup d'esprit. J'ai élevé le niveau, depuis.

— Quel mot?

— Pas drôle, te dis-je. « Ah ! madame, n'invitez pas M. Georges Lorelys à dîner, il fait toujours défaut. » Puis, nous fûmes intimes, et il m'était très utile, parce qu'il faisait de si mauvais vers que c'était un plaisir de le préférer à tous les poètes qui avaient vraiment du talent. A-t-on du talent, d'ailleurs ? Est-ce qu'on sait !

Le monocle riait.

— Vous savez qu'il a été?...

— L'amoureux de votre mère ? je crois bien que je le sais.

— Eh bien, ses lettres, que j'ai lues, ne sont pas d'un malhonnête homme ; du moins, on ne peut pas affirmer, tout de suite, qu'elles soient d'un malhonnête homme...

— Je suis content.

— Vous êtes ?...

— Content.

— Pourquoi?

— Du moins, flatté.

— Pourquoi ?

— Parce que, ces lettres, c'est moi qui les dictais. Mais je corrigeais l'orthographe. Les poètes n'ont jamais su l'orthographe. Moi non plus je ne la sais pas. J'ajoutais des fautes, pour humilier Pindare !

— Ah ! dis-je, vous dictiez ces lettres ! C'est donc pour ça qu'elles me paraissaient si fausses, si menteuses ?

— Eh ! voici, monsieur, que vous m'humiliez, à présent. Je n'ai pas su imiter la sincérité. Ce n'est pas faute de talent ; c'est absence de modèle.

— Mais quel intérêt aviez-vous à dicter ces lettres ?

— Moi ? aucun. C'était pour faire plaisir au docteur.

— Au docteur ?

— Au docteur Lecauchois. Ah ! vous ne savez rien. Il faut tout vous apprendre. A propos, dit Fabien Lilferge, vous savez, monsieur, que vous feriez bien mieux de vous en aller tout de suite, sans me questionner davantage ? Ce n'est pas drôle à raconter, ni à entendre, ce que vous me demandez.

Je crispai mes mains en une prière de savoir !

— En ce temps-là, reprit Fabien Liberge, le docteur, qui n'était pas encore docteur, qui n'était même pas étudiant en médecine, qui était élève vétérinaire à Alfort, était l'amant d'une sage-femme exerçant dans la banlieue, — parce qu'elle ne pouvait plus exercer à Paris, pour des raisons sur lesquelles elle avait eu le temps de méditer [en douze mois de Saint-Lazare, — et qui, fort adroitement, s'était liée avec la directrice d'une des meilleures maisons matrimoniales de Paris. Le docteur dénicha pour votre mère, alors âgée de dix-sept ans, pensionnaire au couvent des Ursulines, et de qui le père, — tout le monde le savait, — avait acquis, dans l'industrie d'un canon nouveau tour à tour vendu à l'Angleterre, à l'Autriche, à l'Italie, à l'Allemagne...

— Mon grand-père était un honnête homme!

— Naturellement, comme tout le monde... avait acquis une fortune évaluée par les pessimistes à soixante millions de francs! le docteur, dis-je, dénicha pour Hélène...

— Monsieur!

— Dénicha pour la fille de votre grand-père un excellent parti, Georges Lorelys.

— Qui avait fait des faux!

— Pas tous encore. Les premier seulement. Il ne faut pas trop demander à la jeunesse.

— Mais quel intérêt avait le docteur?...

— La commission que, par l'entremise de la

sage-femme, lui avait promise la patronne de l'agence matrimoniale.

— Ah! mon Dieu! mon Dieu!

Le lorgnon se braqua sur moi, terrible. Il avait l'air de me dire : « Eh bien, qu'est-ce que tu fais ici? Si tu as peur de savoir, pourquoi es-tu venu, pourquoi interroges-tu? » Ah! je le jure, je voulus partir, ne jamais rien savoir de plus. Je ne bougeai point. J'attendais, j'espérais, horriblement. Fabien Liberge me regardait. Il dit :

— Tout de même, tu ne vas pas mal pour ton âge. Au fait, quel âge as-tu?

— Dix-huit ans.

— Tu vieilliras vite. Mais, plus de dialogues. J'achève. On m'opère deux fois par jour, voici bientôt l'heure de la seconde opération. Ne parle plus, je parlerai tout seul.

Fabien Liberge poursuivit :

— Ce Georges Lorelys se comportait comme un sot. Au commencement, il avait été gracieux et adroit. Il avait su, très gentiment, regarder cueillir une violette; et il attendait très bien, dans l'allée. Nous prenions le café à l'auberge, le docteur et moi, pendant qu'il prenait le serein. Enfin, il m'ennuya. Il était trop bête. Tiens, au fait, je n'y ai jamais songé, c'était peut-être un honnête garçon, malgré les faux. Honnête ou non, il m'ennuyait. Il n'en finissait pas d'être platonique. Je lui dictai une longue lettre, un chef-d'œuvre, je m'en vante, et je lui dis : « Je la porterai moi-même. »

— Vous vouliez vous substituer à Georges Lorelys pour compromettre une jeune fille, très riche, et pour l'épouser !

— Je suis de ceux qui ne se marient pas. Mais j'avais vu passer Hélène.

— Taisez-vous !

— Pas encore.

— Taisez-vous !

— J'avais vu passer Hélène, et, vraiment, il me sembla qu'un beau garçon comme j'étais, — car tu n'as pas connu la fleur qui est devenue ma pourriture, — vaudrait un peu mieux à cette petite romanesque, sensuelle évidemment comme toutes les sentimentales, qu'un poète assez imbécile pour n'avoir pas su la réduire à ne plus rien pouvoir accorder à un autre qu'elle n'eût accordé déjà.

— Et vous avez... vous ! vous !

— Restons-en là. Va-t'en.

— Mais, alors, mon père ?

— Ton père ?

— Le comte d'Aprenève.

— Ah ! oui. Parlons-en, du comte d'Aprenève. Comte ? peut-être, d'Aprenève, on en doute. En ce temps-là, prisonnier d'une dette de huit mois de nourriture dans une toute petite brasserie de la rue Vavin, il avait fait la connaissance de la sage-femme qui était la maîtresse du docteur Lecauchois, et celle de la dame qui dirigeait l'agence matrimoniale; et il dit, un jour, entre le brie et la pomme : « Si j'épousais, malgré la faute ? »

— Quelle faute ? Maman !... non !... assez !

— Va-t'en donc.

— Achevez.

— Il s'habillait très bien. Il recevait quatre cents francs par mois d'une tante provinciale; et, par de rares protections, il fut employé au ministère des affaires étrangères (attaché plutôt qu'employé, à qui, signe de confiance et de promesse, on confiait des lettres pas cachetées), et il n'avait besoin que d'une dot, apportée par une jeune personne qui ne serait pas juive (on lui avait fait, d'avance, cette objection, on permettait l'origine douteuse, pas la juiverie), pour être nommé à quelque poste diplomatique où l'on a l'occasion de se faire valoir.

Oh! à ce moment, le souvenir me traversa, de celui qui, dans le conte raconté par maman, était venu après d'autres dans la puérile boutique princière de l'archiduchesse Brioche... et qui savait !

— Donc il épousa ta mère, parce qu'il fallait qu'il fût riche et parce qu'il fallait qu'elle se mariât.

— Calomniateur !

— La calomnie est inutile où la médisance suffit.

— Mon père a du talent !

— Rarement.

— Mon père est honnête !

— Parfois.

— Mon père est ministre !

— Toujours.

— Enfin, il y a, tout de même, des gens qui ne sont pas immondes !

— Oui, ricana Fabien Liberge ; il y a toi et moi.

— Ma mère est irréprochable ! Vous avez menti. Ma mère est irréprochable !

— Oui, dit Fabien Liberge, le lorgnon éteint.

— Et moi, moi, moi, qui ai dix-huit ans, qui n'ai jamais fait de mal à personne...

— Tu crois, petit assassin, que tu n'as jamais fait de mal à personne ?

— Moi, qui adore maman, moi qui aime Myrrhine...

— Myrrhine ?

— Son Altesse Myrrhine.

— La fille d'Ernan Ferdoch ?

— Vous connaissez Ernan Ferdoch ?

— Parbleu ! le né...

— Je ne veux pas que vous acheviez !

— Celui qui a amassé plus de la moitié d'un milliard en voyageant, quarante années durant, de la côte d'Afrique à la côte brésilienne?

— En gagnant de rouges batailles !

— Pas rouges. Noires.

— Taisez-vous ! hurlai-je. Il y a pourtant la Vertu dans le monde.

— Petit ! petit ! si tu le croyais, tu ne serais pas venu, petit, m'interroger.

— Ah ! sans doute, une lueur m'attire, celle de votre lorgnon, celle de l'œil de Baubô.

— Baubô ?

— Vous ne savez pas. Vous ne pouvez pas savoir. Mais, n'importe, je suis innocent, encore que, par suite d'une maladie, je sois inquiet, et curieux de choses que je devrais ignorer; et j'ai en moi, vraiment, l'horreur sincère du mal !

— Pourquoi me demanderais-tu, en suppliant, de répondre : oui, si tu étais très certain que je ne pourrais pas répondre : non ! et qu'est-ce que tu es venu faire ici, sinon apprendre ce qui, jusqu'à la fin de tes jours, te sera un martyre et un opprobre? Retire-toi, il en est temps encore. Tu vois, je ne pousse pas à la consommation, comme on dit; et je suis bien de l'avis du docteur qui voulait t'empêcher de monter mon escalier. Je n'ai encore déshonoré que les tiens. Je ne t'ai pas encore déshonoré toi-même. Retourne à ton père, à ta mère, au docteur, à... comment l'appelles-tu ? à Myrrhine. Ernan Ferdoch, je le répète, a cinq cent millions de fortune bien gagnée.

— Vous avez raison, je pars.

— Tu crois que tu pars ?

— Je ne puis partir.

— D'ailleurs, je ne t'aurais pas laissé partir. J'ai autant d'affreux plaisir à te dire la vérité que tu en as à l'apprendre.

— L'amour de la vérité !

— C'est le nom que notre hypocrisie donne à notre vice. Je te préviens que tu ne vas pas rire.

— Savoir !

— En effet. Tout recommence. Nous sommes toujours sous l'Arbre. Allons soit. Pousse-moi...

— Dans le fauteuil ?

— Oui.

— Vers où ?

— Jusqu'à ce secrétaire, entre les deux fenêtres. Maintenant, dans ma poche...

— Dans ?...

— Dans la poche de ma robe de chambre...

— Bien.

— Prends une clé.

Je la pris. Hélas ! hélas ! à ce moment, je me

rappelai la clef dont maman avait ouvert le petit bonheur-du-jour.

— Ouvre le tiroir.

— Lequel?

— Celui de gauche.

Je mis la clef dans la serrure, je tirai un tiroir...

— Attends, dit Fabien Liberge; tu sais que je ne m'appelle pas Liberge?

— Le docteur me l'a dit.

— Non, je ne m'appelle pas Liberge. Je m'appelle, en réalité, Gravache.

— Gravache?

— Un vilain nom, n'est-ce pas? Un très vilain nom. Il ressemble à un crachat contre un mur.

— On m'avait dit que vous écriviez sous un pseudonyme, j'ignorais votre nom véritable.

— Eh bien, mon nom, le vrai, pas joli, c'est Gravache. Maintenant, tire ce tiroir, plus avant, prends un portefeuille, qui est au fond. Il y a un vieux petit papier carré, dans le portefeuille. Tu l'as trouvé?

— Oui.

— Lis.

— « Extrait de... »

— Oui, extrait d'acte de naissance. Lis.

Je lus :

« Arsène... de mère non nommée... et de Fabien

Gravache... » Moi! moi! le fils de... Éternelle horreur d'avoir été engendré!

Fabien Liberge dit :

— Voilà. Je suis ton père. Réellement et légalement. Je ne sais pas si j'ai été un honnête homme en te reconnaissant, ou si j'ai pris des précautions contre celui qui épouserait ma maîtresse, plus tard. D'ailleurs, il n'a pas à se plaindre, je pense, le comte d'Aprenève; ça lui a rapporté, de s'accommoder de mes restes. A ce propos, tu sais, dis à M. d'Aprenève, ce soir, à la fête, que, s'il ne marche pas comme je veux, que s'il ne me fait pas nommer... Il comprendra... je lui réclamerai, quoi? tiens, parbleu! son fils, — le mien!

Arsène Gravache. Je m'appelais Arsène Gravache.

Fabien Liberge ajouta :

— Sors d'ici. Maintenant que tu sais ce que tu voulais savoir (tu aurais aussi bien fait de rester chez toi, n'est-ce pas, mon garçon?) sors d'ici. En t'en allant, dis à Rosine de prévenir la Sœur que j'ai besoin d'elle. Il va falloir m'opérer encore. Le docteur Larmandier doit être revenu. C'est un imbécile, ce médecin-là; c'est effrayant, le nombre de gens qu'il a tués, ingénument; et c'est lui, tu te rappelles peut-être, qui a été mêlé à l'affaire de l'empoisonnement de Choisy-le-Roi. Il s'était trompé, il avait pris, pour des restes de poison, des cendres de papier... Après ça, dit Fabien Liberge. c'était peut-être du papier d'imprimerie.

Il cria :

— Allons, houst! file. Mais je te recommande le docteur Larmandier. Il n'y a de bons médecins que ceux qui tuent.

XXVIII

Je me jetai dans la voiture. Je dis, comme un fou : « Très loin! très loin! — au Bois? — Où vous voudrez, oui, au Bois ». Le fiacre partit tout de suite. Je ne savais rien, je n'avais rien compris, je ne savais rien du tout. Si, je savais. Oh! dieu! dieu! dieu de la terre et de l'enfer! car, de dieu, au ciel, sans doute il n'y en a pas. Véritablement, c'était abominable ce qui était arrivé. Voilà que, moi, moi, j'étais, moi qui avait toujours souri aux personnes qui me souriaient, moi qui avais eu une maman toute en soie, et un si bon père de qui je tirais les gros favoris blonds, et mon ami le docteur qui me soignait, et l'amour de Myrrhine frais comme le vent de la mer matinale, et mon petit négrillon qui jouait devant moi pour me faire rire, voilà que j'étais, moi, l'ignominieux bâtard d'un infâme et d'un infirme, d'un honteux et d'un gâteux dans un fauteuil roulant vers lequel se penchent des complaisances de prostituées !

XIX

J'avais laissé le fiacre. Je fuyais par les rues, le long de maisons que je ne connaissais pas. Je courais. Deux heures, trois heures, je ne sais, s'écoulèrent, peut-être. Je m'arrêtai devant un café où il y avait beaucoup de monde. Je m'assis. « Une absinthe, monsieur? — Une absinthe. » Le garçon versa. Je bus d'un trait. Je me sentais la gorge comme entre deux mâchoires de tenailles. Eh bien, non, le coupable, ce n'était pas moi. J'avais cherché à connaître, oui, j'avais eu tort peut-être. Mais, même si je n'avais pas cherché à les connaître, même si je ne les avais pas apprises, est-ce qu'elles en existeraient moins, les choses, les vérités : ma mère se livrant au premier venu, et le mari de ma mère agréant qu'elle se fût livrée, — il avait eu l'archiduchesse Brioche à meilleur compte, comme un gâteau rassis, — et moi, fils de l'abominable homme de qui la face ressemble à une pieuvre morte! Le seul innocent, c'était moi. Les coupables, c'était tout le reste des vivants. Je me levai, je payai la consommation; j'avais la parole très précise, le geste très net. J'avais pris une résolution; cette résolution, je l'accomplirais, sûrement, sans faiblesse. Je n'avais pas de temps à perdre. Déjà on allumait les réverbères. Je regardai mes vêtements : j'étais en jaquette. N'importe. J'avais de l'argent sur moi, de l'argent que m'avait donné le comte d'Aprenève. « Pour t'amuser », avait-il dit. Eh! bien, avec ces quelques louis-là, je m'amuserais, certainement; et je l'amuserais aussi, lui, et maman, et le docteur, et les ambassadeurs qui devaient venir, ce soir, à la fête, et le Prince lui-même! C'est extraordinaire, combien on peut amuser de monde avec très peu d'argent. J'entrai dans un magasin de confections, tout rayonnant de gaz. « Un costume de soirée, complet. » Je me montrai fort difficile, me regardant dans le haut miroir. Je tenais à être excessivement bien mis. Je pensai à un assassin qui, sur le point de tuer, se mettrait des gants, pas pour éviter les taches, — pour ressembler à un gentleman, en donnant le coup de couteau. Quand j'eus payé, on me demanda : « Où faudra-t-il envoyer les anciens vêtements de monsieur? » Je souris, d'un sourire qui fut, je crois, très aimable; je dis : « A la Morgue. On demandera M. Arsène Gravache. » Je me retirai. Sur le boulevard, je me considérai dans une glace de boutique; j'étais certainement très bien mis. A un kiosque de fleurs, j'achetai une large rose blanche que je fis attacher, d'une épingle, à ma boutonnière. Les gens du magasin de confections ne manqueraient-ils pas d'envoyer, demain, à la Morgue, mes anciens habits? Ce serait drôle, ces habits qu'on apporte pour un cadavre tout nu sur la dalle. Mais, de ce soir à demain, il y avait du temps que j'emploierais aussi bien que possible. Ah! je l'emploierais très bien : j'irais en soirée, j'irais à la grande fête que donnait le comte d'Aprenève en remerciement de sa nomination à la présidence du Corps législatif. Avant d'entrer moi-même, j'attendrais que le Prince fût arrivé, que la fête, comme on dit, fût dans tout son éclat, et, au moment où, dans la grande salle, le Prince, chamarré d'ordres, s'entretiendrait, le coude à la cheminée, tantôt avec la comtesse, tantôt avec le comte, moi, élégant, frêle, mais fier, le claque au bout des doigts, je dirais à l'huissier de service : « Veuillez annoncer M. Arsène Gravache ! » et alors, la fête, la gloire, l'honneur de l'ancien ministre et du nouveau président d'assemblée, et la vertu de ma mère, et tout le luxe, et toute la joie, et toute la beauté de vivre, tout, tout, tout s'éteindrait sous l'ignominie de mon nom bâtard !

XXX

Je montais l'escalier, entre les gardes immobiles et les rangées somptueuses de grands arbustes aux larges palmes. J'arrivai au premier étage. J'étais dans le grand vestibule. Un valet de pied me prit mon pardessus. Ce valet, je le reconnus tout de suite ; c'était le nègre d'autrefois, qui se tenait toujours dans l'antichambre, à Courances ; le père de Nyx. « Ça fera bien plaisir à Madame que vous soyez venu. Tout à l'heure, elle demandait après vous. Et, mon petit garçon, vous ne l'avez pas amené à Paris, avec vous ? » Si, si, je l'avais amené. Mais je coupai court aux bavardages. Résolu, tranquille, une rage en moi, je dis : « Annoncez M. Arsène Gra... »

Maman passait au loin des salons, longue, pâle, souriante, soyeuse de lumière et de visible âme douce... Maman! maman! maman!

Je dis au domestique :

— Ne m'annoncez pas. Je reviendrai tout à l'heure. Je reviendrai. Donnez-moi mon pardessus.

Et je m'en retournai. Si vilaine, si atroce, si féroce que fût la vie, malgré... malgré tout, — ah! mon Dieu! que je souffrais! — je ne ferais pas de la peine à ma maman, même fanée, même déshonorée, à ma maman toute en soie.

FIN DU PREMIER CAHIER

SECOND CAHIER

D'ARSÈNE GRAVACHE

Pour Taygète.

I

Dans l'éblouissement de la poussière ensoleillée, dans le clair vent palpitant de l'air bleu, et vers l'infini, un cavalier, au triple galop, passe en sonnant de la trompette, et la sonnerie ressemble à des cris de soleil et de gloire! Assis entre les pieds de la table, devant l'auberge en fête, où, pour célébrer tant de victoires, rient et boivent de bons compagnons : « M'ssi! M'ssi! dit Nyx. — Eh bien, que veux-tu? dis-je. — M'ssi, si nous pas vite, nous trop tard, pour cérémonie. — Dis qu'on bride les chevaux. — Oui, M'ssi! » Il avait raison,

le petit nègre. Il fallait se hâter, il fallait assister à
cette immense fête militaire, la plus belle peut-être,
et la plus digne d'être belle, entre toutes celles
dont se souviendra l'humanité moderne! Car,
s'étant naguère unis pour prendre des provinces et
réduire à la définitive impuissance leurs ennemis
communs, l'Empereur, le Roi et le Maharadja
avaient gagné batailles et batailles; et voici que,
dans la plus vaste plaine des patries conquises, ils
convoquaient, parmi l'universel enthousiasme des
nations victorieuses et même des nations vaincues,
toutes leurs armées, afin qu'elles leur rendissent
hommage, et, aussi, pour les remercier de leur
bravoure et du triomphe. De tous les drapeaux
conquis, on avait fait un immense et prodigieux
drapeau, qui, planté au sommet d'une noire pyramide d'airain faite de tous les canons ennemis,
flotterait glorieusement sur l'énorme multitude.
« Chevaux, M'ssi! » dit Nyx. J'étais jeune et vigou-
reux, je saisis fortement la crinière de mon cheval,
une très belle et très vive bête qu'on aurait aimé
enfourcher pour le combat, quand sonne la charge;
et Nyx se hissait sur son poney. Il avait, en se
mettant en selle, des airs de petit singe de cirque;
il avait une adresse maladroite, tout à fait drôle; je
ne pouvais m'empêcher de l'aimer, ce négrillon;
une chose, pourtant, me troublait quelquefois :

c'était qu'il ne grandissait point. « Hop ! M'ssi ! » dit-il. Je lâchai bride, éperdument. Ce devait être un spectacle assez comique, ce jeune homme efflanqué, sur un grand, long cheval emporté qui galope, et, derrière, cette espèce de sapajou habillé de rouge et de vert, à califourchon sur un poney qui hennit, se cabre, et rue à hue, et rue à dia, et galope tout de même. Mais il ne saurait y avoir de ridicule là où il y a l'élan sincère qui se rue à l'héroïque beauté des victoires ! Des deux côtés du chemin, vers la colline d'où l'on verrait la prodigieuse fête, marchaient, se hâtaient, couraient, vieillards, femmes, filles, et des enfants, tout un peuple, parmi les criailleries des petits marchands qui, poussant des voitures ou bien courbés sous des tonnelets, offraient, à deux sous le petit verre, de la joie, de l'orgueil, de la force, du patriotisme ! Et la foule, en se ruant, chantait toutes les belles chansons qui mettent du cœur au ventre, celles de jadis, celles d'hier, et les nouvelles ; tous les moments d'une race chantaient en cette heure de joie guerrière ! et nous, moi sur le grand cheval, Nyx sur le poney, dans l'éblouissement de la poussière ensoleillée, dans le clair vent palpitant de l'air bleu, nous galopions d'une telle ardeur joyeuse et sauvage que nous arrivâmes à la cime de la colline au moment même où, tirant les brides de sa monture qui, l'encolure rebroussée, crispait ses jambes tremblantes d'arrêt soudain, s'y plantait le cavalier avertisseur dont la trompette criait des cris de soleil et de gloire vers l'infini !

II

Je vis toute la gloire militaire.

D'abord, en l'immense plaine, que cernent des collines vertes pareilles à une colossale couronne de lauriers, mes yeux, sans se laisser détourner par le prodigieux grouillement des populaces haussant d'innombrables gestes, ni par l'arrivée, dont trembla le sol, des cavaleries et des artilleries, mes yeux, sous l'engouffrement du soleil d'or, où remuait l'énorme drapeau comparable à l'aile qu'un gigantesque archange guerrier laisserait pendre du ciel, mes yeux virent debout sur la haute estrade de pourpre, parmi les inclinaisons des uniformes, les trois Vainqueurs, les trois Dieux.

L'Empereur, très grand vieillard, chenu, et robuste et lourd, était pareil aux Charlemagnes des vieilles images, qui portent le Monde dans la main; sa longue chevelure blanche semblait, sur les pentes glacées de la cuirasse d'argent, la neige d'un mont illustre. Il guerroyait depuis plus de soixante-dix ans, ayant su tuer avant de savoir lire; tout jeune homme, il marchait au premier rang, parmi les cadets de son armée, les matins d'escarmouche; cet antique guerrier avait été un jeune soldat de belle humeur et de beau courage; puis, assagi jusqu'à la patiente stratégie, il fut celui, qui, d'un ordre vite donné, sous la tente, à un aide de camp, ou, d'un télégramme, envoyé par lui-même, du palais de la capitale, au général en chef, change l'ordre de bataille, fait s'avancer, ou se replier l'une ou l'autre aile, et dit, vers le soir, après un regard vers l'horloge : « Maintenant, nous avons occupé douze villages, pris cinquante drapeaux, fait trente mille prisonniers; » et jamais il ne se trompa. Même il prédisait le soleil à ses batailles. A présent, très vieux, il est plus grand encore; il semble que, en vieillissant, en rejoignant presque l'âge de ses ancêtres guerriers, il s'est assimilé tout leur génie militaire; il porte en soi, avec sa grandeur, la leur; sa volonté achève leurs volontés; il est l'accomplissement du vœu immémorial de toute une dynastie. Il vient d'ajouter à son empire dix provinces, quarante villes, trois millions d'hommes! Il est très formidable; il est aussi très auguste et très doux, à cause de sa barbe blanche.

Brun, sec, rude, l'air d'un jeune officier en petite tenue, le Roi semble féroce. Il l'est. Il n'est pas né d'une très ancienne race. Il y a en lui un reste d'aventurier. Ce n'est pas un ajouteur de provinces à un royaume antique; c'est un usurpateur qui se fait un royaume avec des morceaux de pays. Mais, voleur, il sera avare, dès qu'il sera riche. En attendant, on le laisse faire, parce que, brave, prompt à l'injure, prompt aux ripostes, il vaut mieux lui laisser prendre la part qu'il veut, que de s'exposer à lui voir prendre toutes les parts; et, dans la dernière guerre, il a eu tant de bravoure, et de si hardis conseils de surprises et d'assauts, que des nationalités, attentives, éblouies, se serrent autour de lui; il crée une patrie.

Le Maharadja, lui, semble ignorer. Il n'est pas plus étonné, ni glorieux, des victoires, qu'il ne serait surpris, ou humilié, par des défaites. Le temps va jusqu'à la fin des jours; les circonstances vont jusqu'au bout du destin. Engagé, par des intérêts diplomatiques, dans une guerre européenne, il a dit à ses ministres, à ses chefs d'armée : « Faites ».

L'action, cela les regarde. Ils sont les fonctionnaires de sa toute-puissance ; et, qu'ils la servent bien ou mal, elle n'en saurait être diminuée, ni augmentée ; elle fut, elle est, elle sera ; même si elle n'était plus, elle demeurerait sa propre virtualité ; elle ressemble à une divinité dont, même triomphant, l'athéisme ne saurait détruire l'idée. D'ailleurs, elle triomphe, réelle. Les ministres du Maharadja, ses chefs d'armée, ont bien fait leur devoir. Les ennemis ne sont plus, les coffres sont pleins des monnaies d'or des plus lointains pays ; et, lui, il daigne sourire, en le faste de sa gloire.

Vers l'Empereur, le Roi, et le Maharadja, en bel ordre, en un tumulte réglé, s'avancèrent, par énormes groupes de cuivres, d'aciers, d'étoffes sombres et d'étoffes écarlates, les armées, à travers la formidable acclamation des foules en délire ; et le grand drapeau, fait de tous les drapeaux, caressait doucement le triomphal défilé !

A côté de moi, quelqu'un dit :

— Voici les hussards qui entraient tout noirs dans les villages et qui en sortaient tout rouges parce qu'ils avaient traversé des tas renversés d'hommes, de femmes et d'enfants.

Les hussards, sous l'énorme drapeau, passèrent devant les trois souverains, les colonels saluaient de l'épée, les souverains s'inclinaient.

— Voici les cavaliers dont les chevaux eurent les sabots mouillés, comme des bêtes qui auraient passé le gué, parce qu'ils galopèrent, six heures, dans la défaite des ennemis. Voici les cuirassiers qui ressemblent à un lever de soleil d'acier, et qui défoncent les résistances, de l'avancement de leurs poitrines, comme les proues fendent les vagues; ils ont chassé, écrasé, enterré sous la pesanteur de leur passage des milliers de paysans armés de faux et de pioches, qui avaient voulu mourir près de leurs chaumières. Voici les canonniers! Ce ne sont plus des canonniers en effet. Car on inventa des engins qui, dès que l'officier donne le signal, font que, dans la plaine où il y avait une armée, il n'y a plus rien, rien, — le sol s'étant soulevé en même temps que tombaient les hommes, — sinon le retombement de la terre ensevelissante. Ces canonniers ont rendu de grands services. Il paraît qu'ils n'ont pas tué moins d'un demi-million de gens. Ça commence à compter, un demi-million de gens. Les nouvelles inventions de l'artillerie rendront bien plus de services encore, quand elles seront tout à fait perfectionnées. .

Une voix :

— C'est curieux !

— Hein? dis-je.

— Une mitraillade, qui détruit tout, vivants et

choses, pour le plaisir d'on ne sait qui, c'est bien;
une bombe, qui fait sauter avec une table de café
deux crapules et trois imbéciles, pour la chimère
peut-être du bonheur universel, c'est mal.

On se jeta sur le trouble-fête. Je m'étais précipité le premier. Je lui demandai : « Voyons, c'est
vrai, tu le penses? » Il me répondit : « Monsieur!
des cartes! de belles cartes transparentes! Si
Monsieur veut venir avec moi? »

Puis, voici que la formidable gloire de l'armée,
régiments, et régiments, et régiments, et tonnerres
de roues, et hennissements de chevaux, sous le
soleil et la caresse du drapeau, parmi l'immense
orgueil d'être les vainqueurs, ou d'être des hommes
dignes de ressembler à ces vainqueurs, saluaient
les trois souverains augustes! je voyais toute la
gloire militaire.

III

Ce serait bientôt la nuit. Les bruits de l'orgueilleuse fête s'éteignaient sous l'assombrissement céleste et sur toute la terre où sonna l'évocation des charges, des assauts, et des claironnantes victoires. O splendeur des armes! Somptuosité immortelle des triomphes! tout à l'heure le dais immense des étoiles serait le triple diadème des trois fronts souverains.

Les rênes lâches au cou de mon cheval, je pensais. A quoi pensais-je? Je ne me rappelle pas bien la pensée qui m'occupait...

— M'ssi!

— Que veux-tu?

— M'ssi! moi connaître maître d'hôtel.

— Quel maître d'hôtel?

— Maître d'hôtel service pour festin. Moi, servir aussi. Changer assiettes.

— Après?

— M'ssi!

— Laisse-moi tranquille.

— M'ssi, vous pas vouloir assister banquet?

— Non.

— Fête! très grande fête! Bien plus beau que revue.

— N'importe.

— Si vouloir...

— Non.

— Si vouloir moi donner vous livrée.

— Une livrée?

— Rouge, avec beaux galons.

— Moi, un domestique?

— Domestique. Très commode, pour voir, pour entendre. Pas remarqué.

— De l'espionnage?

— Très bon, espionnage. Guetter, apercevoir, surprendre, deviner, savoir!

— Tais-toi!

— Savoir! M'ssi! M'ssi! savoir!

Je donnai un coup d'éperon à mon cheval, qui

prit le galop. J'entendais derrière moi, d'abord
assez loin, puis plus près, puis tout près, le trap!
trap! trap! du poney. Le petit négrillon se trouva
bientôt à côté de moi. « Savoir! savoir! savoir! »
scandait le rythme des galopades. C'était assez
singulier, oui, vraiment, assez singulier : même
quand je me sentais en pleine santé d'esprit, même
quand j'étais lucide, et paisible, sans cauchemar ni
fièvre, même quand je m'apercevais très nettement
que Nyx n'était autre qu'un petit domestique noir,
fort empressé et fort drôle, le fils d'un vieux serviteur et de Da, ma bonne, qui avait accouché de lui
le jour même où je vis l'œil de Baubô dans les
ruines boueuses du puits; même quand il parlait
comme les nègres des vaudevilles, je ne pouvais
m'empêcher d'attribuer à ses gestes de marionnette, à ses mots d'enfant serviable et ahuri, à
toute sa drôlerie épanouie en un gros rire bête et
nul, je ne savais quelle signification inquiétante,
qui venait de loin. Sans doute, je subissais cette
impression... parce qu'il était noir! noir affreusement, comme la nuit où j'avais marché vers les
deux notes plaintives; et parce qu'il avait des yeux
clairs et durs, clairs et durs comme le lorgnon de
Fabien Liberge, comme l'œil de Baubô parmi la
fange ténébreuse...

IV

Dans un angle de l'énorme hall, je me tenais debout, en livrée, tenant haut sur mes deux paumes un plateau où les autres valets, en passant, posaient des verres, en prenaient d'autres.

Et je voyais tout le resplendissant festin.

Sous le balancement du prodigieux drapeau qu'on avait planté entre un incendie de torches au milieu de la fête, — drapeau fait de tous les drapeaux, drapeau si énorme que, dans son perpétuel balancement, il effleurait tous les innombrables convives, — il y avait, chargées de candélabres d'or, et de plats d'argent, et de flacons de vermeil vastes à contenir chacun tout le vin d'une tonne, plus de mille tables en cercle où s'étaient assis, autour d'une table plus haute réservée à l'Empereur, au Roi et au Maharadja, les princes, les généraux, les colonels, les capitaines, et, sans nombre, les simples soldats, toute l'armée, qui, en heurtant les hanaps de métal et en choquant aux assiettes les fourchettes, faisaient encore un bruit de bataille, pendant que, cachés dans des bois de lauriers, des orchestres de cuivre, formidablement retentissants, clamaient en des rythmes de marche la splendide fureur des victoires.

Et les vainqueurs mangeaient et buvaient.

Que mangeaient-ils? Que buvaient-ils?

Suivis de cent garçons de cuisine ployant sous la lourdeur de vaisselles levées, s'avançaient des maîtres d'hôtel, plus grands que les plus grands géants, et, sur l'or large de chacun des plats qu'ils portaient, je vis, comme des cailles autour d'un coq de bruyère qu'on sert orné de toutes ses plumes, des tas de petits enfants morts, et cuits à point, comme croustillants, autour d'un cadavre de général en uniforme. Et, dans les vaisselles moins vastes que levaient les garçons de cuisine, je distinguai, lardés, bardés, bien rôtis, des bras, des jambes, des flancs, des têtes, dans une sauce rouge, qui fumait. Et tous les convives tendaient leurs assiettes. Et des serviteurs, après avoir découpé les viandes, les offraient à la voracité des rayonnants et augustes convives, pendant que des échansons versaient, de hanap en hanap, une liqueur rouge et fumante comme les sauces, et pendant que le retentissement des cuivres secouait la puanteur fumeuse des victuailles montante comme un encens dans les plis flottants de l'énorme étendard.

Et tous mangeaient, et tous buvaient, et ils mangeaient encore et ils buvaient encore.

Quelquefois, ils s'essuyaient les doigts et les bouches au sublime Drapeau mouvant.

Et ils furent ivres, ils furent saouls. Les plus ivres les plus saouls, c'étaient l'Empereur, le Roi, le Maharadja. De temps en temps, ils se levaient de table, lourds, chancelants, leurs glorieux habits tachés de viandes et de graisses ; et ils sortaient de la salle. Je vis qu'il y avait près de la salle un cimetière où une fosse, comme sans bornes, était ouverte, profondément, jusqu'à l'enfer, et ils vomissaient dans la fosse, glorieux ivrognes, des jets sombres d'ichor et des morceaux de cadavres.

FIN DU SECOND CAHIER

TROISIÈME CAHIER

D'ARSÈNE GRAVACHE

Pour Maya.

I

Le mal que je ne voulais pas faire, je l'avais fait tout de même. Mis en bilieuse humeur, sans doute par ma visite qui, comme disent les bonnes femmes de la campagne, lui avait « remué les sangs », ou, simplement, enragé parce que le comte d'Aprenève, à qui je n'avais point parlé, lui manqua de parole (ce sont les gredins, surtout, qui exigent l'honnêteté!), Fabien Liberge, dans un article peu différent d'une cuvette d'ivrogne renversée, avait, — son ignominie parmi celles des autres, — raconté le complot de Georges Lorelys, la complicité du docteur Lecauchois, et ma mère abusée, et ma naissance, et le mariage, quelques mois plus tard, du comte d'Aprenève qui avait fait une bonne affaire! De là, un procès en diffamation gagné par le comte et perdu par lui. Celui que je crus mon père dut se démettre de ses fonctions officielles, renoncer à la présidence de deux ou trois sociétés financières où il avait engagé sa fortune, c'est-à-dire celle de ma mère, se vit réduit à écrire des articles de politique quotidienne dans un journal que quelques-uns accusaient de trop de féroce énergie dans les revendications socialistes, que d'autres soupçonnaient de trop peu de sincérité en ces revendications ; le docteur accepta une place de médecin surveillant dans un de ces asiles de province où les infirmiers, qui font des enfants aux folles, boivent avec les aliénés qui paient la goutte, pour le plaisir de boire, et puis les assomment, pour avoir la paix. Maman, elle, ma maman chérie et fanée, s'était, de bijoux vendus, fait la dot — il lui fallut une dot encore! — que l'on paye pour entrer dans les maisons religieuses de retraite ; et, sans doute, à présent, toute en soie triste, elle brodait à une fenêtre, vers la campagne, en songeant à moi, de si loin… Moi, je m'étais engagé. Ressource du désespoir vers la gloire. Pas même : achèvement de la désillusion dans la discipline ; et toutes les bassesses, — pas énormes du tout, — du tout-les-jours d'être soldat.

C'est un cauchemar en mon lit de chambrée, un cauchemar de fantasque enfant romantiquement lyrique, que j'ai raconté, naguère. Ça c'est le grand de l'Ignoble. Il y a le petit du Laid. Cherchant, trouvant, avec cette impossibilité de ne pas chercher, et cette joie horrible d'avoir trouvé, qui font de moi le plus chimérique et le plus misérable des vivants, je surpris, je connus, je tâtai la petite faute, la petite erreur, la petite lâcheté, toute la petite ombre sur les cervelles et sur les cœurs, d'un drapeau qui n'est pas sublime.... Car je suis bien malheureux! Car je suis bien malheureux! je ne peux pas entrer dans ma chambre, s'il y a, sur un rideau, une tache, sans la voir tout d'abord! et cela me fait tant de peine, cette tache... Un jour, on me prévint que j'étais libéré. On m'avait acheté un homme. En ce temps-là, on achetait encore des « remplaçants ». Qui m'avait délivré? Je sus que c'était Fabien Liberge. A Paris, j'allai le remercier. Il était plus épouvantable à voir que naguère. Oui, plus épouvantable encore. Sa face n'était plus une pieuvre morte, c'était une pieuvre pourrie. Les belles filles se penchaient toujours, en un remûment de volière, vers le fauteuil roulant au dossier duquel met ses longs doigts décharnés la Sœur blanche et grise, de qui les yeux ne savent rien! Il me dit : « Viens déjeuner de temps en temps, si ça t'amuse. Je vais beaucoup plus mal. Je veux dire que ça va mieux. Le docteur Larmandier affirme qu'il est sûr de me tirer d'affaire. C'est-à-dire que je vais être guéri — mortellement. Tu sais, petit, au fond, ça ne m'afflige guère, de crever. L'agonie est une convalescence pénible, mais, la vraie bonne santé, ça doit être la mort. Quand tu ne voudras pas déjeuner, tu diras à Rosine de te prêter cinq louis. C'est elle qui tient la caisse. Ah! ne l'embrasse que dans le cou. Il paraît qu'elle a été imprudente avec des personnes qui, elles-mêmes, l'avaient été. Et c'est Larmandier qui l'a soignée. Rien que dans le cou! Et encore... » Sa bave riait dans la mousse grise de sa barbe de vieux nègre. Oh! j'étais le fils de...! D'ailleurs, je vins, de temps en temps, demander cinq louis à Rosine. J'acceptais cette aumône paternelle, non, je l'avoue, sans une crânerie méchante, et je me faisais appeler Arsène Gravache, comme on porterait à son bonnet une petite cocarde noire, un peu sale, et fière. J'allais, je venais, je regardais, je voyais, je voyais trop... je voyais trop avant! Oh! maudite soit l'abominable Providence, peut-être vengeresse, qui me mit dans l'œil le lorgnon de Fabien Liberge, ou, immémorial, l'œil de Baubô vers la Nuit! Aidé des cinq louis de Rosine, donnant des leçons, pion intermittent dans une boîte à baccalauréat, je vivais tant bien que mal, toujours de plus en plus hagard vers les dessous de la vie, et seulement égayé, — oui, je le dis, il n'y a que lui qui me faisait rire, — par le négrillon, par le petit Nyx. Car il ne m'avait pas quitté. Par je ne sais quel stratagème, il avait trouvé le moyen (toujours habillé de rouge et vert) de se faire accepter comme laveur de vaisselle dans la cantine de ma compagnie. Il me suivit à Paris. Dans l'hôtel garni de la rue Monsieur-le-Prince, où je payais douze francs la semaine une chambre qui s'aérait des cabinets d'aisance, il couchait sur la natte de ma porte, m'éveillait d'un grattement d'ongles simiesque, sautait sur mon lit, s'y asseyait à croppetons, — comme avait fait une nuit, une nuit terrible, un autre Nyx, l'autre Nyx, qui avait parlé avec la voix de ma conscience, que j'avais chassé, qui ne reviendrait jamais plus! Celui-ci, le vrai Nyx, était un bon petit garçon nègre, qui me cirait mes bottines, et, très malin, ne laissait pas entrer les créanciers, et me faisait mes courses. C'est vrai, il ne grandissait pas. Eh bien, ce serait un nain. J'aurais un nain pour domestique. Elégance. Et il était très gentil. Son petit : « M'ssi! M'ssi! » ressemblait à un pépiement de moineau qui s'éveille et qui éveille. Très gentil... J'avais le long des reins une sueur froide quand je le regardais rire... Une seule chose, en toute la noirceur qu'il réflétait en moi, était claire, jolie, fraîche, heureuse comme une aube, ou comme un lever de toute petite étoile, et pareille aussi à une fleur hésitante, qui va éclore, et pareille aussi à une grande fleur palpitante qui s'est épanouie; une seule chose, un seul être, un seul rêve : Myrrhine ! Son Altesse Myrrhine ! Myrrhine ! Myrrhine ! ma petite Myrrhine de la mer et du ciel !

II

Où était-elle à présent! C'est si long, deux ans, trois ans, quand on est si jeune! Sans nul doute, elle n'était pas restée sur la falaise de l'Océan méridional; elle avait dû retourner dans l'île normande, dans l'île presque indépendante, où son père Ernan Ferdoc, vassal de la reine d'Angleterre, était presque roi; dans l'île où les bergères de moutons s'interrompaient de fumer leurs petites pipes pour lui dire : « Bonjour, vous allez bien, Votre Altesse Myrrhine! » Oui, elle était là-bas, parmi les brumes blanches, elle, la seule créature vivante de qui la candeur ne s'était pas éteinte sous la fixité de mon regard, elle était là-bas, dans le mystère d'or et de puissance où s'isolait la vieillesse brutale et étrange, mystérieuse et vaguement devinée, d'une attitude paternelle au fond d'une estampe effacée! Et, je le savais bien, tout ce que j'avais, en moi, de Nyx — pas du petit Nyx, qui va chercher deux sous de tabac, mais de l'autre Nyx, de celui qui n'existe pas, de celui qui seul existe, — s'évanouirait dès que me sourirait, sous sa tignasse de déesse marine, où se mêlent les coquillages roux et les étoiles de mer, l'enfant sauvage et royale, l'enfant simple, l'enfant gaie qui, habillée de toutes les couleurs, et si ingénue, ressemble à un oiseau de paradis qui serait un ange.

Je n'osais pas aller vers elle.

Oh! certainement, elle ne m'avait pas oublié. Elle m'aimait, elle m'aimait. Puisqu'elle m'avait dit qu'elle m'aimait, elle m'aimerait toujours.

Mais, moi, de quel droit irais-je vers elle?

Hélas! je me connaissais, et par les tortures qu'elle m'avait causées déjà, je savais l'épouvantable loi de ma destinée. N'avais-je pas, déjà, imbécilement, soupçonné Myrrhine à cause d'un domestique irlandais qui lui avait dit : « Mademoiselle s'est donc assise sur des algues? », à cause de la gouvernante qui parle avec un accent allemand, à cause d'Ernan Ferdoc à qui il plaisait de descendre, la nuit, dans sa cave? Si je la rejoignais, il m'arriverait, inévitablement, si pure, si simple, de l'outrager encore par quelque infâme épreuve. Non, non, non, je ne voulais pas. Pourtant, quelle douceur ce serait de la revoir, si fraîche, si saine, si sincère, et de laver tout le noir d'un esprit inquiet, — plus inquiet que mauvais, — dans la délicieuse voie lactée d'une âme où il n'y a pas d'ombre.

III

— Hé! hé!
— Hein?
— Dis donc?
— Eh bien?
— C'est pour rire?
— Pas du tout.
— Tu es bien sûr que, si tu allais dans l'île de la mer normande, ce serait seulement pour revoir Myrrhine?
— Tais-toi.
— Parbleu! je le crois bien, que tu voudrais m'imposer silence. Il en est ainsi depuis le com-

mencement de la conscience humaine, cette hermaphrodite. Oui, la conscience a deux sexes : le bien et le mal. Les deux sexes se disputent. Quand ils s'accordent, rarement, ils enfantent...

— Quoi?

— Le pire. Mais toi, tu triches. Tu aimes Myrrhine, c'est certain, c'est entendu, et il serait vraiment extraordinaire que, à ton âge, et ayant, avec une prudence que du reste déplore la moins mauvaise part de toi, évité de baiser Rosine ailleurs que dans le cou, tu ne fusses pas éperdument épris d'une belle créature, mi-ouverte comme un beau coquillage rosé, et fraîche comme le rêve du vent lointain sur la mer matinale! Et tu espères une innocente fraîcheur d'algue sur ta plaie exigeante. Tout de même, penserais-tu, toi qui vas être obligé de demander à Liberge une avance de quinze louis, penserais-tu à aller — il faut prendre le chemin de fer, puis un bateau à vapeur, puis une barque, — jusqu'à l'île seigneuriale, si tu ne te souvenais...

— Non!

— Si tu ne te souvenais qu'Ernan Ferdoc, comme disait Myrrhine, est le plus riche de tous les hommes?

— Exagération d'enfant!

— Si tu ne te rappelais que Fabien Liberge t'a

dit : « Ernan Ferdoc a gagné la moitié d'un milliard en... »

— N'achève pas !

— Oh ! oui, oui, tu voudrais ne pas être sûr de ce que tu as cru entendre.

— Assez.

— Soit. Bouche les lèvres de ta conscience, comme tu as bouché ses oreilles. En réalité, tu n'as rien bouché du tout. Tu as entendu et tu vas entendre. Tu sais, ou tu vas savoir. Et, malgré la gouvernante allemande, de qui l'œil, une fois, t'étonna, malgré le domestique irlandais, géant gras et blanc, qui remarque la verdure des algues aux jupes, et du père qui fait peut-être de l'or dans ses caves, tu as envie du mystère de fortune et de gloire qui est autour d'Ernan Ferdoc. Mais il ne te déplaît pas de le vouloir parmi le rayonnement d'une vierge de lumière et de pure grâce.

— Je l'aime, elle seule !

— Ah ! ah !

— D'ailleurs, je ne la verrai plus. Je n'ai pas le droit de la revoir. Je l'ai injustement soupçonnée, je l'ai outrageusement éprouvée, je suis indigne des consolations et des espérances qu'elle me donnerait.

— Bien. Tu vas prendre le train.

— Non.

— Puis le paquebot.
— Non.
— Puis une barque.
— Non.
— Pourquoi entres-tu dans ce café ?
— Pour boire. J'ai soif.
— Non. Pour savoir l'heure du train.

IV

Par le clair crépuscule, la barque, toute baignée de lumière pâle, glissait sur la mer limpide, vers l'île ! Un vieux homme, pêcheur de la côte prochaine, ramait rythmiquement, une lente chanson aux lèvres. Et le ciel, doucement nuageux, était blanc, et la douce mer était blanche, et comme je je n'avais pas emmené Nyx, — non, je ne l'avais pas emmené, je savais que Myrrhine n'aimait pas à le voir, — tout était blanc, et, là-bas, encore loin, la chère île, l'île de ma Myrrhine, sortait pâle, vague, d'un immense tremblement de brume. Il me semblait que tout, en moi aussi, était doux et blanc. La douceur et la blancheur du ciel se miraient en mon esprit, en mon cœur, en tout mon être, comme dans la mer. J'étais envahi d'une vaste candeur. Peu à peu, de l'ombre monta de tout l'horizon, se rapprocha, se resserra comme une ceinture diaphane, comme une ceinture de mousseline. L'ombre même ne fut pas sombre. Elle ressemblait à de l'ouate vaporisée, et lorsque, écartant à peine d'une hésitante et estompée lueur la transparence molle du ciel, frémirent les premières étoiles, elles furent toutes blanches, toutes blanches, dans la mer aussi, dans la mer si lointement virginale qu'elle était comme le reflet d'un paradis laiteux où palpiteraient à peine d'angéliques perles. O bonne, ô belle, ô profonde mer pure! c'est au fond de toi, par delà la pénétration du regard humain, que rampent en se développant les affreux être longs et lisses qui sont pareils à des vers de terre plus grands que des boas; c'est au fond de toi que s'épanouissent les immondes fleurs, si belles, si visqueuses, qui ressemblent à un mauvais rêve de beauté; et tu as le glissement des algues huileuses comme d'une fonte de putréfactions... Mais je tournai mes regards vers l'horizon. Je regardais sous les étoiles un peu plus claires, blanches toujours, l'île mystérieuse pareille à une vierge en sa parure de brouillard de dentelle. Je dis : « C'est l'île où nous allons ? — Oui, dit le

vieux marin. On la nomme l'île Blême. Nous aborderons bientôt, la côte est peu éloignée. » Je regardais toujours l'île. Je n'en voyais guère, hors des brumes, qu'une hauteur pâle sur laquelle tremblait, comme assise, une blancheur plus claire. Cette blancheur faisait penser à un peu de la nue, qui s'attarderait là, ou bien à une forme de femme qui attendrait une échelle de rayons mi-éteints pour monter jusqu'au ciel. Après un instant : « Quoi ? dis-je, n'abordons-nous pas encore ?
— Il faut, dit le marin, prendre garde à cette grève de sable, si douce. Elle est fort dangereuse. Si l'on met le pied, on enfonce ! on enfonce ! et, même, jamais plus on ne vous retrouve, parce que la nappe de sable est si mouvante, si légère, si fluide, qu'elle se reforme tout de suite au-dessus des enlisés ; et comme elle est partout pareille, on ne vous retrouve jamais. Nous aborderons un peu plus loin, entre des roches. — Mais, dis-je, pourrai-je, d'entre ces roches, gravir jusqu'à la hauteur où l'on voit cette forme blanche ?
— Vous le pourrez facilement. » Nous abordâmes. « Faut-il attendre monsieur ? — Non. — Revenir le prendre ? — Oui. — Quand ? — Après le bonheur. » Le vieux homme éclata de rire : « Autant dire jamais, alors ? » Il s'en retourna dans la barque. Je commençai de monter, par un sentier

doux, puis par de rudes cailloutis, vers la hauteur, dans la blancheur universelle. Et je voyais toujours, plus nettement, la douce forme blanche. J'arrivai tout près d'elle. Je lui dis : « C'est moi. » Elle ne parut pas étonnée. « Je vous attendais, » dit Myrrhine.

V

Je logeais, tout près de la mer, dans la petite hôtellerie où boivent un pichet de cidre les mariniers qui passent; Myrrhine, dès le matin, venait m'attendre; c'étaient, tout le jour, de tendres promenades ou de fougueuses courses à travers l'île de sapins et de précipices écumeux. Et nous nous adorions, les mains jointes comme pour la prière, et sans souci même de l'innocence, ma Myrrhine et moi; nous nous adorions sans penser à nous dire notre amour; comme les fleurs fleurissent, comme les rayons rayonnent, comme il passe du vent sur la mer, inévitablement et délicieusement. Oh! si lointaines, soyez bénies et remerciées, heures de ma jeunesse, où rien, où aucune... (Ah! ah! — tais-toi! — Aucune! te dis-je. — Soit! aucune!) où aucune mauvaise pensée, d'égoïsme ou de luxure, ne me détourna de l'unité de mon jeune bonheur! Et, du bout de ses petits ongles qu'elle approchait, pas trop, de mes lèvres, Myrrhine me faisait des aumônes de paradis.

Elle me dit un soir, en pouffant de rire :

— C'est fait, j'ai eu du courage, j'ai tout dit à papa.

— Tu as osé avouer notre amour à ton père?

— A papa. Je l'appelle papa, parce que, terrible pour tout le monde, il ne l'est pas pour moi, — pas toujours du moins. Je lui ai dit comment nous nous étions rencontrés; le nid de pigeons de mer dans la roche; et les fleurs au casino; et ta maman tout en soie; et les fleurs sur la fenêtre, et tout, et tout. Il n'a pas grondé. Je l'avais pris au bon moment. Après ses premiers grogs. Quand il commence de jurer dans toutes les langues. Il faut te dire, là-bas, dans la grande maison sur la falaise, il était de mauvaise humeur; il n'était pas chez lui; il se cachait, comme un roi étranger; mais, ici, sur cette terre, qui est la sienne, qui est la nôtre, où il promulgue les lois, perçoit les impôts, marie, divorce, absout, condamne, il a la bonne humeur du tout-pouvoir; et il m'a répondu : « C'est de ton âge, Altesse, d'avoir un fiancé, et pourvu que celui que tu as choisi ne soit ni bossu... » — tu n'es pas bossu, mon Arsène? dit Myrrhine en pouffant.

— Non, dis-je, le buste dressé.

— « Ni cagneux... »

— Ah! dis-je.

— « Pourvu surtout qu'il ne soit pas nègre... »

— Nègre?

— Oui, Papa a dit : « Pourvu qu'il ne soit pas nègre. » Je ne sais pour quelle raison, il ne peut pas supporter les nègres. Chaque fois qu'il en voit un, il se met en fureur. C'est curieux, je suis à peu près comme lui, je ne suis pas tranquille quand je rencontre un noir. Ainsi, ton Nyx, tu sais, ton petit Nyx, eh bien...

— Je sais, je sais..., Laissons. Ton père?

— Papa veut bien que tu m'épouses; et il m'a permis de te conduire au château, ce soir.

— Enfin!

J'avais crié : « Enfin! » Pourquoi avais-je crié : « Enfin », avec cette joie violente de passion satisfaite? Certes, j'aspirais avec une ardente espérance à la minute où le père de Myrrhine agréerait nos fiançailles; et l'enchantement des noces futures m'était un ciel où l'on monte en s'agenouillant de délice en délice. Mais il me sembla que, dans le cri : « Enfin », j'avais eu une intonation extraordinairement âpre, différente d'un son de tendresse ; et je chassai, je chassai l'épouvantable idée que, peut-être, je n'étais pas venu dans l'île pour Myrrhine seule...

— Mais, reprit la chère petite, il faut nous dépêcher d'aller parler à papa. Vous verrez, il vous recevra très bien. Seulement, il faut nous dépêcher. Après quatre grogs, il jure un peu, et il est très gentil. Après huit grogs, il jure beaucoup plus, il est encore gentil. Mais, après douze grogs... (Myrrhine riait, riait, les poings aux hanches) après douze grogs, il jure tant, qu'il n'est plus gentil du tout.

Elle pouffait. Je lui pris les mains. Elle me riait près des lèvres. J'avais aux lèvres, à chaque sursaut du rire, le parfum de son âme franche. Et nous allions vers le château, parmi la caresse du soir montant, et le léger passage des branches, et la brume qui s'attarde à une mousseline de manche, et les bruits des nids s'ensommeillant, et toute la traîne de douceur et de rêve qui est le cortège des jeunes fiançailles.

VI

Je vis le château d'Ernan Ferdoc.

Il était au fond d'un énorme trou de granit, aux parois en gradins, d'un trou qu'on aurait pu prendre pour une espèce de maëlstrom pétrifié.

Quant au château lui-même, qu'environnait un parc pareil à un square, il ressemblait à une très vaste maison de rapport, grande, carrée, blanche; seulement cet immeuble était au fond d'un abîme. Nous descendîmes, Myrrhine et moi, plus de cent marches, presque à pic. Elle avait l'habitude. Elle me disait : « Ce n'est pas difficile, bien que les marches soient très étroites. Il faut mettre, l'un après l'autre, les pieds en travers. Les plus étroites marches sont aussi larges qu'une semelle. Et on finit par arriver en bas. »

Nous arrivâmes. Il y avait une grande porte qui ressemblait aux belles portes cochères des maisons nouvellement construites. Myrrhine tira le bouton de la porte. Un battant s'ouvrit. Nous passâmes... Je vis, dans la loge, le blanc géant irlandais, en livrée éclatante. Pourquoi riait-il? pourquoi riait-il en me regardant? Nous passions. Dans le coin le plus éloigné d'une antichambre, l'institutrice allemande était assise sur une banquette. Elle se leva, elle me reconnut, elle me salua, elle me dit, la face toute assombrie par l'ombre du coin : « Bonsoir, Monsieur.... » Pourquoi entendis-je en même temps : « Bonsoir, M'ssi! » comme si le petit Nyx avait parlé, caché derrière la banquette? « Viens! viens! » dit Myrrhine de sa voix claire, de sa chère voix d'éveil, qui était, toujours, comme un époussettement de toutes les ombres. Et nous nous trouvâmes dans une immense salle à manger — bois sombre partout, espacé de peintures vertes, — où sous la torréfiante lueur d'une suspension à cent becs de gaz, rougeoyait, entre du noir et du blanc, entre de l'encre et de la neige, la face rouge d'un vieillard.

Toute rouge.

Les cheveux, comme une coiffe d'astrakan, étaient tout noirs.

La barbe, comme une gerbe de stalactite, était toute blanche.

Mais le visage, au milieu, rouge, les lèvres ouvertes, rieur, faisait penser à une grosse plaie, contente.

Et je ne sais pourquoi, j'eus comme une sorte de vertige, entre ce bord couleur d'encre et ce bord couleur de neige, vers cette face rouge, énorme, qui riait, pareille à du sang pour rire.

Les coudes en chemise entre les flacons renversés qui allaient, immobiles, rouler sur la table, Ernan Ferdoc dit d'une profonde voix grasse :

— Alors, c'est vous, mon gendre? Très bien. Mais, saperment! il ne faut pas croire que vous épousez la fille d'un sans le sou. J'ai tant gagné de batailles, godfordom! pour l'or, que j'ai plus d'or, plus d'or enfin, que personne n'en a sur la terre. Et je veux vous montrer un peu de l'or que j'ai, — la millième part de la dot de ma fille!

Il se leva. Il chancela. Il était ivre. Myrrhine dit : « Il ne faut pas le contrarier. Laisse-le dire. Allons avec lui. » Ernan Ferdoc, haut et large, géant obèse, marchait pesamment entre des meubles où s'étageaient des porcelaines fragiles; c'était comme un passage d'éléphant parmi de jolies fleurs frêles.

Il râlait des sons inconnus, jurons, sans doute, de races ignorées. Mais ces jurons n'avaient rien d'une explosion de colère; ce n'étaient que les éclats sonores des bulles d'une forte et bonne ivresse. Il dit : « Attention! » Il avait poussé une petite porte. Un étroit escalier, qui tourne, apparut. Ernan Ferdoc cria : « Je ne vous prends pas en traître. C'est le tour du propriétaire. » Et il descendit le premier. La porte refermée derrière nous : « N'aie pas peur, dit Myrrhine. C'est une manie de papa. Il aime à faire visiter les caves de son château. N'aie pas peur. C'est très beau. Tu vas voir. » Nous descendions, entendant monter les jurons polyglottes d'Ernan Ferdoc. Nous descendions toujours dans l'ombre, en tournant. Le souffle de Myrrhine m'enchantait les lèvres.

Tout à coup...

Qu'était-il arrivé? Quel magicien, ou bien quelle soudaine et prodigieuse effusion de lumière électrique avait dispersé magnifiquement toute l'ombre? Ébloui, j'avais devant moi comme un resplendissant cloître bâti de monnaies, — un cloître aux arceaux sans fin, où rougeoient en tas d'immémoriales et récentes monnaies; c'était comme les catacombes universelles de l'Or.

VII

J'étais comme noyé dans une épouvante d'éclat. L'idée de valeur, si énorme que dût être cette valeur, s'évanouissait dans l'impression de splendeur. Que toutes ces monnaies, — pavés, murs, plafonds, — fussent de véritables monnaies, ce n'était pas possible ; c'était vrai cependant, puisque c'était évident, et resplendissant! Et, tout éclaboussé, de partout, d'or, je traversais l'idéal de la cupidité humaine.

Ernan Ferdoc s'avisa d'un jeu.

Par l'effet, sans doute, de quelque bouton électrique, il faisait la nuit tout à coup; et c'était la profonde misère des ténèbres; puis, il refaisait la lumière; et c'était la profonde gloire des rayonnements de l'or. Un mouvement de doigt changeait l'infinie opulence en l'infini dénûment; l'infini dénûment en l'infinie opulence; j'étais comme un volant entre la raquette Rien et la raquette Tout; et je haletai : « Grâce! grâce! grâce! »

Ernan Ferdoc eut pitié de moi. Il ralluma la splendeur, ne l'éteignit plus. Et tout l'étincellement de la richesse humaine m'aiguillonnait d'innombrables éclairs d'or.

Mais, imbécile de trop d'admiration, je dis :

— Et, les voleurs?...

Ernan Ferdoc pouffa. Je me retournai. Son énorme face rouge, sanglante et purulente, brillait de joie. On eût dit l'éclat de rire d'un charnier frais.

— Les voleurs! les voleurs! ah! ah! ah! Tiens, je vais te montrer ce qui les attend, les voleurs, s'ils s'aventuraient ici. Écoute. Le pavé, c'est du toc. Les murs, c'est des sous envermeillés. Mais le plafond, partout, tout le long du cloître, le plafond, jusqu'au bout des arceaux, est fait de vraies pièces; c'est du vrai or, du vrai or de tous les pays où j'ai gagné des batailles; et le poids de toutes ces monnaies encastrées dans du plâtre d'or aussi, est si nombreux, si énorme que... — Écoute! Suppose qu'un voleur, et un autre, et un autre, beaucoup de voleurs enfin, se sont introduits dans mes caves d'or; à peine le premier d'entre eux a-t-il mis le pied sur la dernière marche de l'escalier tournant, que j'en suis informé, même endormi, dans n'importe laquelle des chambres du château où je puis me trouver, — dame, on n'est pas riche comme je suis pour se priver de toute commodité, de tout confort, — et, alors, il me suffit de poser le doigt, à droite de la porte, sur une petite rondeur qui ressemble à une pièce d'or, pour que, à la même seconde, s'écroule, sur quiconque a pénétré dans mes caves, tout le colossal plafond de monnaies; et le voleur serait épouvantablement déchiré, rompu, écrasé, enseveli, dans l'espérance de son vol, sous mon opulence sauvée et vengée. Donnerwetter! des fredericks lui crèveraient les yeux, des douros, caramba! lui défonceraient les entrailles et mille millions de tomans et de sequins, par Allah! lui étoufferaient son dernier soupir dans sa bouche trop pleine d'or.

Et Ernan Ferdoc riait, et Myrrhine riait, et je ne pouvais m'empêcher de rire aussi, dans l'éblouissement de l'or, de l'or partout, de l'or superbe, de l'or joli, de l'or généreux, de l'or charmant, de l'or sublime, de l'or subtil, de l'or beau, beau comme... l'Or!

VIII

Ernan Ferdoc et moi, nous étions dans la salle à manger, assis, les coudes à la table. Il y avait sur la table des samovars fumants et de ventrus flacons de rhum. Nous buvions des grogs, en parlant et en avalant la fumée de nos énormes havanes. Ces grogs étaient d'une fabrication peu compliquée ; il suffisait de beaucoup de rhum dans chaque verre et du voisinage du samovar. Ernan Ferdoc avait dit à Myrrhine : « Va te coucher. Laisse-nous seuls. J'ai à causer avec ton fiancé, pour le contrat. Ça ne regarde pas les fillettes, les affaires! Va te coucher. » Myrrhine était partie, après son front aux lèvres de son père, après le bout de ses chers doigts aux miennes. Ah! cette odeur de petite fraise à la roseur de l'ongle de son petit doigt! Elle était partie. Nous étions seuls, Ernan Ferdoc et moi, sous le rayonnement torréfiant, qui fait bouillonner les cervelles, de la suspension aux cent becs. Après trois grogs avalés coup sur coup :

— Mon fils!

— Monsieur...

— On dit : « Commandeur! » Mon fils... A propos, comment t'appelles-tu!

— Arsène.

— Je sais, je sais, Arsène. L'autre nom?

Je dis :

— Gravache.

— Tiens, je pensais...

— Vous pensiez : « d'Aprenève. »

— Juste.

— J'ai changé de nom.

— C'est ton affaire. Ça ne me regarde pas. Pourvu que tu plaises à Myrrhine, ça suffit. Myrrhine, c'est le ciel et la terre. J'ai pour fille le ciel et la terre, et j'ai, pour être gai ou sombre, le sourire de son aurore ou la tristesse de sa nuit. Elle t'aime? alors, je t'aime. Tu l'épouses? tu es mon fils. Je n'ai jamais eu de fils. Si, je crois que j'en ai eu un, sur le navire. Il a fallu le jeter à l'eau, avec les autres.

— Hein! m'écriai-je.

— Bah! bah! c'est des vieilles histoires. Est-ce que l'on se souvient des naufrages après les tempêtes? il y a eu un arc-en-ciel : Myrrhine! Parlons sérieusement, entre hommes.

Trois grogs encore. Puis :

— Je t'ai montré, pour t'amuser, de l'or. C'est un spectacle. Je t'ai donné la comédie, comme font les châtelains, pour divertir leurs invités. La vraie richesse, ce n'est pas l'or maniable, qui coule entre les doigts, comme le sable des grèves, et qui vous écrase si on le vole. La Richesse, c'est, à travers tout l'univers, la Signature, qui vaut. Il y a des pays où il n'y a pas de cuivre, d'argent ni d'or; il n'y en a pas où mon nom ne vaille or, argent ou cuivre. C'est une superstition des commères que, même en une très obscure tour aux opaques murs sans lucarne, pénètre tout de même la lueur de l'éclair : la lueur d'or de mon nom pénètre jusqu'aux plus profondes noirceurs des ténébreuses misères. Et « Ernan Ferdoc » s'écrit partout avec des lettres de foudre. Mais la toute-puissance de la richesse, ce ne serait rien du tout, si ça ne servait à rien du tout. Puisque tu vas être mon gendre, il faut que tu me connaisses.

Puis, solennel :

— L'excès de l'or, dit Ernan Ferdoc, n'a d'excuse que le Bien.

— Monsieur ! criai-je.

— Eh bien ?

— Vous dites cela ?

— Oui.

— Vous pensez cela ?

— Oui !

Je bâillais, extasié. Il but un grog encore. Il frappa, de la phalange de l'index, sur un timbre de cristal.

— Tu vas voir, dit-il.

Et il répéta :

— L'excès de l'or n'a d'excuse que le bien.

J'attendais, ne sachant ce qui arriverait. Il ajouta :

— C'est justement l'heure de mon courrier.

— Votre courrier, dis-je, dans cette île ?

— Oui, par câbles. J'ai fait établir des câbles sous-marins qui me mettent en correspondance, à toute heure, avec tous les pays de la terre.

Un jeune homme entra, maigre, chétif, pâle, en frac, correct.

Il dit :

— Courrier de France.

— Lisez.

— « Paris. Vieille prostituée, ivrognesse, trois enfants et deux petits-enfants. »

— Sacré nom de nom! câblez cinq cents francs.

— « Poissy. Condamné libéré. Après dix ans centrale. »

— Mille francs. Ah! attendez! Quel crime?

— Vol...

— Pas un sou!

— ... A main armée.

— Deux mille francs.

— « Noirfonds. Grève filatiers. »

— Cent mille.

— Commandeur?

— Quoi?

— D'après les renseignements, les grévistes sont dans leur tort. Ils gagnaient très suffisamment...

— Chacun d'eux gagnait-il autant que le patron?

— Oh! non, évidemment.

— Cent mille.

— Mais, Commandeur, ils ne sont que dix...

— Eh bien, ils deviendront patrons et je subventionnerai leurs grévistes!

— « Paris. Vieux comédien. »

— Dix mille. Et, tous les mois, cinq cents. Minute!

— Commandeur?

— Comédien, qui faisait pleurer?

— Non, Commandeur, un comique.

— Trente mille !

— « Jeune homme de lettres. Trois tentatives suicide. »

— Tentatives... pour de vrai ?

— Bonnes références.

— Du talent ?

— On le dit.

— Secours en nature. Un revolver en or. Non, non... Si ma fille m'avait entendu ! Elle ne me pardonne pas ces plaisanteries-là. Secours en nature, mais voici : crédit à la Maison-Dorée, appartement meublé aux Champs-Elysées, l'hiver; villa, l'été, à Etretat; et belle maîtresse, payée d'avance, pour un an, fidèle, s'il tient à chanter l'amour heureux; infidèle, s'il préfère chanter le désespoir d'amour. Notre correspondant, pour la différence de prix, traitera de gré à gré avec la dame.

Ernan Ferdoc, de rire, se roulait le ventre sur la table, entre les bouteilles et les verres renversés. Combien de grogs avait-il bus ? je ne saurais m'en souvenir. Avec n'importe quel flacon, il remplissait, n'ajoutant que rarement de l'eau chaude et du sucre, n'importe quel verre, souvent demi-brisé, et il buvait, les bords aigus du cristal aux lèvres, il buvait, buvait, énorme face saignante, entre la coiffe noire des cheveux et la blancheur mousseuse de la barbe, il buvait, bouche béante, horriblement et burlesquement pareille à ces gueules de la foire rudement peinturées et qui s'écarquillent pour recevoir des boules.

Je regardais, j'écoutais, j'admirais, j'avais peur.

Parut un autre secrétaire, non moins correct, aussi maigre, en frac strict. L'air d'une petite marionnette toute noire, qui serait sortie du mur.

— Courrier d'Angleterre, dit-il.

— Blady Deval ! Lisez !

— « Londres. Dans une ruelle, à côté du Marché-du-Petit-Chiffon. Une espèce d'hôtel. On y dort...

— A la nuit?

— A l'heure.

— Hein?

— Oui, à l'heure, On entre, on dort, une heure, ou deux ou trois. C'est tant par personne et par heure. Il y a des clients très riches, quelquefois, qui dorment jusqu'au matin.

— Pas élégant, cet hôtel?

— Une étable de porcs à plusieurs étages d'auges. Pour lits, en bas, du briquetage défoncé, et, plus haut, le plancher crevé, avec des moisissures, d'anciennes vermines dans les fentes du bois; et la puanteur de tout le tas et de tout le grouillement de toutes les loques du Londres immonde entre par des lucarnes sans vitre.

— Qui vient là?
— Des enfants.
— Des enfants!
— Oui, commandeur, des ménages...
— D'enfants?
— Des ménages d'enfants. C'est la spécialité de cet hôtel. Des petits mendiants, fillette et garçon, elle, sept ou huit ans, lui, onze ou douze, forment des couples, et s'en vont mendier par la ville. Assez souvent, ils travaillent ensemble. Pas toujours. Quelquefois, la petite va seule. Alors, elle ne mendie pas. Elle suit des messieurs qui lui font signe. Elle n'entre pas dans des maisons; pas même sous des portes. Non, elle se tient droite, contre le mur, retrousse vite ses haillons, les rabaisse plus vite, clin de jupe en un clin d'œil. Rien de plus. Salaire : six pence. Puis elle rejoint son petit mari qui a mendié, et ils vont boire. Quand ils sont soûls, ils rentrent ensemble à l'hôtel, près du Marché-du-Petit-Chiffon. Ils louent du sommeil pour une heure. S'ils ne peuvent pas en louer pour deux personnes, le petit mari attend dans la rue que la petite femme ait fini, ou bien ils partagent; quand celle-ci a sommeillé un instant, celui-là prend la place ; c'est une tolérance du patron de l'hôtel, qui est très riche, et qui est un brave homme. D'ailleurs, il y a cette règle que, tous les samedis, toutes les nuits

des samedis aux dimanches, les petits clients habituels, les petits ménages réguliers, ont le droit de dormir ensemble, du soir jusqu'au point du jour, deux à deux!

— Ça s'aime, ces mioches?

— Quand une des petites meurt, son petit crève avant huit jours. On sait ça. Si on les enterrait, il n'y aurait pas besoin de refermer la fosse.

— On ne les enterre pas?

— On les jette, mêlés aux ordures. La voirie, à cause des loques effilochées, comme des poils, croit que c'est des chiens.

— Pas de mères?

— Si. Vendues.

— Pas de pères?

— Si. Pendus.

— Et qu'est-ce qu'ils mangent, ces gamins et ces gamines?

— Ils ne mangent pas, ils boivent, de temps à autre. Lorsqu'ils crèvent, on ne sait pas si c'est d'être à jeun ou d'être saouls.

— Goddam!

— Commandeur?

— Câblez à Londres que, immédiatement, on distribue cinq livres à chaque enfant mâle ou femelle qui se trouve, à cette heure, à l'hôtel du Marché-du-Petit-Chiffon. Non, dix livres, si c'est une femelle. Et vous ordonnerez qu'on achète et qu'on démolisse la maison. Sur les ruines, on bâtira une espèce de palais, énorme, qui ressemblera à une boutique de joujoux. Mais toutes les chambres seront de vraies chambres, assez grandes pour un ménage d'enfants; et toutes les bergeries seront pleines de vrais moutons, pour les petites familles qui voudraient se retirer à la campagne. Et l'on fera des rentes à tout le monde, même aux moutons. Je veux aussi qu'on donne la comédie aux enfants et aux bêtes. Des marionnettes leur joueront l'histoire de Punch et de Judy, pour les amuser et pour leur apprendre à vivre, pour qu'ils sachent qu'il faut boire! Et, dans le palais des joujoux, il faudra laisser entrer tous les autres vagabonds, jeunes ou vieux, et, s'il reste de la place, ils pourront amener avec eux, pour que tout le monde ait son lit, sa pitance et son amusement, les chats des rues, les rats des égouts et les petits chiens aussi, même enragés, qui bavent!

— Combien? demanda le secrétaire, une plume en l'air.

— Cent mille livres. Plus, s'il est besoin. Après?

— De Londres encore. L'épouvantable, l'énorme, l'incoercible ivrognerie misérable... Vomissement qui n'a pas de pain.

— Que faire! que faire! Ah! je ne suis pas assez

riche! gronda Ernan Ferdoc dans le rhum secoué en vagues rousses du grog où il sacrait. Un seul moyen. Écoutez!

— Commandeur?

— Les Sociétés de tempérance d'Angleterre et d'Amérique sont des Sociétés commerciales?

— Non.

— Vous ne me comprenez pas, Blady Deval! Elles payent des loyers, achètent des meubles, ont des frais généraux, et, naturellement, en sociétés soigneuses de leur capital, elles ne payent pas comptant. Commerciales, vous dis-je.

— Très honnêtes.

— Commerciales. Eh bien! on se procurera, à n'importe quel prix, tous les effets souscrits, à n'importe quelle occasion, à n'importe qui, par toutes ces Sociétés; on ne les présentera pas à l'échéance; mais, cinq ans après, on les présentera tous à la fois! et les sociétés ne pourront pas payer! et elles seront mises en faillite. Les ivrognes, du moins, auront des cauchemars moins sobres.

— Oui, Commandeur. En Irlande...

— Ah! qu'ils ne se fient pas aux bateaux anglais. Pas de bateaux anglais. Tout bateau anglais, pour l'Irlandais, a une trappe. Qu'on envoie, au port de partance, mes meilleurs navires avec mes meilleurs capitaines, et qu'il y ait, dans chaque cabine, avec un sac de pommes de terre, un sac d'argent, et le bon conseil d'aller loin, qu'Ernan Ferdoc envoie à ceux qui souffrent!

— Crédit?

— Illimité.

Un autre secrétaire était entré.

— Italie, dit-il.

— Corpo di Bacco!

— Rome. Un couvent d'Angelines. Très pauvre. Poursuivi par des propriétaires juifs.

— Juifs?

— Oui, Commandeur.

— Juifs de paille de propriétaires chrétiens? Passons. Alors, les Angelines?

— Sur le point d'être expulsées.

— Qu'elles se laissent expulser! Je les dote.

— Elles ne veulent pas rentrer dans le monde.

— Qu'elles aillent au diable.

— Mais, Commandeur...

— Ah! qu'on paye leurs dettes, puisque ça les amuse de prier dans leur vieille maison fermée, ces petites. Il faut que tout le monde fasse ce qu'il veut. Est-ce qu'il y a quelqu'un qui s'aviserait de m'empêcher de boire, surtout quand je n'ai plus soif?

— Naples.

— Ah! non.

— La misère est grande, les lazzaroni sont en

haillons, les petits enfants sont tout nus, des jeunes filles n'ont pas de chemises...

— Le beau malheur, si elles sont jolies! Naples n'a pas le droit de se plaindre. J'ai été pauvre à Naples, comme j'ai été pauvre partout, avant d'être riche partout. A Naples. le plus gueux est riche. Il a le vrai or, qui est le soleil! Et on n'a jamais faim, quand on n'a jamais froid. Se vêtir, manger, à Naples, ce n'est pas des besoins, c'est des luxes; et si les Napolitains veulent absolument que je fasse quelque chose pour eux, eh bien, que, tout le jour de la fête de saint Janvier, on distribue gratuitement, à toute la populace en ferveur et en joie, des oranges de Sicile, et des pastèques roses et vertes et des coquillages de mer, dont l'eau est fraîche!

Ernan Ferdoc continuait de boire, énorme face écarlate entre les cheveux très noirs et la barbe très blanche. Un quatrième secrétaire :

— Russie.
— M'a-t-on obéi?
— Oui, Commandeur, mais...
— M'a-t-on obéi, dis-je?
— Oui...
— A-t-on, de village en village, fait voyager des pauvres, des gens ayant l'air de pauvres, et laissant, de leurs bissacs, devant la porte de chaque masure, tomber des pièces de monnaie, que la femme ra-

masse le matin, croyant que le bon Dieu a fait pleuvoir des aumônes?

— Oui, Commandeur.

— A-t-on aussi, après des avis envoyés dans les villes sibériennes, et dans les bagnes plus lointains, a-t-on aussi, dans des rochers, creusé des trous où peuvent trouver asile des voyageurs d'hiver, et, çà et là, à des points reconnaissables par des signes convenus, enterré des conserves, qui donnent de la force aux marcheurs, et des fourrures qui garantissent des ankyloses par le gel, et des armes avec lesquelles on se défend contre les gardiens qui poursuivent?

— Oui, Commandeur. Mais, l'argent...

— Est-ce que j'en manque? Est-ce que je n'ai pas tout l'argent du monde? Allons, j'ordonne; que tout soit fait comme je veux. Et toi, dit Ernan Ferdoc à un autre secrétaire qui entrait, allons, parle?

— Courrier des Indes.

— Eh bien!

— Famine. Des troupes errantes d'affamés lèchent les pierres et mangent le sable.

— J'ai dit d'envoyer...

— On a envoyé, par les meilleurs steamers, par les plus sûres caravanes, tous les froments qui, partout, à tout prix, ont pu être achetés. Mais les envois ne sont pas parvenus à destination; les affameurs ont volé au passage le pain des affamés.

Ernan Ferdoc, ivre-mort, mais solennel et terrible, épouvantablement rougeâtre, cracha, comme à la fois, tous les jurons de toutes les races, et, debout, en un chancellement d'énorme bête :

— Qu'on ne leur envoie plus de pain... à ceux qui ont faim! Qu'on leur envoie, sous la surveillance d'une armée qui ne permettra pas les vols, qu'on leur envoie des fusils et des canons, et des cartouches et des obus. Il ne sera pas dit, tant qu'Ernan Ferdoc pourra boire un grog, que des hommes auront souffert sans vengeance. Qu'on leur envoie, au lieu de pain, des armes! et, s'ils sont cent mille, qu'on leur expédie deux cent mille fusils, parce que des gens qui veulent se venger et être libres doivent se battre avec les deux mains!

IX

Ernan Ferdoc éboulé sous la table, je m'enfuis éperdu, épouvanté, ébloui cependant, — moi-même ivre peut-être, — à cause de cet ivrogne qui distribuait l'or sur toute la terre, comme un nuage, partout déchiré du vent, crève en pluie; et il me semblait que j'avais assisté aux justices d'un dieu fou.

— Eh bien?

C'était Myrrhine qui me parlait, sa main tout de suite à mon épaule. Elle ne s'était pas couchée. Elle m'avait attendu. Elle me riait. Le ciel était si clair, et semblait si proche avec toutes ses lueurs, et

Myrrhine était si brillante, que je crus qu'elle avait dans sa tignasse hautaine, en place des coquillages et des astéries de jadis, des étoiles, de vraies étoiles, — petite Anadyomène céleste. Je criai :

— Je t'adore !

Elle demanda :

— Mon père ?

— Un insensé, extraordinaire, sublime peut-être !

— Oh ! sublime, crois-le, mon amour !

A vrai dire, cette exaltation me choqua un peu. Plus d'une fois déjà, j'avais remarqué la tendance de ma fiancée à vanter son père outre mesure ; elle y trouvait peut-être comme un plaisir de se vanter elle-même. Elle n'était pas dépourvue de vanité, non, elle n'en était pas dépourvue. Même dans le désordre apparent de ses toilettes brutales et fantasques, dans le coup-de-poing de ses cheveux n'importe comment, il y avait une espèce d'impertinence, princière. « Ça serait toujours assez bon pour tout le monde ! » Et il était sûr aussi qu'elle s'enorgueillissait d'être souveraine dans une île et d'être appelée « Votre Altesse » par les bergères de moutons, qui fument la pipe dans les prés. Très vaniteuse, sûrement. Et n'avais je pas cru remarquer, en elle, quelque froideur, ces jours derniers, depuis qu'elle savait mon nouveau nom, mon vrai nom ? Elle avait bien voulu épouser le fils légitime du comte d'Aprenève, illustre homme d'Etat; peut-être se souciait-elle moins d'avoir pour mari le fils naturel de Fabien Liberge? En outre, ne se demandait-elle pas, à présent, si je ne la « recherchais » point à cause de l'énorme fortune de son père? Ç'aurait été épouvantable qu'elle eût cette pensée! Mais, moi-même, était-je bien sûr qu'elle aurait eut tort de l'avoir? Une fois, Nyx m'avait dit... Triple imbécile! il n'y avait pas de Nyx, il y avait la nuit, toute illuminée d'heureuses étoiles sincères, et qui ne ressemble pas du tout à Nyx ; il y avait Myrrhine et moi, dans la rayonnante ombre claire, Myrrhine et moi, jeunsse, amour, hymen. Et j'emportai ma chère dans les vastes et pures ténèbres. L'escalier de granit vite escaladé, nous fûmes dans l'azur même, sur la cime de l'île, éventés par le balancement lent des arbres qui remuaient des traînes ou des manches de brumes agrafées, aux branches, d'étoiles. Des crevasses énormes de la montagne, bouillonnaient en blancs tumultes les hérissements des gouffres, avec, tout autour, — comme, autour d'une danse orgiaque et démoniaque, la paix mouvante d'une écharpe d'almée, — l'harmonieux silence lumineux de la mer nocturne. Et j'enlaçai délicieusement ma fiancée. Nous étions plus haut que le plus haut des arbres, sur une roche, dans l'air sublime. Ainsi, c'était vrai, cette enfant simple et fière, jolie et superbe, mon pur amour, mon ardent amour, serait à moi ; et, avec elle, me serait donnée par l'or, énorme, par l'or auguste, par l'or sacré, la Toute-Puissance pour le Bien. Double rêve dont aucun mortel n'étreignit jamais la réalisation si proche ! Sous l'incommensurable et resplendissant ciel d'astres, pas plus riche qu'Ernan Ferdoc, j'adorais et baisais les yeux de Myrrhine, plus belle que le ciel.

X

Ernan Ferdoc décida que notre mariage aurait lieu le premier jour du mois de septembre. Septembre, c'est l'avril de l'automne ; il y avait eu déjà assez de tristesses dans ma vie, — par ma faute ! par ma faute ! — pour que je voulusse bien mêler un peu de mélancolie à la plus grande des joies. J'avais écrit à Fabien Liberge ; son consentement était nécessaire. Il me le donnerait sans résistance et sans rien demander pour ça ; le monstre à qui je devais le jour et devrais la nuit, — car, enfin, on naît, mais on meurt, — poussait le mépris de lui-même jusqu'au désintéressement. Je ne jugeai pas à propos de consulter la comtesse d'Aprenève. « Mère non nommée », c'étaient les mots qu'il y avait sur mon acte de naissance. Puis à quoi bon la troubler dans la retraite qu'elle s'était choisie, ma pauvre maman toute en soie fanée? La reverrais-je jamais? Oui, peut-être, quelque jour, quelque triste jour. Savais-je si elle n'avait pas choisi la bonne part, si sa chère main tendre ne me ferait pas bientôt le signe vers le seul port de consolation... Mais ma jeunesse triomphait dans le plus beau des rêves, j'allais être le gendre d'Ernan Ferdoc et le mari de Myrrhine!

Un matin, tandis que, assis sur la grève, nous regardions les petits flots menus monter, descendre, remonter jusqu'à nos pieds, et que nous écoutions le battement immense de la mer, écho universel de nos petits cœurs d'enfants, je dis à Myrrhine :

— C'est curieux, cependant.

— Quoi? dit-elle.

— Qu'on ne sache pas du tout où ton père a gagné toutes ses richesses.

— Mais si, on le sait.

— Eh bien où?

— Dans des batailles.

— Dans quelles batailles?

— Ah! je ne sais pas, dans des batailles, contre de mauvaises fées, contre des géants.

— Il n'y a pas de géants, ma chérie.

— Il n'y en a plus, parce que papa les a tous tués! dit Myrrhine en éclatant de rire; mais il y en avait pour que papa eût la gloire de les vaincre.

— Est-ce que ton institutrice t'a raconté les victoires de ton père?

— Non. Elle ne sait pas l'histoire moderne. D'ailleurs, elle ne sait pas non plus l'histoire ancienne. Elle ne sait absolument rien. Elle a un accent étranger, il paraît que ça suffit pour être institutrice. Et si tu ne m'avais pas appris à aimer, j'ignorerais tout.

— Cher beau trésor! Mais, moi, j'ai eu un savant maître, le docteur Lecauchois, j'ai feuilleté bien des livres, jamais je n'ai entendu ni lu le nom de ton père.

— C'est que les gens sont jaloux de lui! Ils ne parlent pas de lui, parce qu'il a trop de gloire! dit Myrrhine en tapant des mains.

— Oui, peut-être... Fabien Liberge, je me rappelle, a dit un commencement de mot, la première syllabe d'un mot...

— Quelle syllabe?

— Je me souviens, et je ne me souviens pas. Je ne suis pas sûr d'avoir bien entendu. Il a dit,.

— Il a dit?

— Rien. Laissons cela. Toi, Myrrhine, parle, tu ne sais rien, vraiment, quant à ton père !

— Je sais que c'est un vainqueur, un héros!

— Oui, oui. Tu ne sais pas autre chose?

— Je crois que c'est bien assez! Qu'est-ce que tu veux de plus?

— Mais...

— Eh bien?

— Toi, toi-même, tu n'as jamais rien remarqué d'extraordinaire?...

— Non...

— Qui pourrait mettre sur la voie de?...

— De quoi?

— De rien. Pourtant, dis, quant il a fini de boire ses grogs...

— Il n'a jamais fini! dit Myrrhine, les poings aux hanches et riant comme une fillette dans la cour de la récréation.

— Enfin, quand il est tombé sous la table, ivre-mort...

— Il n'y reste pas! dit Myrrhine fièrement, il se relève, et alors, c'est tout une autre chose qui commence.

— Quelle chose?

— Ah! Je ne sais pas bien. Je ne sais que ce que j'ai entendu raconter par les domestiques.

— Il reste seul?

— Oui. D'abord. Je crois qu'il est seul. Je ne suis pas sûre. Moi, je dors, naturellement. Mais, tout de même, des fois, j'ai entendu des bruits, des bruits. C'étaient comme si beaucoup de gens dansaient tous à la fois dans une chambre ou sur le pont d'un navire.

— Et il n'appelle personne!

— Oh! on n'entendrait pas, il y a trop de bruit. Mais il paraît que Patrik...

— Patrik?

— Oui, l'Irlandais, le grand domestique.

— Ah! ah! celui qui est gras, celui qui est blanc!

— C'est vrai, tu as raison, il est très blanc et très gras. C'est vilain.

— Eh bien, Patrick?

— Patrik entre dans la salle à manger et il soigne papa. Souvent, mon institutrice vient avec lui.

— L'Allemande?

— Elle n'est pas Allemande. Elle dit qu'elle est Allemande, pour être bien accueillie dans les maisons françaises.

— Et après?

— Après? Mais je ne sais rien de plus. Sans doute ils font boire du thé à papa qui doit joliment en avoir besoin. Je te raconte ce que j'ai entendu dire. Puis mon père va se coucher.

— Où?

— Dans la cave.

— Dans la cave?

— Oui, c'est une manie qu'il a. Quand il a fini de boire, il descend l'escalier tournant que tu connais, il se promène parmi tout son or, un candélabre dans chaque main, et il tombe par terre. Et il s'endort. Et, dès le matin, bien réveillé, de belle humeur, il est le plus héroïque, le meilleur et le plus charmant des papas, puisqu'il nous marie! acheva Myrrhine.

Je haletais.

— Myrrhine? dis-je, une angoisse dans la voix.

— Que veux-tu?

— Est-ce qu'il serait possible de voir et d'entendre ton père, les soirs, quand il a fini de donner des ordres à ses secrétaires?

— Quand?...

— Oui, quand il ne reçoit plus que l'Irlandais et l'Allemande?

— Ce ne serait pas bien difficile. Il suffirait de rester, dans l'allée du jardin, devant l'une des fenêtres de la salle à manger.

— Myrrhine! Ce soir! Je veux...

— Je veux ce que tu veux. Je te conduirai. Seulement, rappelle-toi l'histoire du petit garçon qui fut reçu au Paradis parce qu'il n'avait pas même vu la bosse de son camarade! Quant à papa, je suis tranquille. Il ne peut ni rien faire ni rien dire qui ne soit admirable, — même après tous les grogs. Ce soir, ce soir, c'est convenu.

Nous marchions le long de la mer; nous montâmes une côte, en plein soleil. Tout le sable était d'or. Puis, ce fut un champ de chardons en fleurs. Myrrhine se serrait contre moi, bavarde et délicieusement tendre. Je lui répondais, un peu distrait. Un instant, retourné à cause d'un bruit, je vis mon ombre derrière moi, sur le champ fleuri. Elle me parut plus longue et plus noire que de coutume.

XI

Nous guettions, Myrrhine et moi.

Non. Je guettais seul.

Myrrhine, papillon de jour, toute de soleil même dans l'ombre, courait après les papillons de nuit, et elle happait des ailes de ténèbres dans sa petite main d'aurore.

Mais, moi, je guettais.

On avait tiré, presque jusqu'à les joindre, les volets de la fenêtre; on n'avait pas, à cause de la grande chaleur d'août, fermé la fenêtre elle-même; de sorte que, les deux genoux dans le cailloutis de l'allée, devant la croisée au rebord très bas, je pouvais voir presque tout, et tout entendre.

Et Myrrhine faisait près de moi un bruit d'enfant rôdeuse, qui encercle comme un bruit d'abeille, et qui m'isolait de l'énorme bruit de la mer environnante.

Je voyais Ernan Ferdoc.

Dans la vaste salle à manger, de bois sombre espacé de peintures vertes, sous le centuple écrasement lumineux des becs de gaz, je vis, entre les chaises renversées, et sous la nappe retroussée, comme après une nuit d'orgie, je vis des pieds, des jambes, et, énorme, un ventre, et, soulevée d'un barreau de chaise, toute une face de sang, entre du blanc et du noir, quelque chose comme du crime entre le drap et le palissandre d'un lit. J'eus l'impression d'un assassin qui cuverait le litre de vin bu après le coup. C'était horrible.

Mais je savais de quelles grandeurs, extravagantes, grandeurs tout de même, était capable cet ivrogne, et j'attendais quelque sublimité peut-être?

Je mens.

Oui, en écrivant ceci, après tant d'années, je mens.

Ce n'était pas quelque chose de sublime que j'attendais; c'était quelque chose d'infâme que j'espérais! et, seul, le papillon-Myrrhine troublait, d'un bruit de petite aile d'idéal, l'attention forcenée, acharnée, abominable, dont je guettais le mal. Il me fallait le mal! Je bayais vers lui! J'étais l'amoureux, l'amant du mal. Je l'aimais vraiment, je le désirais, comme on aime, comme on désire une maîtresse. Je lui aurais donné des sérénades! Je l'aurais enlevé dans une gondole! J'étais le Roméo de la Juliette-Monstruosité! et, lui-même, le baiser de Myrrhine, certain, ne me détournerait pas de l'ignominie d'Ernan Ferdoc. possible.

Maman! maman! Ma maman toute en soie, à qui j'ai fait tant de peine! pardonne-moi! Et, vous, Myrrhine, que j'aimais tant, à qui j'allais faire tant de peine, vous qui alliez mourir, à cause de la peine que je vous ferais, pardonnez-moi. Je ne suis pas méchant. Je n'étais pas méchant! Ce n'était pas ma faute, c'était à cause de l'œil de Baubô, c'était à cause du lorgnon de Fabien Liberge, — le lorgnon qui est dans les ruines de la citerne et qui regarde la nuit.

Ivre d'amour pour le mal, j'attendais...

Ernan Ferdoc, ramenant ses jambes, s'aidant de la nuque au barreau de la chaise et des mains au parquet, se souleva péniblement.

Chose assez particulière : debout, il ne chancela point; il marchait d'un bout à l'autre de la vaste pièce, d'un pas de soldat le long du mur de la caserne, d'un pas de capitaine sur un pont de navire, s'arrêtait à la table pour avaler un grog, recommençait de marcher, était calme.

Myrrhine, rapprochée, câline, me dit :

— Tu vois, il est tranquille, papa.

— Oui, tranquille.

Elle se remit à courir après les phalènes.

Ernan Ferdoc, tout en marchant, donnait des ordres. A qui? A personne. Il était seul, il donnait des ordres, et, changeant de voix, il se répondait à lui-même, d'un ton d'obéissance.

— Lieutenant!

— Commandeur?

— Bruit dans la cale.

— C'est les petites qui se plaignent.

— Quel âge?

— Trois ans, quatre ans.

— Il fallait les laisser.

— On ne pouvait pas. Elles tètent encore.

— Après?

— Les mères seraient mortes.

— Sevrées, à la mer!

— Oui, Commandeur.

— Les hommes?

— Résignés. Mais ils trouvent qu'on ne leur donne pas assez à manger. Ils voudraient de la viande.

— Il ne meurt donc personne?

— Si fait, Commandeur, il est mort, hier, deux vieux nègres, on les a lancés par-dessus bord...

— Des conserves perdues, lieutenant! Sont-ils anthropophages, oui ou non, les noirs de la côte de Guinée? eh! bien, qu'ils mangent leurs morts. Economie pour moi, régal pour eux. Et, même, je les autorise à se manger entre vivants, pas dans les parties indispensables au travail! Le nègre, ça se raccommode avec du singe.

Tout à coup :
— Lieutenant!
— Commandeur?
— Mettez la chaloupe à la mer.
— Combien d'hommes?
— Quinze.
— Des bons?
— Des mauvais. Ceux qui violent!
— Alors, les meilleurs, Commandeur?
— Farceur! embarquez! je vais avec vous.

Alors, ce furent, comme si Ernan Ferdoc, à lui tout seul, avait été quinze assaillants et cent personnes résistantes, une ruée d'assaut, — des chaises contre des chaises, — et des cris de guerre et des cris de désespoir, et, enfin, un énorme geste triomphant de l'ivrogne, qui, d'une seule main, semblait mettre tout le monde dans sa poche.

Derrière moi, j'entendais un souffle, précipité,

secoué, comme à petits coups d'horreur. Myrrhine me dit dans l'oreille :

— Arsène, je t'en prie, tu as eu tort, je ne comprends pas, je ne sais pas ce qui arrive... tu as eu tort... rappelle-toi le petit garçon qui gagna le paradis...

— Eh! qu'ai-je besoin de ton paradis? criai-je, j'ai le mien!

Je l'avais, en effet, épouvantable, le paradis de l'horreur, le paradis de l'infamie totale; la vision de l'homme voleur d'hommes et de femmes, et vendeur d'hommes et de femmes, comme de bêtes au marché. Ah! saurais-je jamais si ce furent alors des tortures, ou des délices, que j'éprouvais? J'éprouvais, effroyablement, et complètement, quelque chose dont, toujours, j'avais eu besoin : j'assouvissais un idéal.

J'écoutais, j'écoutais encore. Ernan Ferdoc, après un grog, disait à un interlocuteur imaginaire:

— Ah! monsieur le marquis, malgré toute la bonne volonté du monde, je ne saurais consentir à si bas prix. Notez que c'est de la marchandise de premier choix. Il y a vingt-trois filles de onze ans qui sont encore vierges.

— N'importe! Vos prétentions sont exagérées.

— Vous ne savez pas les peines qu'on a. Je ne parle pas des vaisseaux anglais qui gênent le commerce ; on s'arrange avec les capitaines; il y en a qui sont très accommodants, d'autres moins ; enfin, on s'arrange ; mais les nègres deviennent extrêmement exigeants, ils crient si on leur emporte leurs enfants, et leurs femmes crient bien plus si elles sont mal violées! Enfin, monsieur le marquis, c'est un métier fini.

— Qui vous a déjà rapporté deux ou trois cent millions, Commandeur!

— Non, quatre cents, monsieur le marquis. Prendrez-vous un grog avec moi ?

Ernan Ferdoc but le grog qu'il offrait, et le sien, et un autre, et un autre.

— Quatre cent millions, hurla-t-il, dont je paverai et plafonnerai ma cave !

Et il tomba comme une masse, sous la pesanteur, peut-être, de l'énorme somme évoquée.

Myrrhine dit :
— Partons!
— Non !
— Partons !
— Non ! attends !
— Partons, dit-elle, tu ne sais pas, tu ne peux savoir ce qui se passe en moi. Je deviens folle. Je n'aime plus rien, plus personne, ni mon père, ni toi. Partons.

— Non, je reste.

— Je pars.

Je me tournai vers elle. Sous la clarté du ciel, elle tremblait toute avec des mains en avant, si blanches, si frêles, si puériles, qui étaient terribles.

— Je reste, répétai-je.

— Eh! bien, je resterai aussi, dit-elle, mais nous n'irons pas dans le paradis...

Ce mot m'épouvanta. Nous n'irions jamais dans le paradis?...

Eh bien, après? le beau malheur!

Au surplus, un mot d'enfant, sans importance, rien de plus qu'un mot d'enfant.

Je me retournai, je regardais, les coudes au rebord, vers la salle à manger.

Ernan Ferdoc s'était assis devant la table. On n'aurait point cru qu'il était ivre, tant il semblait paisible, grave. Il avait je ne sais quelle apparence de grand dignitaire en un pays de féerie burlesque et farouche.

Maintenant, il y avait, à sa droite, debout, Patrick, le domestique irlandais, et, à sa gauche, obséquieusement inclinée, l'institutrice allemande. Tous deux, ils tenaient leurs mains posées sur des paperasses liées de cordon et cachetées de cire.

L'institutrice dit, d'un accent de wurtembergeoise :

— Le Commandeur s'est un peu fatigué, ce soir, en lançant ses hommes sur la côte d'Afrique...

— Et en vendant ses noirs au marquis de Bartavilla, dit le valet avec l'accent d'un maquignon de Dublin.

— Et il ferait peut-être bien...

— De boire deux ou trois tasses de thé...

— Avant de s'occuper...

— De choses sérieuses.

— Tonnerre de mille millions de nom de dieu! hurla Ernan Ferdoc en faisant, d'un coup de poing fermé, sonner toute la table et toute la salle, et le rebord de la croisée, où je m'accoudais! Est-ce que vous n'allez pas bientôt finir de me parler avec ces accents de vaudeville? Je ne m'appelle pas Ernan, je m'appelle Fernand. Je ne m'appelle pas Ferdoc, je m'appelle Codfer, ou Coup-de-Fer, comme on disait quand j'étais garçon coiffeur chez le perruquier, au fond de la cour, de la petite rue Vieille-du-Temple. J'ai fait mon chemin, c'est vrai, parce que j'ai eu l'idée, une fois que j'avais volé une montre, à Marseille, de m'embarquer mousse sur une goélette qui allait et venait, là-bas, sans entrer dans le port, et de qui on disait, dans les cabarets, qu'on n'y demandait pas leurs papiers aux matelots. Et je suis parti. Un mousse comme j'étais, c'est de la graine de capitaine...

— Et de Commandeur! dirent respectueusement l'Irlandais, puis l'Allemande.

— Et de Commandeur, ma foi oui! Quant à vous, je ne sais plus où je vous ai rencontrés. C'est vrai, vous avez raison, je suis un peu gris, ce soir. Tout de même je me souviens... Je crois que Patrick, nageant en pleine mer, s'évadait d'un bagne; il demanda à être emmené comme nègre! Il offrait, ancien vaincu des révoltes de Paris, de se noircir; il offrait aussi de trahir les camarades qui n'avaient pas été condamnés avec lui. C'était à considérer, cela. Un garçon intelligent! On ne peut pas toujours vendre rien que des noirs. Quant à toi, femelle, tu n'as jamais navigué que sur des casquettes à trois ponts. Mais je t'aime tout de même, à cause de l'Algérienne. Ah! je me la rappelle, l'Algérienne, à Toulon. C'était, bien sûr, la plus chic de ton établissement. J'avais déjà de l'argent, n'est-ce pas, alors? Eh bien, tout de même, je n'allais jamais ailleurs que chez toi, à cause de l'Algérienne. Même, à un voyage, je l'ai mise dans ses meubles, et, pour lui prouver mon estime (Ernan Ferdoc se tordait de rire), je lui ai fait un enfant, Myrrhine, la belle petite Myrrhine qui est maintenant plus riche que les archiduchesses de l'empire d'Autriche et de Pologne!

J'entendis derrière moi une plainte pareille, — si

on peut dire, dans le souvenir — à la fin d'une âme.

Mais je ne me détournai pas. Je regardai devant moi. J'écoutai devant moi, par l'entre-bâillement du volet, vers l'horreur !

Ernan Ferdoc, en la condescendance un peu solennelle d'avoir trop bu, continuait :

— Eh bien ! puisqu'on se connaît, puisqu'on sait d'où on vient, voilà une bêtise de se parler, chez soi, comme si on se rencontrait dans le monde. Allons, toi, sans accent, dis les choses.

L'institutrice dit :

— Il est arrivé de l'argent.

— Beaucoup ?

— Ce qui était convenu.

— Bien.

— Mais ils se plaignent.

— Ils se plaignent ?

— Oui. Ils trouvent que les communications sont trop lentes ; que votre séjour dans l'île les prive de renseignements immédiats.

— Imbéciles ! Mon séjour ici est précisément ce qui me permet de leur communiquer des renseignements sûrs et prompts. On ne se défie pas du vieux maniaque que je suis, riche solitaire dans dans une île anglo-normande. Enfin, ils sont contents ?

— Oui. Puisqu'ils ont payé.

— La Citadelle du Nord?

— Photographie excellente. Quant à l'extérieur. Le photographe est très habile et très brave. Il a failli être fusillé.

— Il faudra l'augmenter.

— Inutile. Dans le traité, il y a une rente pour sa veuve.

— C'est juste.

— Mais, pour le dedans, rien de précis. Des bavardages d'artilleurs, à qui on paie à boire, et qui ne disent rien.

— De braves gens?

— Des niais.

N'importe. Tout va bien, puisque la somme est arrivée. Combien?

— Cent soixante mille. Un chèque à mon ordre, sur la Banque royale de Jersey.

— Vous avez touché?

— Oui.

— En or?

— Selon vos ordres.

— Bien.

— Mais, je dois vous dire, durant le trajet, de Jersey jusqu'ici, en barque...

— Hein?

— Beaucoup de monnaies d'or sont tombées dans la mer.

— Et dans ta poche, voleuse !
— Et dans ma poche.
— Ça ne fait rien. Ce qui reste suffit. Où est-ce?
— Dans une valise. Sous la table.
— Sous la table?
— Allongez le pied. Vous toucherez la valise.
— Ah! oui, oui. L'or est dans la valise?
— Oui.
— Allons, c'est bien, c'est bien. J'irai tout à l'heure porter la valise dans la cave. C'est bien, c'est bien.
— Je puis me retirer !
— Non. Pas encore. J'ai à vous parler.
— Patrick attend.
— Eh bien! attendez qu'il ait fini d'attendre, dit Ernan Ferdoc, d'un ton qui ne veut pas être désobéi.

Il se tourna vers Patrick :
— Toi, je parie que tu n'as rien reçu?
— J'ai reçu dix mille Livres, Commandeur.
— Papier?
— Or.
— Le change?
— Ah! Commandeur, ça, c'est mon petit bénéfice.
— Tu as reçu dix mille Livres?
— Oui, Commandeur.
— L'Angleterre est devenue folle?

— Elle est reconnaissante. Vous ne pouvez pas vous imaginer l'explosion de joie qu'a produite, il y a deux jours, à Londres, la nouvelle de ce navire qui sombra, avec sept cents Irlandais.

— Sept cents!... C'était un grand navire.

— L'un des vôtres.

— Je sais bien. Il faudra complimenter le pilote. Il a dirigé sur un écueil? S'il est mort, une rente à sa veuve. Ça doit être dans le traité.

— Non, vous ne devez pas de rente. Le pilote est noyé. Ce n'est pas lui qui a causé l'accident.

— Ce n'est pas lui! Voilà donc comment je suis servi! Un de mes navires, chargé d'Irlandais, sombre, et ce n'est pas mon pilote qui le fait sombrer? Quelle confiance voulez-vous que, désormais, les gouvernements européens aient en moi!

— Commandeur, vos fidèles serviteurs, bien payés, ont réparé la faute commise. Le pilote, qui avait trop bu, sans doute, n'était plus en état de remplir ses devoirs; les hommes de l'équipage, voyant ce dont il retournait, ont jeté par-dessus bord tous les Irlandais; d'après la dépêche que je reçois, il y avait une vieille qui surnageait avec des petits à la gorge et à la nuque; on lui a lancé un morceau de graisse pour que les requins aillent de ce côté-là!

— Bon!

— De sorte que, en Angleterre, on est très satisfait. Seulement, on demande que vos vaisseaux, à l'avenir, fassent naufrage pas trop loin des côtes; comme ça, les braves gens qui sont à bord, prévenus, auraient toujours le temps de gagner la terre à la nage; il n'y aurait que les émigrants de noyés.

— Réclamations absurdes! Je traite par têtes de cadavres, sans distinction de nationalités. Et ce n'est pas de ma faute si des gens qui étaient avertis du « malheur » n'ont pas été assez malins pour s'y dérober.

— Vous avez raison, Commandeur.

— Comment! je fais tout ce que je puis pour assurer une catastrophe, qu'on m'a demandée, à laquelle je me suis engagé — qu'on doit me payer selon le devis! la catastrophe a lieu, elle n'épargne aucun de ceux qu'elle devait détruire, et l'on se plaint? Qu'a-t-on à me reprocher? la mort de trois ou quatre imbéciles, qui ne se sont pas retirés à temps, après avoir tourné la manivelle du désastre? Voici une étrange affaire. Je suis responsable, — oui, responsable, — de tous mes employés, banquiers, gens de lettres, attachés d'ambassades, pick-pockets de Londres, rôdeurs des banlieues de Paris, arrêteurs des trains d'Amérique, et traîtres qui rôdent autour des citadelles et des remparts des villes frontières, et je suis, dans cette île qui m'appartient, où nul n'a le droit de pénétrer sans que je l'y autorise, où je bats monnaie, où je reçois (la Reine d'Angleterre étant saluée!) les redevances, où je marie, où je divorce; je suis, dans cette île, on ne sait quel formidable Arétin politique et social, toujours ivre, toujours lucide, et plus riche que les plus riches banquiers du monde, par ma double, par ma triple, par mon abominable et innombrable industrie! Ah! certes, n'importe quel honnête homme, — mais il n'y a pas d'honnête homme, ni de Dieu! s'il y avait un Dieu, est-ce que je vivrais encore? — a le droit de me cracher au visage. Mais, enfin, je ne suis pas responsable, en un cataclysme si bien ordonné, et qui a réussi, de deux ou trois personnes qu'on ne m'avait pas désignées tout d'abord pour en être exceptées!

— Ne vous irritez pas, Commandeur, l'Angleterre a payé.

— En effet.

— Bien que (entre nous) sept ou huit Irlandais soient parvenus à se sauver à la nage.

— Comment a-t-elle eu son compte de morts?

— En surélevant le nombre probable des femmes enceintes, nous lui avons fait entendre raison. Mais, en Russie, on n'est pas content.

— Pas content!

— Pas content.
— Pourquoi?
— Parce que les ours blancs n'ont pas été empoisonnés.
— Je ne comprends pas. Il fallait que les ours blancs?...
— Commandeur, vous comprenez très bien.
— Non.
— Ou bien, ce soir, vous n'avez pas assez bu de grogs pour être en possession de toute votre intelligence. Vous avez assez bu, certes, pour être ivre! pas assez pour être lucide; et il y a un point d'ivrognerie chez vous, où vous n'êtes qu'un pauvre esprit.
— Jamais!
— Si fait. Et un pauvre homme. La preuve, c'est que j'ose vous insulter, moi qui dépends de vous. Mais je ne suis pas inquiet. Vous allez reprendre, dans un instant, après avoir bu quelques grogs de plus, votre perspicacité accoutumée. Je poursuis. On n'a pas mis assez de strychnine dans les conserves offertes aux fuyards sibériens.
— J'avais recommandé...
— Ces pharmaciens sont si économes.
— J'avais ordonné...
— On ne vous a pas obéi. D'ailleurs, vous avez un peu triché. Je me souviens. Vous aviez, pour un

traité plus lucratif avec l'Universelle Société Pharmaceutique de Calcuta, consenti à un poison moins actif. De sorte que les exilés russes, en fuite, ont eu des coliques, mais ne sont pas morts.

— Comment l'a-t-on su?

— Je vous l'ai dit. Par les ours. On guettait, naturellement, aux endroits indiqués par des marques convenues. Les ours, après le passage des fuyards, ont bien dû manger quelque reste des provisions; et on n'a pas trouvé leurs cadavres.

— Je n'avais pas pensé à ça.

— Commandeur, vous avez sauvé des ours, et des hommes, malgré vous! Mais le gouverneur moscovite vous en veut pour d'autres raisons encore. Dans les trous de rocher, où il devait y avoir des fourrures...

— Eh! bien, il n'y en avait pas.

— Si, il y en avait!

— Il y avait?...

— Assurément.

— Il y avait des fourrures dans des trous de roche?

— Oui.

— Qui les y avait mises?

— Ce n'était pas des fourrures très précieuses : c'étaient des peaux de bêtes peu rares, qu'on tue fréquemment dans les contrées sibériennes. Ce n'est pas luxueux, c'est assez chaud. Ça fait plaisir aux tremblants de froid, par la douceur qui pénètre comme un cataplasme caressant et nourrissant aux grêles ventres creux... et on va plus loin!

— Quoi! les évadés sibériens ne sont pas morts de froid?

— Que voulez-vous, Commandeur, il y a des chasseurs charitables.

— Des gâte-métier! Le commerce est perdu, si des amateurs s'en mêlent.

— Parfaitement. Nous avons eu toutes les peines du monde à faire entendre à Son Altesse que vous n'étiez pour rien dans la charité de ces fou... ...es qui nuisent à la bonne cause... Enfin, on a payé.

— A la bonne heure.

— Tout de même, voulez-vous que je vous dise, Commandeur? le commerce des noirs est fini, comme vous le disiez au marquis de Bartavilla; je crois que le négoce des blancs est sur le point de finir aussi; et il faudra vraiment trouver quelque autre gredinerie.

— Assez! Vous qui vivez du pain que je vous fais gagner...

— Erreur, Commandeur! c'est vous qui vivez du pain — ah! il n'est pas propre! — que je gagne pour vous. A vrai dire, si j'avais pu le gagner tout seul, même dans l'ignominie, je me serais bien passé de vous. Bien des fois, j'ai pensé, quand vous

vous promenez dans l'île, à vous pousser dans un de ces trous d'écume d'où on ne remonte pas. J'ai aussi songé à mettre dans la théière de vos grogs...

— Je les bois sans eau!

— Ou dans les flacons, des plantes qui sont fort mauvaises; il en pousse, dans l'île, en quantité, des mauvaises plantes; c'est comme un pays du Sud, ici; il y a des palmiers en pleine terre, et des herbes très terribles, comme aux bords des marécages très chauds. C'est étonnant, les poisons qu'on pourrait faire, rien que par des infusions.

— Ah! vraiment?

— Mais quoi! dans toutes les nations d'Europe, vous êtes une honte très bien achalandée, et, en tenant compte de mes profits, il m'a paru préférable d'être votre premier commis que le chef d'une maison rivale, qui ne réussirait peut-être pas? Voilà pourquoi j'ai mis, dans un sac, sous la table, à côté de la valise...

— Sous la table?

— Oui.

— A côté de la valise?

— Tâtez.

— Oui, je sens.

— C'est pourquoi j'ai mis sous la table la somme convenue.

— Tu as gardé ta part?

— Oui.

— Va-t'en, dit Ernan Ferdoc.

L'institutrice, levée de sa chaise, dit :

— Oui, allons-nous-en.

— Non, toi, dit Ernan Ferdoc, reste.

Patrick s'en alla. L'Allemande voulait le suivre.

— Reste, te dis-je.

Il glissa. Enfin, après avoir tant bu, il s'avouait ivre. Debout, il tombait. Tombé, il avait une si grande peine à se mettre debout que l'institutrice dut le saisir par les deux aisselles, et le hissa, péniblement, sur une chaise.

Il dit :

— Ne t'en va pas.

— Qu'est-ce que vous voulez ?

— Je suis saoul.

— Oui, comme tous les soirs.

— J'ai à te parler. C'est vrai, c'est vrai, je suis saoul. Eh bien j'ai à te parler. Tu te rappelles l'Algérienne ?

— Oui. Après ?

— Elle était jolie, n'est-ce pas ?

— Est-ce que je sais ? Tu le sais mieux que moi. Je ne suis pas un homme. Je vendais des femmes, oui ; mais si tu crois que les marchands regardent leur marchandise !

— Enfin, tout de même, elle était jolie ?

— Tout le monde disait que oui.
— Eh bien, tu ne trouves pas que...
— Que?
— Que...
— Eh! achèvez donc!
— Que Myrrhine....
— Que Myrrhine ressemble à l'Algérienne?
— Oui!
— Parbleu! si elle lui ressemble! Comme une fille à sa mère.

— Mais, tu sais, Commandeur, poursuivit l'institutrice, Myrrhine, ça ne nous regarde pas. C'est quelqu'un que ni toi ni moi nous ne pouvons comprendre! Tu as fait cette enfant-là un soir que tu étais ivre, dans l'Algérienne, qui ne valait pas mieux que toi, et qui devait être ivre aussi! Il est né une espèce de rêve de vos deux ivrogneries. Ça ne nous regarde pas.

— Si, ça me regarde! dit Ernan Ferdoc à tel point rouge, entre sa barbe de stalactite et sa coiffe de crins noirs, que je crus que du sang allait lui perler des pores.

— Tais-toi! dit l'Allemande.
— Non, dit-il, tu te trompes. Tu te fais des idées. Tu me prends pour un méchant homme, pour un libertin. Tu te trompes. Veux-tu boire un grog?

— J'ai déjà bu.

— Quand ça?

— Je bois le matin, dans mon lit. Est-ce que tu t'imagines que, avec les métiers que je fais depuis quarante ans, j'aurais encore le courage de vivre, si je n'étais grise avant de me lever?

— Alors, tu es saoûle?

— Toujours. Quand il faut l'accent allemand, je bois du kirsch.

— Assez drôle. Écoute. Myrrhine...

— Non.

— Myrrhine...

— Non! non! non! Cette petite-là, ça n'est pas de la chair comme la tienne, comme la mienne. Cette petite-là, elle n'a pas même de pudeur, tant elle est innocente. Tu ne sais pas ce que je crois? c'est que, dans le lit où vous avez cru la faire, toi et l'Égyptienne, il y a eu un ange qui épousait une vierge. Puis, Myrrhine est née. Vous avez été la laide apparence du mystérieux péché d'un ange avec une vierge.

— Tu ne sais pas ce que tu dis. Ça ne m'étonne pas, puisque tu bois. Écoute, te dis-je.

— Assez!

— Tu te figures de vilaines choses. La preuve que tu as tort, c'est que je marie Myrrhine avec Arsène Gravache.

— Oui, oui...

— Qu'est-ce que tu as à dire? je ne les marie pas?

— Si fait. Il est gentil, le petit..

— Bête!

— Quant à Myrrhine, tu sais, je la laisse courir, partout, avec son fiancé, tant qu'elle veut, ça la regarde, c'est leur affaire, ce n'est pas du mal, le bien qu'on se fait l'un à l'autre, quand on a de la jeunesse et de la santé, et quand on s'aime. Mais, pour ce qui est de te laisser entrer dans la chambre de Myrrhine, la nuit, n'y compte pas, — c'est une idée que j'ai. Je t'empêcherai d'entrer. Foi de malhonnête femme, j'aurai cette honnêteté-là.

— Tu t'emportes! tu t'emportes! Si je m'emportais aussi, où en serions-nous bientôt? Tu ne m'entends pas du tout. Est-ce que tu supposes que, moi, un brave homme, — tu sais bien que je suis un brave homme...

— Oui, un saint!

— Non, un bon homme, au fond; et tu crois que, moi, un bon homme, tu le reconnais toi-même, je voudrais être l'amant de ma fille? Voilà des idées! Seulement, n'est-ce pas, à cause de l'Algérienne que j'aimais bien, à cause de la mère de Myrrhine, à cause de sa mère (tu vois!), ça me ferait plaisir, pour comparer, sans entrer dans la chambre, caché derrière une porte où derrière une vitre, de voir, quand elle se déshabille, quand elle se met au lit...

— Brute ! hurla l'antique entremetteuse.

Puis, tout à coup, éclatant de rire :

— Dis, est-ce que tu te contenterais d'un coffre?

— D'un coffre?

— D'un coffre en bois.

— Pourquoi faire?

— Pour te mettre dedans.

— Un coffre, dans la chambre de?...

— Oui.

— Mais, d'un coffre, on ne voit rien.

— Si, on voit, quand on a pris la précaution de percer des trous dans le bois pour regarder, et pour respirer.

— Ah! oui, oui! s'écria, en essayant de se dresser, l'écarlate et suant ivrogne.

— Seulement, reprit l'institutrice, dans un rire mal retenu, il faut que je te raconte ce qui est arrivé à quelqu'un — à quelqu'un de ton âge, justement, — qui s'était mis dans un coffre troué çà et là, pour voir ce qui se passerait dans la chambre. Une vieille dame, une de mes amies, qui avait une filleule presque aussi jolie que Myrrhine, avait consenti à lui montrer la petite, et s'était fait payer d'avance.

— Tout ce que tu voudras, tout! tout! je te le donnerai!

— Dès que le monsieur fut dans ce coffre : « Attention! la voilà! » dit-elle, et elle s'assit sur le couvercle. En même temps avec son mouchoir déchiré, et avec ses doigts, elle bouchait tous les trous du coffre. La fillette, par la chambre, sans se douter de rien, allait et venait, retirait ses bas, changeait de chemise. Tu ne peux pas t'imaginer comme elle était jolie à voir. La vieille dame, — les doigts toujours dans les trous du coffre, causait avec la petite qui riait, qui riait, sans savoir! Souvent, il y avait des sursauts dans le coffre. Le monsieur voulait lever le couvercle, la vieille appuyait davantage, bouchait les trous plus hermétiquement. Enfin, la petite se coucha. « Bonsoir, marraine! — Bonsoir, ma fille! » Après la bougie soufflée, l'enfant s'endormit. Le lendemain, on trouva dans le coffre le corps du monsieur qui était mort étouffé, et qui n'avait rien vu.

L'institutrice ajouta :

— J'ai encore le coffre. Si vous voulez en essayer?...

— Va-t'en! va-t'en! va-t'en!

Une rage de sang lui sortait des yeux.

— Des yeux pareils, dit-elle, ça ne pourrait même plus voir!

Elle s'évada en criant :

— L'or est sous la table.

Il était énorme et horrible sous le centuple écrasement du gaz. Il tâtait l'air avec ses larges paumes. Il se baissait un peu, sans doute avec l'idée de prendre la valise et le sac qui étaient sous la table. Oui, ses deux mains cherchaient vers le dessous de la table. Mais il vit, devant lui, une bouteille de rhum, débouchée, à demi pleine encore. Son rouge visage bâilla d'un rire sanglant, s'inclina vers le goulot, le saisit entre les dents, le leva, le huma. Presque en même temps, les deux mains, sous la table, touchaient, prenaient, l'une la valise d'or, l'autre le sac d'or ; et il se retourna, et, chancèlant, en la pesanteur hésitante de son obésité, de l'or à droite, de l'or à gauche, et l'ivresse dans la gueule, il se dirigea vers la petite porte, commença de descendre l'escalier tournant, vers les catacombes de l'or.

Une blancheur, légère, me frôla, me dépassa, et, le rebord de la croisée franchi, fut dans la salle à manger. J'eus l'impression, après tant d'horribles noirceurs, d'une brume de lune qui entrerait dans la maison, autour de moi, à travers moi. Et j'étais baigné, intimement, de fraîcheur. C'était ma fiancée qui était survenue tout à coup. Que voulait-elle ? Avait-elle entendu ? Où allait-elle ?

— Myrrhine !

Elle courut à la cheminée, se retourna, s'adossa, une main à la hanche, l'autre tendue vers le bord du cadre de la glace.

— Myrrhine ! répétai-je.

Ah ! mon Dieu ! qu'est-ce qu'elle avait ? Elle me paraissait terrible. Sa grâce, sa belle humeur puérile semblaient devenues de la haine, de la malédiction. Elle éveillait l'idée d'un bouquet joyeux de fraîches fleurs, qu'on aurait tout à coup trempé dans du poison qui se verrait. Et elle était plus épouvantable d'être si jolie.

— Myrrhine !

Elle ne me regardait pas. Elle regardait fixement vers la petite porte qu'avait ouverte Ernan Ferdoc, vers l'escalier qui descend aux caves rayonnantes.

— Oh ! qu'as-tu ? Parle-moi, dis-je, tu m'effrayes.

Sans se tourner vers moi, les regards toujours du côté de la porte :

— Méchant ! méchant ! méchant ! dit-elle en un crissement.

— Qui ? méchant ? Oublie un exécrable cauchemar. Viens. Allons-nous-en. Viens.

— Méchant ! méchant !

— Ton père ?

— Mon père... infâme. Toi, méchant, méchant, méchant, méchant !

— Mon amour! partons.
— Non. J'attends.
— Tu attends?
— Oui.
— Quoi?
— J'écoute.
— Tu écoutes?
— Oui, oui, j'attends, j'écoute. Tais-toi. Laisse-moi écouter.

Moi aussi, j'attendais, je ne savais quoi. Qu'avait-elle? Qu'allait-il se passer? Je l'observais, haletant. Je sentais bien que rien ne pourrait la détourner de son dessein. Quel dessein? Elle était si blême que, couchée, je l'eusse crue morte.

Une petite sonnerie tinta. Quelle sonnerie? De quelle sonnette? Ah! oui, je me souvins. La sonnerie qui, partout, avertissait Ernan Ferdoc d'un pied posé sur la dernière marche de l'escalier vers la cave de l'or; lui-même, en descendant, Ernan Ferdoc avait causé ce bruit.

— Tu vois, Myrrhine, dis-je, ton père s'éloigne. Personne ne saura que nous sommes sortis ensemble, retournons dans les champs, ou vers la grève.

— Méchant! méchant!
— Mon trésor!
— Méchant!

— Viens !

— Crois-tu....

— Que dis-tu ?

— Crois-tu qu'il ait déjà passé sous le deuxième arceau ?

— Ton père ?

— Oui, dans la cave.

— Sans doute....

— Alors, dit-elle...

Je vis son bras se tendre plus fortement vers le cadre du miroir, et sa main remua très vite, comme lorsqu'on appuie à plusieurs reprises sur le bouton d'une sonnerie électrique. Elle appelait ? Qui appelait-elle ? Pourquoi appelait-elle ? Ah ! je me rappelai ! je me rappelai !... Le plafond d'or qui s'écroule, écraseur de larrons... Au-dessous de nous, un immense bruit sourd retentit.

XII

Le bruit s'éteignit longuement, et tout le gaz, soudain. Oh! que venait-il de se passer? Quoi? l'opulence d'Ernan Ferdoc, par la volonté, par le geste de Myrrhine, s'était éboulée sur lui? Il gisait écrasé sous une avalanche épouvantable de monnaies? il agonisait et crevait dans son or?

Plus rien, autour de moi, que l'ombre, très opaque. Je tâtais l'air obscur. « Myrrhine ! » Où était Myrrhyne? Elle ne me répondait pas. Je ne distinguais rien. Pourtant, petit à petit, j'aperçus un peu de bleu pâlissant, vers le point de la salle où s'entr'ouvrait la fenêtre ; et une blancheur, — comme d'un rayon de lune, qui s'évade, — passa. Myrrhine s'échappait. J'eus une grande peur. Après la chose qu'elle avait accomplie, — effrayante petite justicière, — savais-je ce qu'elle tenterait ? l'idée de se tuer, après avoir tué, pouvait la hanter ? Myrrhine ! ma Myrrhine !

Près d'enjamber le rebord de la fenêtre, pour suivre, pour rattraper ma fiancée, je m'arrêtai.

Oui, je m'arrêtai.

Pourquoi ?

Je ne sais plus.

Si, je le sais, mais je ne le dirai pas.

Tu le diras, misérable ! il faut que tu le dises, il faut que tu l'écrives !

Tu t'arrêtas (tandis que Myrrhine fuyait vers la mort, sans doute !) à cause de tout l'or, cimenté de pierreries, qui s'était écroulé sur Ernan Ferdoc, maintenant cadavre.

Quoi ? l'Irlandais, l'Allemande, et les secrétaires, et tous les domestiques, et tous les habitants de l'île, accourus au bruit de l'éboulement souterrain, se partageraient, avidement, les richesses victimaires, s'en empliraient les poches, et s'enfuiraient après ? et moi, moi seul...

Oh ! honte ! honte ! oh ! que j'ai honte ! Plus de vingt-cinq ans se sont écoulés depuis cette exécrable minute, et la honte m'en met encore une sueur froide aux tempes. Mais, en même temps que la honte, oui, en même temps, — tu le diras, tu l'écriras, infâme ! — en même temps que la honte se rénove je ne sais quel orgueil d'avoir cherché en moi, je ne sais quelle joie atroce d'avoir surpris en moi une aussi incomparable ignominie !

XIII

La fenêtre franchie, j'eus beaucoup de peine à gravir l'escalier de granit aux si nombreuses petites marches, — la seule route qu'eût pu suivre Myrrhine. Elle, elle était accoutumée à cet escalier-là. Moi, non, grand garçon maladroit. Et puis, je me sentais très lourd, parce que... Non, non... Eh bien, si, parce que j'avais les poches pleines d'or et de pierres précieuses ramassées à pleines mains dans les suprêmes sursauts d'Ernan Ferdoc...

Mais je me hâtais, maintenant (*maintenant !* monstre !), je me hâtais, pour la rejoindre, pour la détourner du sinistre dessein qu'elle devait avoir conçu.

Parvenu au plus haut de la montée, je regardai, autour de moi, sous l'immensité bleue de la nuit, sous l'immensité étincelante et déserte du ciel, vers laquelle se hérissait, d'entre les montagnes, çà et et là, l'aboiement écumeux d'un gouffre, et où les descentes courbes des étoiles filantes étaient comme les pleurs de lumière de l'éternité désabusée.

Je ne vis pas Myrrhine.

Derrière moi, s'assourdissaient les bruits de la valetaille d'Ernan Ferdoc ameutée autour du cadavre et du butin ; devant moi, de tous les points de l'île, accourait, espacée et se rapprochant comme des convergences de rayons vers un seul point, l'éparse population paysanne et marine. Mais, je ne voyais pas mon amour sous l'énormité éblouissante de la nuit qui, tout autour, laissait pendre dans la mer silencieusement murmurante, les lentes franges vaporeuses de ses brumes.

Je la vis.

Une blancheur vivante avait, de derrière une roche, fui vers une autre roche, disparu, reparu, et, de très loin, oh ! de trop loin, je reconnus Myrrhine. Elle courait vers cette profondeur, dans la crevasse du mont, d'où s'éployaient des baves de remous, et d'où jamais, entre l'étroitesse des granits luisants et suants, n'étaient remontés que des débris de sapins recrachés par le gouffre. « Myrrhine ! Myrrhine ! » Elle était perdue ! elle allait se jeter dans ce strict abîme ! et, même si j'avais pu courir légèrement, je n'aurais pas eu le temps de la rejoindre. Elle hésita sans doute. Elle fut, un instant, sur une hauteur, comme un lambeau de brouillard, qui ne sait où il ira, qui attend un souffle. Elle s'éloigna brusquement, du côté de la mer, toujours courant ; je la vis se diriger vers la rive âprement rocheuse, hérissée à la fois et accore, à laquelle s'adossait l'auberge marinière où je logeais. Myrrhine allait chez moi ! elle me cherchait ! elle voulait être consolée, aimée, caressée, excusée, aimée de l'acte juste et horrible qu'elle avait commis. Je courus plus vite. Je courus vraiment aussi vite qu'il était possible avec le poids qu'il y avait dans toutes mes poches. J'aurais pu le jeter, ce poids. Non. J'éprouvais un plaisir à sentir qu'il m'alourdissait, à constater que j'aurais pu le jeter si j'avais voulu, mais je ne le jetais pas ! j'ai toujours eu, à surprendre un mauvais sentiment, non seulement chez les autres, mais chez moi-même, la satisfaction d'un entomologiste qui épingle une libellule. Mais je me précipitais de tout l'élan qui m'était possible ! Je m'étais trompé. Myrrhine n'allait pas vers l'hôtellerie. Elle tourna à gauche, dans le clair de la nuit, comme une buée de prairie si le vent change. Elle montait, elle montait, par le sentier de houx et de chardons bleus, par le sentier tout blanc, comme d'un reflet de voie lactée, entre les chardons bleus et les houx, vers la cime blême de l'île, vers la cime où je la revis pour la première fois, quand si douloureux déjà d'avoir trop voulu connaître, je vins lui demander de m'être clémente et consolatrice. Oui, certainement, elle espérait que je songerais à venir la rejoindre là où elle avait murmuré : « Je vous attendais, » non loin des roches où j'avais dit au vieux marinier de venir me reprendre « Après le Bonheur ».

Le bonheur ! nous l'aurions, nous l'aurions, oui, si, justement vengée d'un épouvantable père, elle fuyait avec moi, dans la barque qui emmène après le bonheur, avec le bonheur, dans la barque amarrée ce soir-là, peut-être, parmi les écueils de la petite anse.

Je vis Myrrhine, toute blanche, sous la lune pâle dans le ciel d'étoiles ! elle ressemblait à l'illusion d'un ange qui va se poser.... ou qui se renvole...

Elle se renvola...

Je ne la voyais plus. Je montais, haletant, par le sentier de houx et de chardons. Je ne la voyais plus. Mais elle ne s'était pas envolée. Elle avait dû se précipiter.

Eh! bien, le désastre ne serait pas irrémédiable. Elle pourrait être sauvée, elle serait sauvée. Ce n'était pas la vraie, la profonde mer qui montait, là, vers la falaise. Des genoux, des mains, des dents, je me hissai jusqu'à la cime. « Myrrhine! Myrrhine! » Personne. Au-dessous de moi, au loin, l'immense azur de l'Océan tout traversé du ciel, et, tout près, la vaste grève de sable doré, douce, molle, fluide...

Hélas! je me souvins des paroles du marinier : « On ne retrouve pas les gens. Tout se referme au-dessus d'eux. »

Où était Myrrhine?

Là, ou là ?

Eh bien! il fallait!...

Oui, en effet, j'aurais dû me jeter pour essayer de la reprendre, de la sauver.

Non, je ne bougeai point.

Parce que ce dévouement eût été inutile ? parce que je me serais englouti dans le sable sans parvenir à l'en retirer ? Non, pas pour cela. Je ne me sens ni incapable de sacrifice, ni couard. Pourquoi donc ? Eh! bien, parce que... eh! bien, parce que je me réjouissais diaboliquement de noter en moi la possibilité, pas sincère, pas totale, d'une aussi parfaite infamie ! Et j'étais la méprisable et méprisante dupe d'un instinctif idéal à rebours.

Cependant, Myrrhine était morte au fond du sable blond, comme son père dans la poussière d'or, et les étoiles filantes, d'or aussi, pleuraient.

XIV

Myrrhine était sur le lit.

Elle était morte.

C'était sur mon petit lit de l'hôtellerie tout près de la mer. Nous l'avions portée là, le troisième soir après l'horrible nuit, quand on l'eut enfin retrouvée, en s'aidant de planches qui permettent de ne pas enfoncer, et de crocs qui fouillent dans le fluide sable. Elle était là. J'étais seul auprès d'elle. Tous les habitants de l'île se groupaient vers la cave de l'or, sur laquelle, féroces gardiens voleurs, veillaient l'Irlandais et l'Allemande, avec toute la valetaille armée. J'étais seul, assis sur une petite chaise, près du lit. Je regardais le fin drap blanc, souple moule d'albâtre déjà d'une idéale forme, le long duquel descendaient, en leurs manches de neige, les bras aux mains fines; et, entre les deux hauts cierges, sous des retombées de fleurs d'or et de fleurs bleues, qui ressemblaient à une touffe éparse d'étoiles filantes, s'isolait toute la beauté de la vierge morte.

Je ne vous pleurais pas, Myrrhine !

Quelque chose de plus beau, de plus auguste, de plus sublime que la douleur même me pénétrait, me dominait, tandis que je contemplais cette blancheur, cette immobilité, ce sourire puéril et éternel, qui est celui des mortes, sous des cheveux qui n'avaient plus de couleur, qui ne ressemblaient plus à des bandeaux, qui étaient des commencements mi-avoués d'ailes; ces lèvres à peine roses encore de la pudeur d'avoir parlé, et qui ne répondraient plus aux mensonges d'ici-bas; ces yeux clos, comme d'un signe de pur silence, un doigt de petit ange sur la bouche, qui ne verraient plus les laideurs d'en bas, et ce front où s'éterniserait célestement la candeur d'un terrestre lys, — tout ce visage qui était la jeunesse de la Mort vierge. Les ombres qui étaient en moi s'écartaient, se dispersaient, se vaporisaient; j'étais triste, affreusement triste, puisque ma seule amie était morte, je n'étais pas malheureux, car, pour moi, le plus exécrable, le seul malheur, c'était le désastre de sentir en moi une mauvaise pensée. Je n'avais pas de mauvaise pensée, à ce moment. Je pleurais ma fiancée morte. Le bien-être d'une conscience paisible m'envahissait, me charmait. J'étais désolé, sans crime. Je subissais ce déchirant, mais normal supplice d'être crucifié sans remords. Beaucoup de temps, beaucoup de temps après cette heure nocturne dans une auberge de l'île anglo-normande, j'ai vu jouer une pièce où un pécheur se sent pardonné et sent toutes les aubépines du pieux salut refleurir en lui, parce qu'une vierge monta en priant sur une cime, vers une étoile! J'étais comme un Tanhæuser, plus horrible, sauvé d'un plus immonde Venusberg, — oh! l'immonde Venusberg où c'est la hideur qui est la séductrice! — par une Élisabeth plus belle et plus pure! car la sublimité de la rédemption se doit mesurer à la bassesse de la chute. Et je remontais, délicieusement, parmi ma douleur saine et bonne, hors de toutes les saletés de mon instinct, vers l'idéal, comme un noyé, dégagé des boues et des algues agglutinantes, se meut déjà dans l'eau pure et claire, imbue du proche air salubre et libérateur. « Oh! priai-je, délivre-moi, délivre-moi, vierge morte! Comme tu t'es délivrée de la vie, délivre-moi du mal qui est en moi, du mal pire que la vie elle-même, du mal de vouloir connaître, du mal de vouloir savoir ! Je n'ignore pas qu'il est immémorial, ce besoin de la mauvaise science ; et c'est pour avoir voulu être « comme des dieux ! » que les hommes sont comme des bêtes ; car le Tentateur n'a rien inventé depuis le paradis terrestre. Mais moi, plus qu'aucun vivant, et avec des tortures raffinées, épargnes des perversions de tant de siècles, je porte en moi cette irréfutable nécessité de ne pas pouvoir ignorer ce qui fera, je le sens bien, le désespoir de ma joie. Je suis l'envieux irrésistiblement éperdu du revers de son bonheur ! et il faut que je mange les excréments de mon idéal. Myrrhine ! Myrrhine ! Myrrhine ! secours-moi ! toi qui, vivante, ne fus pas souillée même par mes tendresses libertines, même par mes outrages éprouveurs, Myrrhine, qui, morte sur ce lit, entre les cierges, sous les fleurs, est comme le pétale, tombé mais non défleuri, d'une candeur qui ne fut jamais touchée même par l'air de l'aile lointaine d'un papillon d'ombre, Myrrhine, Myrrhine, Myrrhine, secours-moi ! délivre-moi ! et qu'à jamais s'évanouisse de moi la suppliciante convoitise de la laideur, la convoitise qui ressemble, ignoblement, à celle d'un singe happant une puce dans ses poils ou dans les poils des autres singes. Myrrhine ! Myrrhine ! donnez-moi, je vous en conjure, ange à présent paradisiaque, donnez-moi un peu d'idéale ambroisie pour fraîchir mes lèvres mal assoiffées! Myrrhine! je ne suis pas méchant. Vous m'avez appelé : « Méchant! méchant! méchant! méchant! » Il fallait dire : « Malheureux! » et, le répéter, quatre fois n'eût pas suffi, tant je suis malheureux, malheureux! Mais secours-moi. Ote-moi du doute, de la recherche, ôte-moi de l'instinct guetteur d'ordures, même dans la beauté, ôte-moi de la curiosité de l'infâme... Myrrhine! vous qui, vivante, étiez si pure, et qui, morte, l'êtes plus encore, comme de la neige, la nuit! »

Je me levai. J'ouvris la fenêtre.

Pourquoi m'étais-je levé? Pourquoi avais-je ouvert la fenêtre? Des nuées passaient, blanches, pareilles à des fantômes. Il y avait du brouillard sur l'île. On eût dit que des spectres blancs me faisaient signe de les suivre.

Mais, pourquoi avais-je ouvert la fenêtre?

Eh bien! je l'avais ouverte parce qu'on étouffait dans l'étroite chambre, à cause de trop de fleurs; parce que, moi-même, en une abominable prévision, j'avais aspergé de trop de fioles ouvertes le blêmissant repos de Myrrhine. Il y avait des oliviers dans l'île. J'avais mis une petite branche d'olivier entre le pouce et l'index de la morte; il semblait que, de la mort, elle offrît la paix à la terre.

Elle était extraordinairement blanche, d'un blanc

si pâle qu'on eût dit une vierge de cire, vers qui s'agenouille la longue supplication de pèlerins aux bras levés.

Mais...

Quoi?

Oui. Elle était morte depuis beaucoup d'heures déjà. Le vent de la fenêtre n'emporte pas tout.

Je me dressai.

« Tu es l'incorruptible pureté, Myrrhine! tu es la pureté qui s'éternise après la corruption de la mort. Va! va! va! laisse la pourriture faire son œuvre. Elle ne t'atteint pas. Elle ne nous atteint pas. Le rêve que j'ai à peine effleuré à tes lèvres, c'est la psyché de l'immatériel amour! »

J'aurais dû fuir, laissant le corps, emportant l'âme. Je ne pouvais pas. Une force me tenait ici. Ciel! que Myrrhine était belle et blanche! est-ce qu'il était possible que la pourriture attentât à cette blancheur, à cette beauté?

Je ne pouvais pas sortir de la chambre.

D'un doigt tremblant, d'un doigt sacrilège, je tirai le drap qui montait jusqu'au cou de la morte.

Un peu de pâle gorge apparut.

Je tirai le drap, encore...

Il y avait, près de l'aisselle, une rondeur bleue, mouvante...

Hors d'ici! hors d'ici! abominable chercheur de

l'infection humaine! Et je m'enfuis. Et je dégringolai l'escalier, et, tout sanglotant d'un effroyable remords, je traversai le petit débit où buvaient, le dimanche, les mariniers, j'empoignai sur le comptoir une bouteille, je la vidai toute, et je m'enfuis, à travers l'île, et toutes les brumes étaient des spectres qui me poursuivaient!

XV

Je m'enfuyais. Toute l'ile était blanche. J'eus peine à trouver un chemin parmi l'universel brouillard. Vers où me conduirait-il ce chemin? Ce n'était même pas un chemin; c'était, à mon menton, à mes paumes, à mes genoux, l'aspérité offerte d'une escalade; et, une côte montée je ne sais comment, je me trouvai seul dans une immense brume de lait, de lait presque dense, où il me sembla que je nageais.

Là, j'étais seul, éperdu de tant d'horreurs que j'avais fait surgir, moi seul, par avidité du mal, comme un déterreur de trésors met des trésors au jour. Et j'attendais je ne sais quel châtiment.

Une pâleur, plus opaque, me frôla dans la totale pâleur de l'air.

— Hein? dis-je.

Rien. La pâleur passa. Pourtant, il m'avait semblé reconnaître... Qui?... non... voyons!... c'était impossible... est-ce que je devenais fou? Il m'avait semblé reconnaître... quelle idée! les brumes ont de vagues apparences auxquelles l'imagination, amour, souvenir, ou remords, donne de plus précises formes; et celui qui fuit, après une grande émotion, traverse — apparitions — des réminiscences de tendresses, de rancœurs, où il se perd comme dans une forêt magicienne!

Partout, c'était très blanc autour de moi. Très blanc et très terrible. Une brume me frôla encore. « Maman! maman! » Elle n'était plus là. Il n'y avait plus là que le brouillard. Quelle démence de penser que ma mère était dans cette île, m'avait guetté, suivi? Je ne pus m'empêcher de rire de la sotte idée que j'avais eue. Et, nerveusement, je continuai de rire parce que je voyais, tout près, un morceau de brouillard, ébouriffé, qui ressemblait à la barbe du docteur Lecauchois, et parce que deux flocons de brume, encadrant une lueur du ciel, m'avaient fait penser aux favoris du comte d'Aprenève! Et, — ceci, ce fut tout à fait curieux,

— je vis, sous le sourcil d'une plus noire nuée, un rond terne d'étoile, semblable au monocle de Fabien Liberge, semblable à l'œil de Baubô. Je ne m'inquiétai pas de ces hallucinations. Ce sont les ordinaires fantasmagories des ténèbres. J'avais traversé assez de hideurs réelles pour ne pas être alarmé d'une traîne de leurs reflets. Mais, tout de même, les brouillards, autour de moi, prenaient des airs humains, trop visibles. On peut admettre, en s'effrayant, qu'on soit, peut-être, environné de fantômes, mais si les fantômes s'acharnent, se précisent, deviennent en effet comme s'ils étaient de la vie, une épouvante vous prend... ah ! une épouvante, je vous le jure, une épouvante ! Et j'essayai de me dérober, par la fuite, par la fuite plus loin, à la camaraderie des spectres familiarisés.

C'était, partout, le blanc, le blanc profond, le blanc intense, le blanc qui cesse d'être blanc à force d'être l'accumulation de toutes les blancheurs. Et j'errais, l'âme et les bras ballants. Étais-je fou ? Étais-je ivre ? Pendant que je fuyais, je me sentais environné — dans les chimères des brumes — de tout le mal que j'avais surpris en l'humanité contemporaine, de tout le mal que j'avais constaté, ou espéré, en l'humanité ancienne, ou future, de tout le mal possible, —

qu'il m'eût été si doux, et si abominable, de trouver! Va, va, va, fuis! Ta fiancée est morte. La seule pureté de ta vie est morte. Tu as voulu voir les vers qui lui mangent la chair. Tu les as voulu voir. Tu les as vus. Va! va! Tu verras bien d'autres choses. L'humanité, pour te faire plaisir, imbécile, ne va pas cesser d'être voleuse, luxurieuse, meurtrière, et bête. Et, à cause que te fut attribuée la fonction d'être celui qui regarde entrer, sortir et rentrer, tu ne seras que le donneur de contremarques de l'universel péché moderne. Spectateur, tu souffres trop, acteur, tu souffres plus encore. Va-t'en donc, spectateur honteux de voir, acteur honteux d'agir. Ah! n'être ni le témoin, ni le criminel! Avoir en soi la délicieuse inconnaissance! Je fuyais dans le brouillard blanc. Des spectres me suivaient encore. Ce n'étaient plus ma mère, le comte d'Aprenève, le docteur Lecauchois; ce n'était pas Ernan Ferdoc, ni l'Allemande, ni l'Irlandais, ni toute la valetaille, ni Myrrhine elle-même, si blanche, si pure, avec la rondeur bleue et mouvante à l'aisselle; c'étaient des gens, parmi la brume universelle divisée, soudain, sous le vent, et figurée en formes humaines, c'étaient, coiffés de voiles de ténèbres claires, les manches prolongées en brumes et les tuniques perdues dans la nuit, beaucoup de gens qui avaient l'air de me connaître, que je ne connaissais pas, que je reconnaissais! « N'attends pas de pitié, insulteur de ta mère! » soufflaient des passages de nues. Niobé me reprochait maman; une Antigone, brume si légère qu'un souffle eût offensée, pleurait la mort de Myrrhine, et me la reprochait. Et voici que tout l'idéal antique, simple et auguste, suivait, en deuil blanc, mon désespoir d'avoir attenté à sa nouvelle ressemblance! et, comme Caïn sous la malédiction de Jéhovah, je me précipitais dans la déception du rêve des âges et des races!

Et je n'en pouvais plus. Au milieu des ténèbres blanchâtres, qui prenaient des formes de rêves déçus, ou inachevés, je n'en pouvais plus... Et, suivi de brouillards, je continuais de fuir...

Nous arrivâmes, moi et eux, au bord de la crevasse écumeuse, — bon chien de garde du néant, — d'où ne remontent que les troncs de sapins recrachés par l'abîme. Vraiment, je pensai que ce que j'avais de mieux à faire, c'était de mourir. Vraiment, oui, mourir. A qui, ici bas, n'avais-je pas nui? A qui, ici-bas, ne nuirais-je point? Non seulement je n'avais pas l'entière joie de la beauté, de l'amour, du luxe, et du bien, mais, cette multiple joie, j'empêchais les autres de l'avoir! Mon stupide Amour de la perfection — était-il sincère?

— suspectait l'à-peu-près du sublime, et si j'eusse été le bon Dieu, j'aurais empêché le soleil de se lever, parce qu'il a des taches.

Pourtant, c'est si beau, le soleil levant!

Mais les abominables fantômes blancs de mes remords me suivaient à travers l'île vers le strict abîme d'où on ne remonte point; et il me semblait que j'avais, aux talons, la mouvante vermine de la plaie, — de la plaie près de l'aisselle de Myrrhine, — qui me harcelait, me conseillait de me hâter, d'être, vite, de la pourriture aussi! Et le gouffre écumait, gueule blanche, qui lèchera peut-être...

Eh bien! pourquoi non? Pourquoi ne pas mourir? Je n'avais que du mal à subir, — que du mal à faire! Oh! en finir, en finir, tout de suite! Oh! l'espérance que mon âme ne serait pas dans la mort comme une lampe investigatrice, s'éteindrait pour toujours...

— M'ssi!
— Qui est là?
— Nyx.
— Nyx?
— Tu t'étonnes? Je ne t'ai pas quitté.
— Tu ne m'as pas quitté?
— Pas une minute.
— Comment?
— Tu es curieux!

— Enfin, où étais-tu?

— Partout où tu étais. Et tu n'as pas fait de la main, un geste dont je n'aie été le petit doigt.

— J'ai laissé Nyx à Paris. Tu n'est pas ici. Nyx est resté à Paris. Tu es une hallucination.

— Il est bien évident que je ne suis pas ton petit domestique nègre. Je suis..

— Qui que tu sois, je t'échappe! Je vais me jeter...

— Dans ce gouffre?

— Oui.

— Non.

— Oui, te dis-je.

— Non.

— Pourquoi?

— Parce que nous sommes seuls, la solitude et nous. Tu serais capable d'un suicide où il y aurait du monde. C'est une espèce de duel, devant témoins. Contre qui? contre la vie. D'ailleurs, tu n'as pas le droit de te jeter dans ce trou.

— Je n'ai pas le droit?...

— Non.

— Pourquoi!

— A cause de Baubô.

— A cause?...

— ... de Baubô. Est-ce que tu t'imagines qu'elle s'amuse, dans le puits, la Perspicacité noire, avec le lorgnon de Fabien Liberge pour œil, Baubô, ma fiancée, Baubô, l'éternelle regardeuse des trous de lumière qu'il y a dans l'ombre et des trous d'ombre qu'il y a dans la lumière? Elle attend les noces que je lui ai promises. La Nuit mâle épousera le Crapaud femelle. Mais Baubô ne se trouve encore que trop peu jolie. Chaque laideur que tu découvres lui ajoute un diamant noir, pustule nuptiale. Tu as déjà commencé de la parer. Elle ne se trouve pas assez belle. Elle ne juge pas qu'elle a assez de diamants-pustules pour égaler ma nuit d'étoiles noires! Allons, allons, tu as encore d'autres rêves à ravaler! Quelle est cette paresse? et veux-tu que, le jour de notre éternel hymen, ma fiancée entre à l'église conjugale comme une pauvresse, sans joyaux?

FIN DU TROISIÈME CAHIER

QUATRIÈME CAHIER

D'ARSÈNE GRAVACHE

Pour Céléno.

I

Je pensais souvent, très souvent, à cet homme. Je ne me rappelle pas nettement, et, même, je ne me rappelle pas du tout d'où me vint une telle préoccupation. Certainement, ce n'était pas chez Fabien Liberge, — où je hantais encore, — que j'avais entendu parler de lui... Ah! je me souviens. Un après-midi de dimanche, j'étais entré, par désœuvrement, dans un cirque; on n'y offrait pas le spectacle accoutumé; c'était un jour de concert symphonique. Je fus sur le point de me retirer. Je n'aimais pas beaucoup la musique, et j'en étais fort ignorant; j'avais entendu des quadrilles, dansé sur des airs de valse. Je demeurai cependant, parce que la pluie battait les vitres de toutes les couleurs, autour du dernier étage. Il y eut un concerto pour grand orgue et orchestre. Le colossal édifice sonore remplissait tout le lointain de la salle! Je ne tardai pas à éprouver une émotion qui, jusqu'à ce jour, m'était restée inconnue. Des sons qui pleurent, des sons qui aiment, des sons qui espèrent, des sons qui adorent, sortaient immensément de l'orgue tour à tour plaintif, désireur, passionné, désolé, fervent, éperdu comme une forêt-église qui aurait en elle toute l'humanité! Et, en même temps, il me semblait que cette musique, où il y avait tout l'homme avec aussi toute la mer et tout le ciel, émanait de moi seul. Mon âme s'arrachait de moi et s'épandait en sonorités grandioses, universelles. Aux fauteuils, dans les loges, on applaudissait avec un enthousiasme qui se restreignait, qui ne laissait pas de faire penser à ces approbations retenues dont on félicite, dans une cathédrale, un illustre prédicateur. Un petit homme, de derrière l'orgue, s'avança entre les pupitres poliment secoués de coups d'archet, vers le public, et salua. Long, maigre, l'air chétif, cassé en deux par le salut qui se hâte, il avait des favoris grisonnants, — comme en ont certains avoués de province, — et je vis des yeux d'enfant tout bleus, sous des sourcils gris, en touffe drue. Mais il disparut tout de suite. On le rappelait encore. Mon voisin de droite dit à quelqu'un : « Il ne reviendra pas, il n'a pas le temps. Il faut qu'il aille donner sa leçon. » Sa leçon? Le musicien de cette ineffable musique donnait des leçons? à qui donc? à des anges? Mon voisin ajouta : « Il faut qu'il soit à l'institution des Jeunes Aveugles avant quatre heures et demie. » Ainsi, sur des pages à l'impression en relief, il enseignait les notes du solfège à des enfants aux yeux morts. Il devait aimer ces pauvres petits. Il leur rendait le monde par l'ouïe. Je ne voulus pas entendre la fin du concert. J'avais, tout à coup, subi, mystérieusement, — doucement et terriblement à la fois, — une initiation violatrice et jalouse. Je sortis. Longtemps je gardai, frémissant et prolongé jusqu'aux intimités de mon être, comme un écho de génie.

II

Je m'informai.

Un camarade, après m'avoir frappé sur l'épaule, pour m'obliger à m'asseoir, car il parlerait longtemps, me dit :

— Vois-tu, Gravache, sérieusement, puisque tu veux le savoir, le père Josias Stock, le père Stock, comme nous l'appelons en un respect familier, c'est quelqu'un qui ne ressemble à personne, c'est un homme qui est quelque chose de plus qu'un homme; et si Dieu le père ne l'invite pas à déjeuner une fois par semaine, c'est qu'il a peur de le compromettre en le mêlant à des chérubins qui ont fait parler d'eux et à des archanges déconsidérés. Josias Stock est celui qui ignore que le mal existe et l'ombre ; comme il se couche de très bonne heure et qu'il ne s'éveille qu'après l'aurore, il n'a jamais vu de ténèbres, ni dans le ciel, ni dans les âmes ; il croit peut-être que la nuit est une calomnie. Mais, dès le matin, il trotte, il trotte, il trotte, l'air affairé, le collet de la jaquette relevé jusqu'aux oreilles ; il va à son église, où il joue de l'orgue, il parle avec le curé, salue les jeunes mariés, s'incline devant les parents en deuil, ne s'attarde point trop ; il faut qu'il aille corriger les fautes d'harmonie d'un grand seigneur romain qui espère faire jouer une opérette sur le théâtre particulier de Sa Hautesse le Sultan ; il faut qu'il aille expliquer la théorie des accords à ses élèves du Conservatoire de Courbevoie, car les Élus de cette ville l'ont nommé professeur supplémentaire, après lui avoir fait attendre pendant dix ans la médaille de première classe de l'orphéon municipal. Et il a aussi des leçons à donner à des demoiselles du monde qui hésitent entre Chopin et Schumann, parce qu'elles ne savent pas encore si le Russe ou l'Américain, avec qui elles flirtent pour le bon motif, — ou pour le mauvais, — préfère Schumann à Chopin, ou Chopin à Hervé.

— Mais Josias Stock est un martyr !

— Pas le moins du monde. Il est très content. Tu as vu de l'eau couler sur du marbre; le marbre s'en fiche, n'est-ce pas, de l'eau qui lui coule dessus? eh bien, Josias Stock ne sent pas plus l'ennui des nécessités que le marbre n'est importuné de l'eau qui coule. Il se dit que ses menus travaux, pas trop rétribués, assez bien cependant, lui vaudront, le soir, sa femme souriante sous le grand abat-jour de la suspension dans la salle à manger, et son fils bien portant, en belle humeur; et, surtout, de rue en rue, d'omnibus en omnibus, — pendant qu'il se hâte pour gagner sa vie, — il songe, il songe, il songe, plein de lui-même. Il y a ici-bas deux êtres si différents qu'ils en deviennent presque miraculeux de dissemblance, c'est Fabien Liberge et Josias Stock. Fabien Liberge a-t-il, n'importe où, — vaudeville ou revue, — insulté Josias Stock? c'est probable. S'il ne l'a pas fait, c'est regrettable. Et cela manque, à la honte de l'un (mais nous chercherons, ça ne doit pas lui manquer!) et à la gloire de l'autre. Le sûr, c'est que Fabien Liberge est précisément toute l'ironie excrémentielle d'un temps dont Josias Stock est l'ingénu et sacré idéal! et ils sont, dans notre édifice social, Josias, la mansarde illuminée, la nuit, d'une lampe qui regarde travailler, Fabien, les cabinets d'aisances, espèce de cabinet particulier, très capitonné, où l'on soupe, pour être drôle. Josias Stock n'a jamais su ce que c'est que d'être drôle. Il lui suffit d'être bon et gai avec des gens qui ont l'air content et qui ne sont pas mauvais, et d'être sublime en ses rêves! et il court de leçon en leçon.

— Pauvre, pauvre grand homme!

— Je te défends de le plaindre! car, partout, toujours, il porte en lui, même quand il enseigne les notes à des aveugles, et il porterait en lui, même s'il les enseignait à des sourds, toute l'universelle musique qui lui chante des consolations. De plus grand musicien que lui, il n'y en a pas eu; il n'y en a pas, il n'y en aura pas. Tu sais que, au siècle dernier, il y eut une fois cent vingt personnes portant le nom de Bach réunies autour de la même table? Eh bien! je crois que l'âme de Josias Stock ressemble à cette table. Tous les Bach s'y assemblent. Josias Stock sait, en musique, tout ce qu'il est possible d'apprendre et d'enseigner; mais, en même temps, ingénu improvisateur comme le Walther des *Maîtres Chanteurs*, il invente ce qu'on n'a jamais su, et son inspiration est une Hébé qui verse à boire au vieux Sébastien!

— Il est épouvantable qu'aucune gloire?...

— Qui te dit qu'il en veut, de la gloire? Certes, il est aussi grand que les plus grands, avec une candeur par quoi il les surpasse tous. Mais qui te dit qu'il veut de la gloire? et qu'il ne lui suffit pas, pour être prodigieusement heureux, — malgré les leçons et les omnibus, — d'être en paix avec sa conscience créatrice?

— Quoi! il est heureux!
— Oui.
— Heureux!
— Oui.
— Pourquoi?
— Je te l'ai dit.
— Parce qu'il est sûr de son œuvre et la croit bonne?
— Oui.
— Ah! c'est possible, dis-je.

III

Et une paix se faisait en moi, à cause de l'idée qu'une âme d'artiste se trouvait en paix avec soi-même. Ce suprême bonheur, ou plutôt cet unique bonheur : réaliser son propre idéal, et s'épanouir en cette réalisation hors de tout intérêt de lucre ou de gloire, était atteint par un vivant! Je pensais souvent, très souvent, à Josias Stock...

— Assez curieux.

— Quoi? dis-je.

— Cette fantaisie que tu as d'apprendre à copier la musique, dit Nyx.

— Moi, j'apprends?...

— Tu sors de chez un copiste musical, je ne pense pas que tu lui aies apporté du travail. Tu n'es pas compositeur, ni chef d'orchestre.

— Ah! oui, je sors en effet de chez ce copiste. Et, c'est vrai, tu as raison, j'apprend à copier. Dame, je n'ai plus vingt ans. Bientôt, je me ferai vieux. Rosette ne sera pas toujours là pour me donner cinq louis de temps en temps. Je me munis d'un métier, qui pourrait me faire vivre, en cas de besoin.

— Bête!

— Qu'est-ce que tu dis?

— Je dis que tu es bête. Tu n'as jamais pu te débarrasser de cette manie de vouloir t'en faire accroire à toi-même. Si tu n'avais que les cinq louis hebdomadaires, pas toujours hebdomadaires, que te fait remettre Liberge, comment aurais-tu fondé ce journal, où, avec ton père pour rédacteur en chef, tu as, en moins d'un mois, déshonoré quatre ou cinq familles, réduit un colonel d'état-major au suicide, prouvé, clair comme le jour, qu'on avait eu tort de rétracter les dernières erreurs judiciaires, établi, sinon la culpabilité, du moins le démérite, en général, des innocents, et, tous les matins, sali deux ou trois noms, diminué deux ou trois œuvres, puis, tous les soirs, ri des désastres?

— Je n'ai rien à me reprocher; j'ai agi, j'ai écrit dans l'intérêt de la société!

— Oui.

— En dénonçant des empoisonnements et des adultères...

— Oui.

— En signalant des trahisons...

— Oui.

— En déniaisant la sensibilité universelle à l'égard des faux innocents...

— Oui.

— En ravalant des gloires usurpées, en montrant la médiocrité de tant d'œuvres trop admirées...

— Oui, oui!

— J'ai fait acte d'honnête homme!

— Tu as fait acte de gredin.

— Moi!

— Saint-Vincent de Paul, peut-être? Et, d'avoir fait acte de gredin, tu es très heureux (avec quel désespoir cependant!), puisque, grâce à cet acte, tu as pu constater en toi-même la hideur qui t'attire et t'épouvante. Tu n'es pas le chercheur du vrai, tu es le chercheur du sale; s'il arrive que la saleté soit la vérité, tu n'en es pas plus excusable, et ce n'est pas de ta faute si tu as eu, par hasard, raison. Tu n'es pas l'observateur des âmes, tu en es le mouchard. Tu ne conquiers pas la réalité, tu filoutes la probabilité du mal! et — au lieu d'être un leveur de sombres étendards menaçants, comme Juvénal, Agrippa d'Aubigné, ou Hugo, — tu *fais* les mouchoirs où la médisance de tous les concierges s'est déjà mouchée. Mais, laissons cela. Nous reviendrons là-dessus, quelque jour, au bord du trou où nous attend Baubô, ma chère Baubô que tu pares de superbes pierreries sombres; au bord du trou qui, sans en avoir l'air, est si profond, qu'il ne saurait y avoir, plus bas, aucun autre trou! En attendant, tu as de l'argent.

— Non!

— Mais si, tu as changé toutes les pièces de tous les pays que tu as volées dans les caves d'Ernan Ferdoc.

— Il ne me reste plus rien de la monnaie.

— C'est exact. Mais il te reste trois pierres précieuses tombées du plafond.

— Oh! des pierres fausses, sans doute.

— Tu les as fait estimer.

— Par désœuvrement, un jour que je passais devant un orfèvre célèbre.

— Le rubis vaut dix mille francs, la topaze en vaut vingt mille, et le saphir, qui est énorme, en vaut cent mille.

— On perdrait beaucoup si on voulait les vendre!

— Il y a autre chose...

— Tais-toi !

— Pourquoi te caches-tu, à toi-même, tes infamies ? C'est comme si un chercheur de trésors refusait les trésors trouvés dans son propre champ. Il y a la bague...

— Assez !

— Que tu as prise à Myrrhine, sur le lit de l'auberge, de la main droite, tandis que de la main gauche tu écartais le drap virginal pour voir la tache de la mort.

— Assez ! assez !

— Que tu as tort de t'imposer silence ! Tu te constates, donc, tu te réjouis. Et puisque tu as de l'argent, tu apprends à copier la musique, pour...

— Pour ?

— Pour épier Josias Stock, misérable ! Pour entrer chez lui ! pour surprendre l'ignominie de sa pureté, l'envers de sa paix et de son génie !

— Non !

— Menteur !

— Soit. Mais je ne veux pas, je ne veux pas t'entendre. Qui est-ce qui t'a interrogé ? Qu'est-ce que tu fais là ? Tais-toi, où je te tue !

— Eh ! lâche ton cou. Tu ne vas pas t'étrangler toi-même, je suppose, — pas encore, du moins.

Ce n'était pas le petit Nyx. Le vrai Nyx, le négrillon, fils du grand nègre de l'antichambre de

Courances, et de Da, ma bonne, était en prison à la Petite-Roquette, pour avoir volé des souliers à un étalage. De la Petite-Roquette, il irait sans doute à la Grande. On verrait tomber, un matin, la petite tête noire! Non, celui qui me parlait, c'était le faux Nyx, le Nyx qui n'existait pas...

IV

Josias Stock me fit remarquer que je lui demandais une bien médiocre rétribution, par page, pour la copie des parties d'orchestre. « Mais vous savez sans doute que l'œuvre est très considérable (c'est par le volume, mon jeune ami, que je veux dire), et vous avez peut-être une très grande rapidité de main? — En effet, monsieur, dis-je. — A la bonne heure. J'accepte donc vos conditions. Mais je dois vous dire une chose. Il faudra travailler chez moi. Chez moi. Pas chez vous. C'est une manie. Je suis vieux. J'ai des manies. Je n'aime pas que mes ouvrages manuscrits sortent de la maison où je les ai écrits. Il me semble qu'ils seraient moins de moi, en revenant de chez les autres. Il y a, là, un petit cabinet. Il n'est pas grand, mais il n'est pas triste. On voit le Luxembourg. Vous vous mettrez dans ce cabinet et vous copierez. Ça ne vous gênera pas que je joue de l'harmonium, quelquefois, dans la chambre à côté de vous? non? tant mieux. Et pour que votre travail s'achève plus vite, vous déjeunerez avec nous. Comme ça, vous perdrez moins de temps. » Je passai plusieurs jours, presque tout entiers, dans l'appartement de Josias Stock. Je m'y sentais heureux, tant on y était tranquille. Les bruits de la ville ne parvenaient que très atténués, et comme dispersés en murmurant silence, à ce cinquième étage où tout était propre, rangé, net, clair, comme dans un rêve de maison hollandaise, et, quelquefois, cet appartement, où chaque chose était à sa place avec je ne sais quoi de religieux dans le soin qu'elle fût là et l'impossibilité qu'elle fût ailleurs, me faisait penser à un petit temple protestant, en province, très bien tenu. Mais le prêtre en était affable, doux, gai, plaisantait volontiers, riait à sa femme, à son fils. contait des histoires; durant le repas, j'admirais dans les yeux heureux de ce grand homme la félicité parfaite d'un auguste génie puéril, beau comme une conscience divine, que rien n'alarme.

Une fois, dans le petit cabinet d'où l'on voit le Luxembourg, je m'interrompis de copier. J'écoutais. Bien des fois j'avais entendu Josias Stock, aux heures de la journée où ses leçons ne le retenaient pas au dehors, improviser sur l'harmonium. Jamais une telle sublimité d'invention, une telle richesse de science ne m'avait enchanté, épouvanté, rendu pareil à quelqu'un qui va s'agenouiller devant un miracle, et — mon camarade, certes, avait eu raison — jamais un plus merveilleux, un plus sûr, un plus simple, un plus surhumain dompteur d'âmes par le son, par la pensée devenue sonorité, n'avait chanté pour les âmes! Je béais d'extase; et des ombres sortaient de moi...

Il cessa de jouer tout à coup, et j'eus, à cause de l'interruption de la mélodie, l'impression d'un câble d'or qui se serait rompu, — d'un câble d'or vivant comme un déroulement de cœur.

J'écoutais.

Plus rien.

Si, un bruit sourd, comme d'une note d'orgue, très profonde, ou d'une poitrine angoissée, puis, brutal, déchirant, un sanglot! Que se passait-il! Je me jetais vers la porte. Je l'ouvris. Josias Stock était debout. Il ne me voyait pas. Il me tournait le dos, une main pleine de papiers déchirés, l'autre main sur le clavier; et ses deux mains tremblaient de peur, ou de rage. Je m'approchai sans bruit. Je le vis dans la glace. Il était effroyablement pâle, — comme s'il eût considéré la mort. Et il mordait ses lèvres de dents acharnées, et des larmes coulaient, une à une, par sursaut, de ses yeux agrandis par l'horreur. Jamais, sans doute, sur une face de damné, ne grimaça un plus sinistre, un plus irrémédiable désespoir! Et, sa tête se baissant soudain, — on aurait dit qu'on l'avait coupée, — et retenue entre ses paumes secouées, Josias Stock sanglota : « Impossible! impossible! La beauté, ici-bas, c'est impossible. On croit la suivre, la saisir, la tenir, non, elle fuit, elle fuit, elle n'est plus là, elle n'y a jamais été. Tous, nous tous, les meilleurs, les plus grands, les plus purs, les plus hauts, — des impuissants! Et, plutôt que de souffrir ainsi, mieux vaut mourir, mourir, mourir, tout de suite, mourir! »

FIN DU QUATRIÈME CAHIER

CINQUIÈME CAHIER

D'ARSÈNE GRAVACHE

Pour Mérope.

I

En haillons, le nez violacé d'un lupus, ce vieux
— la fusillade crépitait, intermittente — arriva,
en se traînant, derrière la barricade, et dit :

— Est-ce qu'on a besoin de moi ? J'ai été de
toutes les émeutes. Comme je suis vieux, j'ai
même connu M. Thiers, qui s'habillait en garde
national pour le plaisir de tirer sur le monde. Il
était si petit qu'il était obligé d'acheter son uniforme chez les marchands de joujoux, et il tirait
avec un tout petit fusil. Ça ne fait rien, il tirait. Il tirait mal, parce qu'il ne pouvait pas viser
très haut. Il tuait tout de même ; on souffrait plus

longtemps, voilà tout. Et, quand il avait été vainqueur, on lui mettait dessous un plus haut piédestal ! Il ressemblait à une puce de Napoléon, sur la pyramide d'Égypte.

Je répondis à ce vieux :

— Veux-tu deux sous ? On n'a pas besoin de toi. Nous sommes ici pour vaincre ou pour mourir.

— Pour vaincre ? dit-il. Ça, vous n'en pensez pas un mot. Il y a, au commencement de la rue de Rivoli, quatre canons et six mitrailleuses braqués ; votre barricade est faite d'un cheval crevé d'omnibus, des pavés qu'on a arrachés dans la cour de l'hôtel du Louvre et de deux ou trois kiosques de journaux ; les kiosques, je m'y connais (j'ai vendu des journaux), ne peuvent pas tenir contre les canons. Vous êtes fichus.

— Eh ! bien, nous mourrons !

— Ça, vous ne le pensez pas non plus. Non, vous n'êtes pas du tout convaincus que vous mourrez. Dans les plus grosses bagarres, où on tue tout le monde, il y a toujours quelqu'un qui n'est pas tué. Sans ça, comment saurait-on que tout le monde est mort ? par les vainqueurs ? on ne les croirait pas. En réalité, chacun espère bien qu'il survivra, ne fût-ce que pour annoncer la glorieuse défaite.

Que s'était-il passé ? Qu'arrivait-il ? Devenais-je

fou ? Ce que j'éprouvais était-il un commencement de démence ?

Depuis un temps, il me semblait que les personnes, en me parlant, tenaient justement les propos que j'eusse tenus moi-même, si j'avais parlé le premier; toutes les voix étaient comme un écho, déjà, des paroles que j'allais dire.

Quoi ! n'étais-je pas exceptionnel ? Est-ce que mon abominable instinct de chercher — sans profit — la laideur dans le beau, le mal dans le bien, n'était qu'un misérable accident, en moi, de l'universelle humanité ? et tous ces vivants vivaient-ils, comme moi-même, — pareils à des chiens flaireurs, — en l'aspiration de la puanteur qu'il y a au derrière de l'idéal ?

Je dis au vieux :

— Allez vous-en, allez-vous-en.

— Deux sous, ce n'est pas assez, donne-moi cinq francs ?

— Pourquoi veux-tu cinq francs ?

— Pour boire. Pour boire des choses qui ne rendent pas méchant. Tu ne sais pas la différence, toi qui n'a jamais bu que du vin cacheté ou des eaux-de-vie de grandes marques : il y a l'alcool très cher, qui rend gai, c'est-à-dire bon ; il y a l'alcool pas cher, qui rend triste, c'est-à-dire féroce. Chaque fois qu'on guillotine un homme place de la

Roquette, on devrait guillotiner, en même temps, tous les mastros qui, depuis dix ans, lui ont servi du vol, du dol, du viol et du meurtre, par petits verres. Le sang en déborderait, des petits verres, si l'on y versait seulement la moitié du demi-quart du sang que leur contenu fit couler. Donne-moi cent sous. Avec ça, je boirai du bon, et je reviendrai peut-être ici, mourir avec vous, pour de vrai, — ivre comme un héros !

Le vieillard s'en alla. Je me tournai vers Firmin Lope, que j'avais suivi à la barricade, en sortant de la crémerie de la rue des Filles-Dieu, où nous avions déjeuné ensemble. Nous nous rencontrions souvent dans cette crémerie; nous causions; il faisait des vers, il s'occupait de politique, il écrivait dans les journaux révolutionnaires; il parlait fort bien, avec enthousiasme. Il semblait plein de foi en l'avènement de la démocratie. Je l'estimais, je l'admirais. Je l'avais suivi en silence, peut-être sans qu'il s'aperçût que je le suivais.

Assis à même les pavés, à croppetons, des journaux sur les genoux, il lisait rapidement les articles, une cigarette aux lèvres; à sa droite quatre fédérés, quatre fédérés à sa gauche, visaient, tiraient, quelquefois.

C'était un homme de trente-cinq ans environ. Il avait un visage aimable, au front point trop vaste, aux lèvres grasses, bonnes, sous des cheveux roux un peu trop torsionnés, à vrai dire, en mèches dures, comme par le mécontentement de la pensée.

Il me dit :

— Ah! c'est vous?

— Oui, dis-je.

— Vous êtes tout de même un drôle de corps. Qu'est-ce que vous faites ici? Ça ne vous regarde pas, la Révolution. Vous n'êtes pas un traître?

— Non.

— Alors, pis?...

— Oui, dis-je.

— En effet, j'ai deviné, ou à peu près, en causant avec vous. Le regardeur des désastres, l'impartial témoin des catastrophes, le touriste intellectuel des cataclysmes ; votre joie, c'est de trouver le petit caillou qui a fait tomber dans la haine, dans la couardise, dans le spleen, l'amour, l'héroïsme, la joie.

— Je m'y déchire, à ce caillou! criai-je.

— Sans doute, dit Firmin Lope en éclatant de rire ; vous vous y déchirez comme à un angle qu'émoussèrent à force de supplices les éternels martyrs ; et vous vous plaignez de ce qu'ils laissèrent d'aigu à la pointe! Croyez que les angles tout neufs entrent mieux dans la chair ; votre curiosité n'est pas dépourvue de sybaritisme. Vous vous jetez dans l'Etna, après Empédocle, pour, en tombant sur lui, vous faire moins de mal.

Je le regardai.

— Et vous, monsieur Firmin Lope, quel homme êtes-vous?

— Oh! moi...

— Oui.

— Moi, c'est très compliqué, pour tout le monde, bien que, à mes yeux, ça paraisse très simple... et, tenez, puisque nous avons le temps...

— Le temps?

— Oui. On ne tire plus. Les lignards font la soupe. La vraie attaque ne commencera que dans une heure ou deux. Nous avons le temps de causer. Citoyens, continua Firmin Lope, en se tournant vers les fédérés qui, à genoux, le flingot à l'épaule, visaient entre les embrasures de la barricade; citoyens, vous pouvez aller déjeuner, là, chez le marchand de vin du coin. C'est un ami. Allez. Quand il sera nécessaire que vous soyez ici, je tirerai trois coups de revolver. Je n'ai pas besoin de vous dire que vous ne reviendrez que pour mourir.

— Nous reviendrons, dit un vieux à la longue barbe grise.

— Déjeunez bien.

Les fédérés s'éloignèrent.

— Ils reviendront? dis-je.

— Sûrement.

— Pour mourir?

— Oui.

Nous étions seuls, à présent, Firmin Lope et moi, derrière la petite barricade.

— Et vous, dis-je, vous vous ferez tuer comme eux?

— Comme eux.

— Vous êtes sublime!

— Non... je ne sais pas... je ne crois pas...

— Alors?

— C'est une idée que j'ai.

— Une idée absurde. Aucune résistance, en l'état actuel des choses, ne saurait aboutir qu'à un plus horrible massacre. Et vous pouvez fuir! vous pouvez aller chez le marchand de vin et fuir avec vos camarades!

— Oui. Je le peux.

— Faites!

— Non.

— Pourquoi?

Il me regarda de tout près, dans les yeux.

— Je vais vous expliquer. Je suis un mouchard, oui, un mouchard. Ça m'amuse, si près de mourir, de vous dire ça, à vous que, je le sens, l'ordure amuse. Parfaitement, un mouchard. Vous en doutez? Fouillez dans la poche gauche de mon pantalon; j'ai déjà une balle dans le bras de ce côté-là; vous trouverez la carte de la préfecture de police. Enfin, un mouchard, oui.

— Et vous allez vous faire tuer?

— N'en doutez pas, mon cher monsieur.

II

Une autre cigarette allumée à la cendre rose et grise d'un bout de cigarette, Firmin Lope reprit :

— Me faire tuer. Moi, mouchard. Me faire tuer. Tu ne sais pas qui a averti, dès hier, l'état-major de l'armée versaillaise du projet qu'on avait de bâtir, ici, la barricade où nous sommes? C'est moi. Et je vais crever sur ce tas de pavés, que j'ai dénoncé.

— Absurde!

— Logique! étant donné l'état d'esprit extraordinairement chimérique et pratique à la fois où l'homme est placé par la guerre civile; la seule guerre admissible cependant; car voilà une sotte idée de vouloir tuer des gens si lointains qu'ils ne purent jamais vous faire ni bien ni mal; et il n'y a de raisonnables guerres, en vérité, si féroces qu'elles soient, que les guerres en la même cité, comme il n'y a de haines concevables que les haines de famille. Je reprends. Il est logique que je sois, en même temps, un agent du service politique et un héros révolutionnaire. L'un n'empêche pas l'autre. Je vais t'expliquer pourquoi. Tu connais cette tragédie : *Horace*, ou cet opéra : *les Horaces ?* c'est des grands hommes, n'est-ce pas, tous ces bonshommes-là? ils ont l'air d'avoir posé pour Corneille dans l'atelier de Michel-Ange. Et, pour ce qui est de leurs filles ou de leurs femmes, les gens qui aiment à dormir au lit peuvent les préférer, sans crainte des chatouilles nocturnes. Eh! bien, remarque-le, ces Romains, ces Romaines, ces durs guerriers, ces matrones, c'est tout de même des espions; Rome moucharde Albe. Est-ce que tu t'imagines que Camille n'aurait pas « mangé le morceau » si elle avait pu révéler à son Curiace le coup que lui réservait Horace? Passons au déluge — de sang. Après Mirabeau qui baise la main de la Reine, Danton (c'est Hugo qui le lui fait dire), Danton vend son ventre. Soyons modernes, ou à peu près. Ignores-tu (donne-moi du feu!) que l'auguste et magnanime Enfermé (celui qui, trente années durant, ne vit le jour du ciel qu'à travers des barreaux de pistole) fut suspecté d'avoir fait arrêter ses compagnons? et Barbès refusa la main à Blanqui. Ne porte jamais aucun jugement sur les responsabilités dans les guerres civiles. On ne peut pas savoir ce qui continue à unir ceux qui viennent d'être désunis, — ni ce qui désunissait déjà ceux qui semblaient devoir rester unis. Il est impossible de ne pas avoir été mari et femme, même après le divorce. Toute collectivité humaine est un persistant coït qui ne se disjoint pas sans des caresses, ou des morsures, qui se rapprochent; et toute trahison est une brouille, peut-être un raccommodement. On ne se sépare jamais. tout à fait, de camarades avec qui on avait l'habitude de prendre des bocks. Qu'ils reviennent du bagne ou qu'ils aillent à la police, c'est tout de même les copains qui s'asseyaient; là, à cette place, dans le sous-sol de la brasserie; et, déshonorés ou pas déshonorés, ils n'ont pas cessé de jouer le manillon, quand il ne fallait pas! Les sous-sols, c'est profond, et augural. On était des amis, on criait les mêmes gloires, on crachait les mêmes injures, on embrassait dans le cou les mêmes femmes... Puis, ça s'est cassé! Tout s'est cassé! Non, pas tout. Et on se retrouvera dans la fosse commune, sous-sol aussi.

— Mais, vous? dis-je...

— Oh! moi, dit Firmin Lope, je pense que j'ai été un peu différent de beaucoup d'autres, par plus d'ignominie. Et j'éprouve je ne sais quel abominable plaisir, au moment de ne plus vivre (c'est comme une joie de sinistre agonie sadique), à me révéler tel que je suis en effet, ou tel que je crois que je suis. Car qui donc se connaît? Je suis peut-être un honnête homme? non, tout de même, je ne le pense pas. Tu vas savoir l'histoire d'un misérable, pas mauvais, au fond.

J'écoutais, ébloui de noir.

Il dit :

— Au surplus, le plus malheureux de nous deux, ce n'est pas moi... c'est...

— C'est moi! moi! moi! criai-je.

— Oui, toi.

Il poursuivit :

— Je suis le fils d'un vétérinaire de Béziers qui m'envoya à Paris pour réclamer dix-huit cents francs à un droguiste de la rue Turbigo. Le droguiste paya. Je mangeai les dix-huit cents francs dans les cabarets des Halles. Le droguiste, à qui j'avais donné un faux reçu, porta plainte; mon père me maudit, et dénué de toutes ressources, je jugeai le moment opportun pour faire de la littérature. J'en fis. Comme j'ignorais éperdument la syntaxe et l'or-

thographe, je ne tardai pas à conquérir une certaine
notoriété, et même une manière de prépondérance,
parmi ceux qui, sachant un peu — oh! si peu! —
l'orthographe et la syntaxe, se sentirent flattés que
quelqu'un les sût moins qu'eux; je fus leur chef,
étant le plus indigne. Mais j'étais malin. Un Méridional! Je causais quelquefois avec un très vieux
revendeur de livres, qui avait son échoppe à côté
de l'étroite boutique d'un Auvergnat marchand de
charbons. Le marchand de bouquins — je l'observais
— regardait avec des yeux mouillés de luxure les
petits trottins qui passent et qui trottent jusqu'à la
jarretière au-dessus du genou. Je compris l'âme
de cette crapule! et je n'eus pas beaucoup de peine
à lui persuader qu'il ferait bien (bénéfice sûr!)
d'imprimer une brochure intitulée : *Ces Petites du
Pays Latin*, où seraient racontées les mœurs des
personnes qui lèvent la jambe dans les bals publics,
et donnerait leurs adresses, non sans indiquer leurs
heures de réception, la nuit! Cet excellent bouqui-
niste gagna quatre mille francs avec la brochure,
me donna douze louis, et un pardessus au collet de
fourrure, grâce auquel je fus fort bien accueilli par
Gambetta, qui aimait les gens du Nord, ceux surtout
qui avaient l'accent méridional. Je devins, avec cet
admirable et généreux et simple Emmanuel Durand,
qui était, peut-être, le plus honnête homme de

notre génération, le collaborateur d'un journal qui avait toujours raison, puisque, toujours, il donnait tort à tout le monde. On me payait? Oui. Pas assez, je crevais de faim. Voilà (ça dépend des natures), il y a des gens qui peuvent crever de faim, et rester irréprochables. Moi, j'avais une maîtresse sans jupe ni bas, qui s'était fait faire un enfant par le blanchisseur, une fois que celui-ci, pas payé, s'assurait du linge; et j'avais des pantalons effilochés qui, quand on marche, pleurent dans la boue des franges de misère! Alors, une fois, quelqu'un me dit... Non, je mens! je mens! je mens! Personne n'est rien venu me dire, c'est moi, moi-même, qui, sans aucun avertissement, sans aucun conseil, ai fait, un matin, passer ma carte, — oui, ma carte, avec mon nom, — au préfet de police: c'est moi qui ai dit au préfet de police : « Vous pensez bien, monsieur, que sous aucun prétexte je ne voudrais nuire à mes coreligionnaires politiques. Je crois qu'ils s'égarent : je le leur ai dit souvent. Si vous avez pris la peine de jeter les yeux sur mes derniers articles, vous savez combien je lève haut le drapeau de la démocratie; mais en même temps je réprouve toutes les outrances. Je pense que mes meilleurs camarades ont besoin d'être maintenus dans le sentier de la raison, par le reproche attentif du plus ancien, du meilleur, du plus insoupçonné d'entre eux. » Le préfet m'alloua cent francs par semaine, et des frais de représentation; les frais de représentation, c'étaient les bocks au Rat Mort; je ne tardai pas à être suspecté parce que je payais toujours les consommations. Enfin, mal vu. D'autre part, on me menaçait, à la préfecture, de me réduire à soixante francs par semaine, si je n'attirais pas, par quelque coup d'éclat, la confiance. Alors, je publiai un roman très littéraire. Ah! oui, vraiment, très littéraire. Il s'appelait : *Paranzella!* Paranzella, c'était le nom d'une jeune fille napolitaine qui marchait en un rhythme de balancelle ouvrant sa voile. Cette métaphore, en quatre cents pages, n'émut point l'âme universelle; sûr désormais de n'avoir aucun talent, sûr de n'être capable d'aucun effort généreux, — à peine susceptible de servir de secrétaire à Fabien Liberge, — je me résignai à l'acceptation de mes fonctions basses. Cependant s'exaspérait en moi la gloriole de l'éloquence, et jamais je ne fus plus magnanimement grandiloque, dans les réunions publiques, que lorsque j'étais sûr que les sergents prendraient au collet, à la sortie, ceux que mon génie avait enthousiasmés! Mais on se lasse de tout, — même de la gloire, même de la honte. Voici que j'en ai assez, de faire le mal pour vivre mal. Vraiment, ça vaudrait mieux que du pain, si peu de pain, le Bien, ou le beau Rêve. Tant pis pour ceux qui firent le mauvais choix; il n'y a rien de plus délicieux que d'être assez puéril pour s'émerveiller d'un papillon blanc qui tremble, ou de la *Marseillaise* qui gueule! Je n'aime plus les papillons, ni les *Marseillaise*. Et il vaut mieux que je meure en cette journée où j'ai accompli, du moins, mon devoir de traître. Je ne dois rien à l'administration. Je n'ai pas reçu d'avances. Je suis payé jusqu'au crépuscule seulement. Même, si je mourais après la pénombre, l'administration me redevrait quelques sous. Mais non, je mourrai à la fin, tout juste, de ma semaine. Ah! ah! regarde! voici qu'ils remuent, là-bas, oui, là-bas, en face de nous. Va-t'en.

— Non.

— Tu n'as pas peur?

— Si.

— Eh! bien, en ce cas?...

— Non. Ça me fait plaisir de constater la peur en moi. Si je m'éloignais, je n'aurais plus peur; alors, je n'aurais plus de plaisir.

— Écoute, dit-il.

C'était la fusillade.

— Appelle tes hommes, dis-je.

Car la bataille allait recommencer.

— Bah! bah! qu'ils continuent de boire! Et, toi, va-t-en.

— Oui, dis-je, en le tremblement enfin d'un homme qui n'est pas un guerrier. Mais vous, Firmin Lope?

— Oh! moi, j'ai deux devoirs à remplir : celui de désigner par ma présence la barricade qui ne peut pas tenir, et celui de défendre, contre les lignards, le drapeau rouge qui me fut confié; je remplirai mes deux devoirs. C'est une manie que j'ai, d'être doublement honnête, et ignoble, en mourant.

— Firmin Lope!

— Quoi?

— Fuis.

— Non.

— Fuis avec moi.

— Non.

— Firmin Lope, entends-moi!

— Que veux-tu me dire?

— La mort ne te lavera pas de la trahison. Seule, la vie active, la vie violente, la vie généreuse te rachètera de tes fautes.

— Tu crois ça?

— Viens.

— Non.

— Je te dis de venir.

— Fiche-moi la paix! Et tiens, avant de t'en aller (baisse la tête, imbécile, les balles passent!), rends-moi un service. Comme je ne peux pas mettre la main, à cause de la balle que j'ai dans le bras, dans la poche gauche de mon pantalon...

— Après?

— Prends la carte.

— Je l'ai.

— Tu ne confonds pas avec quelque contremarque qu'on m'aurait donnée dans un théâtre?

— Mais non. Mais non. Il y a écrit dessus...

— Il y a écrit?...

— Préfecture de police.

— Bien, c'est ça, préfecture de police.

J'étais un peu pressé, à cause de la fusillade, plus nourrie, qui venait du bout de la rue de Rivoli. Firmin Lope me dit :

— As-tu une épingle?

— J'en ai une au petit bouquet de violettes qui est à la boutonnière de mon habit.

— Ote le petit bouquet.

— Je l'ai ôté.

— Tu tiens la carte?

— Je la tiens.

— Prends l'épingle.

— Pourquoi?

— Fixe la carte, avec l'épingle, au revers de ma redingote.

— Oui.

— C'est fait?

— C'est fait.

— A présent, va-t-en! va-t-en! veux-tu t'en aller, porc flaireur du vomissement des agonies, corbeau plus pourri et plus puant toi-même que les charognes où tu te plais!

Il me sembla qu'il y avait quelqu'un de ressemblant à un prophète justicier dans ce gredin qui allait se faire tuer. J'eus peur. Je m'éloignai. Je m'éloignai... Une triple fusillade, sans m'atteindre, m'obligea à me retourner curieusement. Je vis, sur le haut de la barricade, Firmin Lope, seul, debout, accepter toute la multiple mort! et il tomba. Peut-être une balle avait-elle traversé, à travers la carte infâme, ce cœur...

FIN DU CINQUIÈME CAHIER

SIXIÈME CAHIER

D'ARSÈNE GRAVACHE

Pour Astérope.

1

J'étais le plus misérable des hommes, comme j'en étais, sans doute, le plus abject. Je me promenais dans la désolation que je m'étais faite, ainsi que quelqu'un n'aspirerait, accumulée, que la puanteur infectieuse de sa propre haleine. Avais-je, en effet, trouvé tant de hideurs dans l'amour, dans la gloire guerrière, dans l'opulence, dans l'héroïsme, et, dans l'art, tant de tristesse ? je ne sais pas. Ce que j'avais cru être la vérité n'était peut-être que l'illusoire, — oh ! diaboliquement illusoire, — émanation, reflétée, de ma propre âme ; c'était en moi seul, peut-être, qu'étaient toutes les Tares. Eh ! quoi !

étais-je le vivant microcosme de la bassesse universelle? Pourtant, mes élans vers le beau et le bien étaient ardents, et ingénus. J'avais même, à tout propos, de bonnes fois presque puériles; on aurait pu me distraire d'un spectacle, fût-il horrible, par le signe d'un doigt vers une naïve imagerie au mur. Oui, j'étais « idéaliste », comme on dit, jusqu'à la romance! puis, tout à coup, par je ne sais quelle mystérieuse action, l'essor se cassait; et, d'où que je fusse, je tombais au pataugement dans la boue, museau chercheur, pattes prenantes. Icare dégringolé en scarabot. Je ne pense pas que de telles distances, de haut en bas, aient jamais été mesurées par une chute humaine. Si l'on devait ajouter foi à la théorie des intellectualités et des sensualités héréditaires, je m'expliquerais peut-être ce que je suis par la revivance, en moi, de ma mère si futilement tendre et exquise, de ma mère, de ma maman toute en soie, toujours douce, et un peu naïve, qui croyait tout ce qu'on lui disait et tout ce qu'elle disait, jeune reine un peu malade des Contes, qui s'intéresse aux contes mêmes qu'elle invente; et par la saleté, continuée en moi, de mon père, de Fabien Liberge, de Fabien Gravache, qui, si le lointain avenir est juste, — et on peut affirmer qu'il le sera, puisque personne ne saurait dire le contraire — demeurera comme le plus abominable,

c'est-à-dire comme le plus parfait exemplaire de
ceux qui ont dit non à la Beauté. Et j'ai eu, bébé,
aux lèvres, l'extase mouillée d'un ravissement candide et la bave d'un ricanement. Je les avalai, et ça
fit mon âme, bébête jusqu'à Berquin, et curieuse
jusqu'au marquis de Sade. Mais voici que l'orgueil,
— non, l'imbécile vanité qui est en moi, — me
porte à m'en faire accroire! Eh! pauvre homme, tu
n'es pas exceptionnel du tout. Tous les hommes
sont à la fois le Paul de *Paul et Virginie* et le Mo-
rancé de *Justine*; et, seul, Trimalcion est singulier.
Mais, rare ou non, je souffrais épouvantablement
parmi les spectres évoqués de la vilenie de tout; je
ressortais de mes effroyables fouilles avec des glû-
ments de limaces acharnés à tous mes membres;
j'étais vêtu de mon cauchemar réalisé, purulent.
En même temps, vieillissante, ma face devenait
étrange, et, si je la regardais dans un miroir, m'ef-
farait. Sous mes cheveux qui commençaient à gri-
sonner d'un gris encore roux, mon front se crispait
de toutes petites rides, et, dans une peau couleur
de terre ocreuse, couleur de bile, ma bouche n'avait
pas du tout de couleur. Soudain, si je pensais à
l'une de ces laideurs qui m'allumaient d'un rut incomparable, toute ma face s'allongeait proéminente,
comme en forme de cul de poule, ou de museau
flaireur. Mon visage, en ces moments-là, éveillait,

je l'avoue, l'idée d'une bête dont l'appareil aspiratoire et dégustatoire aurait la faculté de s'allonger, en manière de tentacule. Puis, l'avancement, très vite, se renforçait, comme chez une pieuvre qui se reforme en boule. Mais je voyais, dans la glace, pleurer mes pauvres petits yeux rouges. Et l'on ne peut pas imaginer combien j'éprouvais, envers moi, de mépris, et de pitié. Oui, de pitié, véritablement. Je ne pouvais pas m'empêcher, si affreux que je fusse, de me prendre en pitié. J'essayai de me « distraire », comme on dit. Fabien Liberge, à l'agonie, m'avait fait remettre quelques titres de rente par Rosette, qui en avait gardé la moitié; je n'étais pas sans ressources. Je voyageai, j'eus des maitresses, j'achetai de beaux livres, j'assistai aux nobles drames, j'écoutai les belles musiques, je mangeai des mets rares, je bus des vins délicats. Toujours, une secousse d'enthousiasme m'emportait! et me lâchait. Le même cassement de reins, de plus ou moins haut. Je remarquais l'horrible lit dur et sale des auberges, le vinaigre de Bully, vraiment trop révélateur, des filles, les marges des plus rares volumes, rognées par les plus illustres relieurs, la mauvaise rime qu'il y a au cinquième acte de *Ruy Blas*, la fausse note du cor dans la *Symphonie pastorale*, et l'huître mauvaise de la bonne douzaine, et la goutte de raisin sec dans un verre de Château-Yquem. Je n'étais dégoûté d'aucune chose, en soi ; j'étais écœuré du dégoût que je trouvais en toute chose. J'étais le Délicat déplorablement malheureux ; je traînais par la vie le désastre de la perpétuelle désillusion. J'étais si triste, — surtout les matins, quand allait recommencer la vie, — j'étais si triste, à la pensée que j'allais encore, aujourd'hui, comme hier, comme avant-hier, chercher une cause de tristesse en tout ce que je verrais de jeune, de beau, de bon, de clair, si triste que le besoin de ne jamais plus rien voir entra peu à peu dans moi. En même temps, il commençait de me sembler que ma disparition serait un bonheur général, puisque, avec moi, cesserait d'exister celui de qui la déception désabuse ! Et la pensée du suicide, visiteuse d'abord importune, mais bientôt aimable, — oui, très aimable dès qu'elle devient familière, sans façon, comme qui dirait, — ne me quitta plus. Chose assez curieuse : la mort volontaire ne m'apparaissait pas, — comme il eût semblé qu'il en aurait dû être, étant donnée ma nature plutôt en dessous, — sous les espèces du poison sournois, ou de l'asphyxie dans un hôtel de banlieue (personne ne sachant votre nom), ou de la chute en l'eau nocturne d'une rivière de quelque département, lointaine. Non, — c'est assez extraordinaire, et je confesse que je ne trouve aucune explication, même honteuse pour moi, à cette excentricité, — j'enviais plutôt le suicide par un coup de poignard dans le cœur, en plein cœur, au beau milieu du cœur. Voilà qui était vraiment étrange ! et, chose plus étrange encore, c'est que mon cœur, mon vrai cœur, pas celui qui est une métaphore, mon cœur, mon viscère qui est un cœur, semblait s'accommoder de cette idée ; je sentais qu'il irait volontiers au-devant de la lame qui le traverserait. Certainement, mon cœur et moi, nous avions la double envie, moi, de le percer, lui, d'être percé ; il y avait, en nous deux, l'espérance d'une joie commune, et infinie, à ce moment-là. Même la souffrance physique que nous éprouverions m'était une attirance de plus ; à cause de l'idée de la mort brutale au centre de la vie, de la suppression de tout au point même de tout, et aussi du froid pointu dans la chair et le sang du cœur. Mais, cent fois, j'avais constaté ma lâcheté. L'exemple de Firmin Lope aurait dû m'encourager. Il n'avait « mouchardé » qu'un peuple ! j'espionnais l'humanité tout entière. Non, je n'osais pas mourir, encore que j'en eusse une si désespérée envie ; j'avais la prudence d'écarter de moi les couteaux pointus ; je coupais la viande dans mon assiette avec des couteaux de dessert, en argent, au bout rond : ce n'était pas commode, c'était prudent.

A vrai dire, j'avais une espérance : celle de devenir fou. Je savais bien que j'étais, que j'avais toujours été sur le point de devenir fou. Mais je ne l'avais jamais été, je ne l'étais pas. Être fou! mais c'est l'ambition légitime de tous les hommes dignes du nom d'homme. Je sais, je sais, il y a les gâteux, les baveux, et les agités féroces, qu'on met en cages! Exceptions. Il y a, surtout, en plus grand nombre, les bons fous rêveurs, qui s'éblouissent délicieusement, comme les bergers d'une idylle de rêve, d'un papillon posé à la fleur des pommiers dans la cour de Charenton! il y a les mères qui, assises sur un banc, retrouvent, dans le bercement sous un châle, l'illusion du premier-né; il y a celui qui se croit empereur! il y a celui qui se croit dieu! et cet empereur-là ne perdra jamais de batailles; et ce dieu n'aura jamais d'athées. Ah! je pense, en vérité, qu'un fou, — physiquement bien portant, — peut atteindre au suprême du bonheur permis à l'humanité. Ou à la divinité! Car quoi donc nous prouve que Dieu, tel que l'ont conçu les Bibles, n'est pas un fou dont la folie naquit si anciennement et se perpétuera si infiniment qu'il a bien fallu la prendre pour l'éternelle Raison? Mais je demeurais déplorablement sensé. Même, depuis beaucoup de temps, Nyx ne me hantait plus. Était-ce que, guillotiné, place de la Roquette, à

cause de l'abominable affaire de ces quinze rôdeurs
(l'un, nègre, c'était Nyx), qui avaient, dans le fossé
des fortifications, violé trois vieilles et égorgé, sans
les violer, trois fillettes, — préférant les vieilles,
— le vrai Nyx avait dérobé toute excuse d'appari-
tion à l'autre Nyx, qui n'était, en réalité, que le
reflet noir de ma conscience? Ou bien était-ce
que ma seule conscience suffisait au double dé-
bat? Le certain, c'est que je ne voyais plus la
petite face sombre, aux dents trop blanches entre
des lèvres noirâtres, rosâtres, — l'antique face du
pantin, Sorcier des noirs! — et je suffisais à ma
damnation. D'ailleurs, je savais bien que je n'étais
pas délivré. Il y avait, toujours, le puits noir, en
ruines, où Baubô attend, et regarde, et attend
encore, et regarde encore, en espérant que l'éternelle Laideur sera bientôt assez bien parée pour
se marier avec l'éternelle Nuit. Hélas! comment
(et en châtiment de quelle immémoriale faute),
se fait-il que j'aie été choisi pour être le bijoutier,
le couturier de l'épouvantable mariée, de l'immonde féminin éternel en son puits pas même
profond; Nyx pourrait bien s'occuper, lui-même,
de sa fiancée. Oh! j'ai tort de le nommer. Il va
venir. Il va me parler. Il va me reprocher de ne
pas avoir assez enrichi les parures dont Baubô
s'enorgueillira le jour des noces définitives, — le

jour où il n'y aura plus que la Nuit et le Mal dans le monde, et dans tous les astres, mondes aussi. Non ! non ! que Nyx n'apparaisse pas ! D'ailleurs, je suis tranquille. Il n'apparaît plus. Même cela m'humilie un peu de n'avoir plus d'enfer en mon péché. Et je ne suis qu'une canaille humaine... — pas même des Lauriers noirs ! et traînant, parmi toutes les choses dédaignables et méprisables, l'ennui d'avoir si longtemps déjà dédaigné et méprisé, et l'aveu de moins valoir moi-même que tout ce que j'avais méprisé et dédaigné, je me sentis, un jour, si fatigué, si écœuré, — si peu ressemblant à n'importe qui, qui aurait encore un rêve ! — que, réduit au retour vers l'instinct par la déception de toutes les chimères et par toutes les peurs de tant de châtiments mérités, — je m'écriai, en levant les bras, un matin, comme un bébé malade qui veut qu'on le caresse et le sauve :
« Maman ! maman ! »

II

Menteur!

Ce n'était pas, spontanément, de l'intime de moi, *de profundis* de mon désespoir, qu'était sorti ce cri de recours vers la mère salvatrice! vers celle qui, avec des mains de tendresse lumineuse, vous tire du fond de l'ombre. Non, une circonstance m'avait fait penser à maman. J'avais, rue de Richelieu, sous la porte de la bibliothèque, rencontré, — j'entrais, il sortait, — le comte d'Aprenève. Je le devinai, plutôt que je ne le reconnus. Hélas! qu'il avait changé, depuis dix-huit années, depuis qu'il avait cessé d'être mon père. Toute l'aisance épanouie, qu'il fut, s'était amincie, resserrée, comme appauvrie, en de l'étriqué triste et sournois. Je ne savais rien de sa vie récente. Elle avait donc déchu encore, après l'initiale catastrophe, en plus de mélancolie quotidienne? il n'écrivait donc plus dans les journaux trop révolutionnaires, et pas assez, où sa renommée d'ancien premier ministre lui assurait une suspection de mouchardise vraiment prépondérante, presque gouvernementale et diplomatique? Jusqu'où était-il descendu? Ou bien, vers quoi était-il remonté? Car il me sembla entrevoir, dans ses yeux moins saillants, plus étroitement voilés, un peu du hagard du rêve. Et il n'avait plus ces favoris énormes, à droite, à gauche, réjouissants, blondissants, puis qui s'argentèrent, à peine, comme s'ils étaient enrichis, modestement. Une longue barbe fine, toute blanche, lui fluait des maxillaires et du menton, jusqu'entre la double rangée des boutons de sa redingote malpropre, comme la fin d'un menu ruisseau de neige qui fond en pointe sur un lit de sale charbon pilé. Le comte d'Aprenève me reconnut-il? je ne sais. Je suis bien certain que, s'arrêtant, il me regarda; et il me sembla qu'il y avait dans ses yeux du reproche, mais sans volonté de revanche, et de la tendresse aussi, comme avec une promesse de salut. Voilà qui est, tout de même, quelque peu étrange : et je n'étais pas fou, non, je n'étais pas fou; je n'étais qu'effroyablement misérable, ce qui est bien pis! néanmoins j'éprouvais, à chaque instant, à l'aspect d'une chose, ou à la rencontre d'un être, ces émotions, pas légitimes du tout, d'un imprévu comme surnaturel et d'une intensité comme infernale ou paradisiaque, — qui sont, à ce qu'on assure, le privilège des fous, des fous, des heureux fous! M. d'Aprenève s'en allait dans la rue; j'entrais dans la cour de la Bibliothèque. Il me sembla que, par-dessus l'épaule sale de sa redingote, tremblait vers moi, retournée, la pointe si fine de sa barbe, comme un signe pâle et léger! — Mais c'était maman, qui, là-bas, dans sa retraite, dans sa solitude, aurait les mains pleines des roses pâles de la compatissance, et des lys, délicieusement flétris, du pardon.

III

Je m'étais informé. Hélène d'Aprenève, depuis longtemps, ne séjournait plus aux environs de Paris. La communauté des Clarisses, où elle élut refuge, avait plusieurs monastères dans les départements; maintenant, ma mère, qui ne pouvait pas prononcer de vœux, habitait, m'apprit-on, dans un très sauvage enfoncement de l'Argonne; il y avait, là, — en face du couvent, — une espèce de ruine seigneuriale, château enfin réduit à une tour unique, encore habitable des loups, en bas, en haut des corbeaux et des recluses; et la Supérieure y logeait, moyennant une pension médiocre, les personnes bien recommandées qui désiraient faire pénitence. Elles assistaient, le jour, aux offices de la chapelle conventuelle; deux religieuses leur apportaient, dans la tour, le matin et le soir, le jeûne du réfectoire; et elles entendaient, la nuit, la cloche qui éveille. Elles pouvaient se lever pour prier dans leur chambre, les genoux nus sur les carreaux nus, ou demeurer couchées, paresseusement; celles qui se levaient, en surcroît du mérite de toutes les autres nonnes en prière, avaient celui de ne pas être obligées à l'avoir; j'aimais à penser que maman, avant toutes les aurores, s'éveillait, et priait, pour elle, pour tout le monde, pour moi... Elle croyait, elle! Ah! maman, maman, chère conteuse de mes premiers rêves, qui devinrent des cauchemars, chère semeuse de mes premières illusions, qui fleurirent en noires orties ironiques, maman, maman, est-ce que vous aviez encore, au bord souriant de vos yeux résignés, au coin de vos lèvres, et dans le chant de votre voix, où rêvent et soupirent des échos de paradis, un peu d'idéal, un tout petit peu d'idéal, afin que je ne meure pas dans la définitive ordure du total univers terrestre, putréfié de moi, autour de moi?

IV

J'arrivai, à onze heures du soir, dans le pays où vivait maman toute en soie. En soie glacée. C'était par une très dure et très claire nuit de décembre, d'un décembre où le froid sévissait étrangement ; et, descendu du train, — le couvent, m'avait-on dit, était à cinq ou six kilomètres de la station, — je vis, tandis que s'éteignaient la gare et les rares estaminets, et qu'un homme en limousine d'où sortaient des poils de chèvre, lançait sur la guimbarde le sac des journaux et des lettres, je vis, jusqu'au fond de tout, l'énorme ciel de gel bleu et toute la terre de gel pâle, jusque si loin qu'il semblait qu'il n'y eût pas d'horizon ! Je crus que c'en était fait de la borne du regard, tant jamais je n'avais à ce point dépassé l'extrême prolongement de la vue humaine, et, déconcerté d'infini, je grimpai dans la vieille voiture, qui, rudement cahotante et geignante avec des bruits de vitres secouées, conduit de la gare à la bourgade où les Clarisses ont leur monastère.

Familièrement installé à côté de moi, tandis que, sur le siège, quelqu'un que je n'avais pas vu, que je ne voyais pas, fouettait affreusement son cheval :

— Ah! monsieur, bavarda l'homme à la limousine fourrée d'une toison de bique, ce n'est pas pour dire, mais, vrai, si nous n'y étions pas obligés par le règlement, et si nous n'espérions pas un bon pourboire, le petit noiraud et moi...

— Le petit noiraud? m'écriai-je.

— Oui, c'est le nom qu'on donne au garçonnet qui conduit; parce qu'il est comme tout noir; on le prendrait pour un petit nègre.

— Quoi? dis-je en un frisson, on le prendrait pour un petit nègre?

— Si monsieur veut le voir?

— Non, non, dis-je, je le connais.

— Monsieur connaît le noiraud?

— Je veux dire que je me l'imagine.

— Enfin, ce n'est pas amusant pour nous, n'est-ce pas, de mener du monde à la Heurlonne, les soirs, dans le froid. Et, tout de même, qu'est-ce que vous pouvez bien aller faire à la Heurlonne, par un temps pareil? demanda le conducteur, bonne face d'ivrogne qui aurait bien voulu rester à jouer sa partie de dominos, dans le café, en face de la gare, ouvert pour les habitués.

En l'interrompant d'un geste bref :

— Où pourrai-je loger, cette nuit?

— Il n'y a qu'une auberge. L'hôtel des Trois-Empereurs.

— On y est bien?

— Non. Pourtant, deux chambres à peu près confortables.

— Je les prendrai toutes les deux.

— C'est que l'une est au premier, l'autre au troisième.

— Je prendrai celle du premier.

— Vous avez raison. Elle a une cheminée, qui fume. Mais, enfin, une cheminée.

— Je la prends.

— Vous avez tort.

— Pourquoi?

— Parce qu'elle n'a pas de carreaux aux fenêtres.

— Peste! par ce temps! je préfère...

— La chambre du troisième? Vous n'avez pas tort. Il y a des carreaux, partout, aux deux croisées; seulement, il n'y a pas de cheminée.

38.

Et le conducteur éclata de rire. Je lui fis signe qu'il pourrait bien monter sur le siège, à côté du petit noiraud. Est-ce que c'était Nyx, l'irréel et véritable Nyx, qui conduisait l'omnibus ? Resté seul dans la guimbarde cahotante et geignante, je collai mon front à l'une des vitres, — j'en eus la peau très froide, — et je vis la beauté de l'hiver nocturne.

C'était, partout, du pâle plus léger que du blanc de buée, plus diaphane que de l'eau de source où se serait noyée une nuée inclinée, et, à travers tout cet infini de lumière délicieusement éteinte en presque clarté, se prolongeait, dans la pure froidure, jusqu'au miracle de l'infini, le glacis de l'énorme plaine gelée sous le glacis énorme de l'universelle banquise bleue du ciel ! Et il y avait, plus loin encore, des dressements de sapins noirs, comme des géants embusqués sous des manteaux de neige, démesurées blancheurs éployées ! Mais le noir des sapins, à un tournant de route, disparut de mon regard. Ce ne fut plus que l'immense pâleur transparente de tout, entre l'immensité du double gel terrestre et céleste, et tout se prolongeait si immatériellement, et si sainement vaste, clair et pur, que je croyais traverser tout une idéale région de justice, de chasteté, de sévérité purificatrice. O universelle candeur de l'irréprochable nuit d'hiver !

Et que serait donc, après cette nuit d'équitable et salubre clarté, l'aube puérile et rose, exquise, du matin qui pardonne?

— Hein! fis-je.

J'avais entendu un bruit bizarre, un bruit qui n'était ni celui de la voiture, ni celui du cheval trottinant sous le fouet; quelque chose comme le trap-trap-trape-trap, régulier, d'une troupe de bêtes qui galope. Je me détournai du carreau où j'avais collé mon front. Je baissai la vitre de la portière. Je regardai le beau chemin pâle tout scintillant de givre partout éparpillé en semis de pierreries blanches. Un assemblement de noires choses vivantes nous suivait dans la nuit.

Après un coup de poing au toit de la voiture :

— Ne faites pas attention! cria en se penchant un des hommes qui étaient assis sur le siège.

— Qu'est-ce que c'est? dis-je.

— C'est les loups.

— Les loups?

— Oui. Ils descendent des bois et des montagnes, quand l'hiver est très froid. Ils ont faim. Il leur arrive d'emporter des bêtes de basse-cour, ou des petits enfants. Tout de même, il ne sont pas bien redoutables. Parce qu'ils sont très poltrons. Ainsi, ils nous suivent, n'est-ce pas? Mais il n'y a pas de danger qu'ils nous attaquent. Si nous nous arrêtions, ils s'arrêteraient aussi. Ils espèrent que quelqu'un ou quelque chose tombera sur la route. Voulez-vous que nous nous arrêtions?

— Non, non, dis-je, c'est inutile, je suis pressé.

En effet, j'entendais toujours les trap-trap-trape-trap de la troupe des loups, mais il ne sonnait pas plus proche... et je me retournai vers la nuit austère et blanche. Maintenant, tout au fond du céleste bleu pâle scintilla, si lontaine, une seule étoile, au-dessus d'une mince hauteur sombre. Etait-ce une étoile, en effet, ou bien, — savais-je ? — était-ce, à la fenêtre de la cellule, au haut de la tour ruinée et debout encore, la lampe de ma mère, la lampe de maman qui veillait en prière, de maman qui priait pour moi?

V

Après la mauvaise nuit dans l'auberge froide, je sortis vers le cloître. Le noiraud me disait : « C'est par là, M'ssi! c'est par là! Voulez-vous que je vous conduise? — Non! non! » Et je fus un peu déçu, je l'avoue, parce que le matin n'était ni bleu ni rose. Tout autour de moi, il n'y avait que de l'opacité blanche. Un dense brouillard s'était formé, à travers lequel je discernai mal les plus proches formes, ce peuplier où je faillis me heurter, ce fossé où je fus sur le point de choir, et la traversée d'une basse forme sombre, chien de ferme peut-être, farouche, ou loup attardé qui regagne la nuit des sapinières. Néanmoins, je distinguai, vaguement d'abord, comme une haute barrière obscure : ce devait être la façade de l'édifice conventuel. Il me parut qu'il était là comme pour qu'il n'y eût plus rien au delà de lui. Il semblait une offre, et un refus. Et, autour de la pieuse bâtisse silencieuse, autour de la bâtisse de foi et de rédemption, vers la cime où, si lointainement dorée, s'érigeait une croix, tout le brouillard blanc du matin d'hiver était une troupe, agenouillée et levant haut les bras, de jeunes communiantes en oraison.

Je me heurtai à du bois dur, — la porte du couvent. Je voyais maintenant toute la porte. C'est singulier, ces brouillards intenses. Longtemps les yeux ne perçoivent rien du tout, ou presque rien. Puis, soudain, l'ouate de brume se vaporisant, ils voient tout, très nettement, comme si la Lampe de l'ombre blanche s'était allumée.

Cette impression d'être dans de l'épaisseur blanchâtre, puis tout à coup diaphane, je ne l'avais pas eue depuis longtemps. Non, vraiment, je ne l'avais pas eue depuis le temps où, avec Myrrhine, j'habitais dans l'île blême. C'était une île aussi, la tour où vivait ma mère... une île très haute, une île céleste, une île-étoile !

Je me hâtai, après avoir touché le grillage du grand battant, de tirer le bouton de la sonnette.

Rien. Pas de réponse. Le silence. Je sonnai encore. Inutilement.

— M'ssi! M'ssi! dit le petit noiraud.

Il m'avait suivi, éperdu sans doute d'un espoir de pourboire.

— Eh bien! quoi? dis-je.

— Il ne faut pas sonner, ici. Cette porte ne s'ouvre que quand l'évêque vient, après avoir prévenu. Il y a la petite porte, de l'autre côté du couvent. C'est là qu'il faut sonner. Venez, venez. Seulement, les Vieilles ne sont pas encose levées.

— Les Vieilles?

— Oui, les religieuses.

— On les nomme les Vieilles?

— Oui.

— Toutes?

— Toutes.

— Pourquoi?

— C'est une idée du gros Firmin, celui, vous savez, qui est conducteur de l'omnibus.

— Je sais.

— Et moi, je suis le petit noiraud, qu'on a appelé comme ça, parce que je suis noir...

— Comme la Nuit! Je sais, je sais, murmurai-je très vite.

— Firmin dit : « Puisque c'est des femmes, et qu'elles n'ont ni maris ni amants, ni fillettes, ni garçons, c'est des vieilles. » (nous tournions l'angle de l'édifice entre le brouillard blanc), et il boit à la santé des Vieilles!

— Au moins, demandai-je, on n'a rien à dire contre elles? Ce sont de bonnes chrétiennes, de braves Sœurs?

— Ah! ah! ah! dit le noiraud, des sœurs...

— Sans doute?

— Des sœurs qui n'ont pas de frères, alors!

— Pourquoi dis-tu ça?

— Pourquoi me demandez-vous pourquoi je le dis, si vous n'avez pas envie d'apprendre que c'est vrai?

Qui avait parlé ainsi? Ce petit palefrenier n'avait pas pu parler ainsi. Qui donc avait parlé? Qui donc avais-je entendu? Je me penchai vers le jeune garçon. Sa face, regardée de tout près, dans la brume, était, vraiment, toute noire; elle ressemblait à une petite lune d'ébène qui crèverait un ciel de neige.

— M'ssi! M'ssi!

— Quoi?

— C'est drôle, dit-il.

— Quoi!

— Vous n'avez pas entendu?

— Non...

— J'ai entendu, moi. Quelqu'un parlait. Ce n'était

pas moi, et ce n'était pas vous non plus. Souvent, — vous n'avez pas remarqué? — on dirait qu'il y a des gens qui rôdent, autour de vous, pour dire des choses qu'on ne voudrait pas dire, qu'on ne pourrait pas dire... des gens qui les disent pour vous.

— Nyx! hurlai-je.

— Quoi, M'ssi!

— Nyx!

— Je ne m'appelle pas....

— Nyx?

— Non, le noiraud.

— Ah! oui.

Je repris haleine.

— Pourquoi disais-tu que les Clarisses sont des sœurs qui n'ont pas de frères?

— Parce que, lorsqu'on manque du pain de seigle, elles mangent de la miche, parce qu'elles dorment pendant qu'on veille, parce qu'elles ne font rien pendant qu'on travaille, parce qu'elles vivent pendant qu'on crève, parce qu'elles espèrent pendant qu'on souffre, parce qu'elles ont le ciel, tandis que, pour l'avoir mérité, ce ciel; nous avons, nous, l'enfer!

— Nyx!

— Adieu.

— C'est toi?

— Non.

— Reste!

— Non.

— Je t'en conjure...

— Ingrat! Ah! vraiment, elle ne te suffit point, la gloire de parer Baubô, la gloire d'être celui qui, élu par les providences infernales — Vritra, Ahriman, Lucifer, Nyx, n'importe — érigerait enfin, resplendissante des Tares universelles, la gloire de l'éternelle ignominie humaine, jusqu'à en faire la Souveraine éblouissante de tous les univers? non, cette gloire ne te suffit pas. Tu as une conscience. Tu te plais à avoir une conscience. Tu voudrais être bon. Est-ce que tu crois, imbécile, que tu en as l'étrenne, de vouloir être bon, et que le Mal ne serait pas content d'être le Bien? Qui sait, d'ailleurs, si, — dans un autre ordre d'idées morales — le Bien, ne pourrait pas avoir d'excellentes raisons pour vouloir, par honnêteté, être le Mal? Et voici que, comme un niais, tu t'en viens, — pour leur demander (ah! pauvre que tu es!) l'apaisement de toutes les douleurs précisément qu'elles ignorent, et dont elles ne sauraient concevoir l'essence, — vers ces niaises qui font leur salut, comme on pique à la machine? Certes, ne crois pas un instant à l'infamie grivoise des calomnies. Je te le dis, n'y crois pas. Le Diable n'a pas besoin de mentir. La Vérité lui suffit. Ne crois jamais — malgré Diderot — au libertinage excitant des doigts de nonnes joints, ni aux lèvres mêlées qui échangent des odeurs d'ambre, dans les lits qui font de Dieu un Sganarelle! Non, les nonnes sont chastes, sales, pas mauvaises. Elles sont les servantes vraiment résignées; et malpropres, de Jésus. Vierges, sans doute, martyres peut-être, sottes, certainement.

— Tu sais bien que je ne suis pas venu ici pour les Clarisses, je suis venu pour voir maman qui me pardonnera, qui me consolera, qui me sauvera...

— Eh bien, voici la petite porte du cloître. Sonne. Une sœur viendra et te conduira à la ruine où habite ta mère. Va. Sonne,

— Pourquoi ne me diriges-tu pas toi-même?

Lucifer dit :

— Je ne suis jamais allé jusqu'au seuil de Marie. Je pense, ajouta le noiraud, que monsieur n'oubliera pas le garçon qui s'est levé pour lui montrer le chemin du couvent.

Je lui donnai une pièce blanche. Il s'échappa en gambadant. Evidemment, je n'étais pas fou. Mais je m'apercevais avec plaisir que j'étais sur le point de le devenir. Mais oui, — oh! quelle joie! — je faisais des progrès vers la chère maladie souhaitée, éternelle santé antérieure peut-être; j'étais dans ce qu'on pourrait appeler la convalescence de la raison.

La sonnette tirée, une vieille figure, sous du linge, apparut dans l'ouverture d'un guichet. J'expliquai que j'étais le fils de Mme Hélène d'Aprenève et que je venais pour la voir.

— Bien, bien, monsieur, me dit la sœur. Je croyais que c'était le laitier. Vous venez pour voir la Mondaine ?

— La Mondaine ? fis-je.

— Oui. Celle qui habite dans la tour.

— Justement.

— Moi, je ne sais pas bien où c'est, la tour. C'est, je crois, de l'autre côté du couvent. Ma cellule ne donne pas de ce côté-là. Il faudrait demander... Attendez...

— Non, dis-je.

Je m'éloignai. Je trouverais bien la tour à travers la densité blanche. Presque à tâtons, je longeai le mur, je devinai qu'une route passait entre des maisons presque invisibles... La tour sombre et fine se dressa tout à coup comme une énorme lance fichée en terre ! et, levant les yeux à travers le pâle brouillard, je vis que, un peu plus haut que ma tête, et beaucoup plus haut, l'air était bleu, rose, diaphane ; et, comme à une fenêtre qui se souviendrait d'avoir été une étoile, je vis, au haut de la tour, maman, maman, maman, claire et jolie !

Mais elle ne pouvait pas me voir, elle, de si haut, à cause du brouillard d'en-bas.

Elle dit :

— C'est vous, ma sœur?

— Non, dis-je.

Sans doute, elle entendit mal.

— C'est vous? reprit-elle. Vous savez que tout est fait, comme ça a été convenu. Trois heures d'oraison. Une heure d'agenouillement. J'ai tout fait. Vous pourrez le dire à madame la supérieure.

— Maman! criai-je.

— Oh! dit-elle, ce n'est pas vous, ma sœur?

— C'est moi, ton fils, ton fils, Arsène!

— Mon fils?

Il me sembla, tant elles furent douces, que ces deux syllabes tombaient du ciel en deux gouttes de lait de maternelle sainte. Puis maman dit, d'une voix si rieuse qu'elle me rendit toute la terrasse lumineuse de Courances, près de la volière ensoleillée :

— Viens, viens, monte! Allons, monte! Ce n'est pas difficile d'ouvrir la porte, il n'y a qu'un loquet. Tourne la chevillette, la bobinette cherra.

Et je crus que j'entrais dans le Salut par la petite porte ancienne et fleurie du Conte.

VI

Après les cent marches de l'étroit escalier tournant, j'entrai dans la petite chambre. J'eus tout de suite une surprise, celle de ne point sentir, à mon cou, les chers bras soyeux de maman. Pourquoi n'était-elle pas venue à ma rencontre? Pourquoi ne m'embrassait-elle pas déjà?

Ainsi qu'autrefois sur la chaise longue, elle gisait paresseusement, douloureusement, semblait-il, sur les carreaux de la chambre. Comme exsangue, et jaune entre de tristes cheveux gris, sa figure avait l'air de sa ressemblance en vieil ivoire dans un écrin d'ouate sale; il me parut que maman n'était plus en soie ; qu'elle était toute en bure, en vilaine bure.

Elle ne se tourna point vers moi. On eût dit qu'elle ne m'avait ni entendu ni vu entrer. Elle lisait dans un tout petit paroissien, avec de vives lèvres muettes.

Hélas ! pourquoi m'accueillait-elle ainsi, après les douces syllabes tombées de la fenêtre comme deux gouttes de lait céleste, après la jolie tendresse d'un souvenir de conte de fées ? Certes, j'avais été infiniment coupable envers elle ; je l'avais, odieusement, suspectée, interrogée, torturée ; à m'ouvrir son âme (extrémité où je l'avais réduite), elle avait dû souffrir bien davantage qu'à ouvrir son corps pour m'enfanter — bien qu'elle eût usé, dans l'aveu, je m'en souvenais, d'atermoîments, de ruses et de mensonges, bien propres à en diminuer le mérite ; et c'était moi, enfin, malgré mon hésitation, à la dernière minute, devant l'outrage suprême, c'était moi qui, par l'abominable Fabien Liberge, l'avais précipitée de la gloire, de la richesse, de tous les triomphes, dans la médiocrité de la solitude. N'importe, je venais vers elle, repentant et attristé, ah ! si attristé et si misérable, je venais vers elle, après tant d'ignominies, comme vers la seule tendresse, comme vers la seule pureté, à peu près intacte (pourquoi ai-je écrit : « à peu près » ?

Va je t'étranglerai, exécrable amant de Baubô !) comme vers la seule pureté qui pût faire se lever en moi une renaissance d'aube, pareille à un réveil de prière matinale ! (oh ! les plus sombres âmes seraient sauvées par la rosée de matines !) et, loin de faire tendrement fête à ma sincère repentance — ce n'était pas maman, peut-être, qui les avait dits, les mots tombés de la tour, c'était peut-être le noiraud, ou Nyx, ou moi-même ! — loin de me serrer contre son cœur maternel et rédempteur, elle lisait dans son livre et ne me voyait pas.

Il y eut un long silence.

Je regardai autour de moi.

La chambre ressemblait à un étroit décor de prison dans un drame moyen âge, mais avec des fanfreluches blanches, pendues un peu partout : des images de papier feuilleté, des couronnes d'argent et des bouquets de fleurs des champs, artificielles. Je remarquai, non sans étonnement, deux paires de béquilles, une paire ci, une paire là, en croix au mur comme des fleurets dans une salle d'armes. Et un parfum, fadement rance, d'encens, errait partout, se posait à tout, aux béquilles, aux couronnes, aux images, comme d'invisibles papillons faits de l'odeur d'une prière de vieille sainte.

Je m'agenouillai, avec une tendre ferveur.

— Ma mère, ma mère, dis-je en mettant dans

ma voix toutes les sincérités dont j'étais capable (ah! que c'en était peu, misérable!) ma mère, pardonnez-moi et consolez-moi.

Elle ne répondit point. Elle continuait de lire. Certainement, je devais avoir l'air très stupide, à genoux, avec mon chapeau haut de forme sur la tête, que je n'osais pas ôter, à cause du ridicule de ce geste en pareille circonstance.

Enfin, elle ferma son livre, fit le signe de la croix, tourna vers moi son visage où il n'y avait plus rien que l'ombre de la disparition de la beauté; et, semblable, en réalité, à une vieille dame dévote, un peu malade, que je verrais pour la première fois, elle me dit, non sans essayer de paraître contente et gaie :

— Ah! c'est vous, mon cher Arsène? Vous ne pouvez imaginer le plaisir que cela me fait de vous voir. Vous vous portez bien? Vous vous êtes toujours bien porté? Il faut d'abord que vous me donniez des nouvelles, des nouvelles de tout le monde. Je sais bien que ces curiosités ne nous sont pas permises, à nous autres recluses. Mais le bon Dieu est si bon, si bon, et Madame la supérieure est si indulgente (c'est elle qui nous confesse, par autorisation spéciale!) que je me hasarde au péché de m'informer du monde. Et puis, vous êtes mon fils. Il n'est pas du tout défendu de causer avec son fils.

Alors, causons. Comment va le docteur Lecauchois ?
Est-ce que vous avez entendu dire qu'il est mort ? Il
me semble avoir lu dans le *Petit Journal* — car, vous
ne savez pas, je reçois, ne logeant pas au couvent,
le *Petit Journal*, et c'est pour ça qu'on m'appelle
la Mondaine, — il me semble avoir lu que le docteur Lecauchois était mort. Un de ses fous, dans sa
maison de santé, l'aurait, paraît-il, étranglé. Ce
serait grand dommage. C'était un brave homme.
Il n'était pas très religieux, non, mais il était plein
de respect pour les choses sacrées ; je suis bien
certaine, s'il est mort, qu'il a fait appeler un prêtre,
avant l'agonie. Et M. d'Aprenève, qu'est-il devenu ?
Il me sert toujours une petite pension, pas très
régulièrement. Comme c'est à moi qu'il dut jadis
toute sa fortune, il pourrait faire un peu plus.
N'importe, je me contente de ce qu'il envoie, je
suis résignée à tout, et je suis heureuse d'être
résignée. Mais je vous parle de moi et de tout le
monde, je ne vous parle pas de vous-même. Que
vous est-il arrivé ? Êtes-vous marié ? Non ? Vous
avez eu tort de ne pas épouser une honnête et
pieuse personne. Myrrhine était bien excentrique.
Vous me parlerez d'elle, tout à l'heure. Revenons
à vous. Lorsqu'on vit la vie du monde, il faut se
marier, et avoir des enfants, pour en faire de bons
chrétiens. Sans doute, vous n'avez pas trop changé,

je vous ai reconnu tout de suite, mais, enfin, vous n'êtes plus jeune, puisque je suis si vieille, et, quelle que soit votre situation dans le monde, vous auriez dû sentir le besoin de la consolider sur des bases sérieuses, régulières, vraiment honorables, conformes à la volonté de Dieu. Puisque vous n'êtes pas marié, il faut vous marier, mon fils! Et, tenez, voulez-vous que Madame la Supérieure s'occupe de vous chercher une femme? Je pense que, à ma prière, elle consentirait volontiers à s'occuper de votre bonheur. Elle a beaucoup de relations dans les riches familles de l'aristocratie du Midi, et dans celles de la haute bourgeoisie des villes usinières du Nord. Des familles catholiques, irréprochables. Si seulement vous consentiez à être, deux ou trois automnes, brancardier dans une station de miracles, — par exemple, à Pibrac, c'est la plus distinguée, — je suis sûre que nous vous trouverions un excellent parti. Voyons, est-ce convenu, Arsène, voulez-vous qu'on vous cherche une femme?

Je m'écartai, je regardai ma mère, je criai :

— Maman! maman! qu'est-ce que vous faites ici?

— Mon salut, dit-elle, à demi soulevée.

— Maman! maman! est-ce que vous croyez en Dieu?

Debout, et levant, d'un geste timide et hautain à la fois, de longs bras de bure :

— Demande cela aux martyrs! dit-elle. Je ne suis qu'une pénitente, je ne suis qu'une aspirante à la Foi... Et, ajouta-t-elle, le geste retombé, avec son sourire de jadis, il ne faut point m'empêcher d'y atteindre.

Elle poursuivit :

— Mais je bavarde, je bavarde, je ne vous fais pas les honneurs de chez moi. Vous savez, c'est un petit musée, ici, sans qu'il y paraisse. Donnez-moi la main, que je vous conduise. Cette couronne blanche, que vous voyez là, a une grande importance! C'est une couronne de catéchumène. Elle m'a été offerte par la fille du maire de notre commune. Ce maire est un juif. Avec l'autorisation de Madame la Supérieure, j'ai tant fait, j'ai tant fait, qu'il a autorisé sa fille à recevoir le baptême et à faire sa première communion. Aussi, nous l'avons fait nommer chevalier de la Légion d'honneur. Et voici toutes les images que m'ont données les petites à qui j'enseigne le catéchisme ; car M. le curé n'a pas toujours le temps. A côté, ce sont les ex-voto qu'ont voulu mettre au mur de ma chambre les familles de qui j'avais soigné les malades.

— Mais, maman, dis-je, ces béquilles?...

— Ces béquilles?

— Oui, ces béquilles, deux ici, deux là.

Mme d'Aprenève se détourna, comme honteuse.

— Ah! dit-elle.

— Enfin, maman?

— Non, laissons cela.

— Je vous prie?

— Eh! ce n'est pas un mystère, en somme. Voici ce qui est arrivé. Il y a un petit ruisseau, outre le couvent et la tour. C'est là que je vais laver mon linge, par humilité, et pour l'amusement, pour passer le temps. Eh bien, il paraît que deux estropiés du pays, des mendiants estropiés, qui sont venus se baigner où j'avais lavé mon linge, sont sortis de l'eau pas estropiés du tout, et joyeux, et dansants! Alors, en témoignage de reconnaissance, ils m'ont envoyé leurs béquilles. Je les ai accrochées là, pour ne pas désobliger la foi de ces pauvres gens. Mais tu penses bien, dit-elle, que je ne me crois pas du tout capable de faire des miracles! Cependant, les voies de Dieu vont par où elles veulent.

— Adieu, ma mère, dis-je.

— Attends, dit-elle, j'ai quelque chose à te demander. Pas pour moi, je n'ai plus rien à espérer que le salut, si je me rends digne de l'obtenir. Non, il ne s'agit pas de moi. Je veux te parler d'une sœur qui est vraiment très méritante; tiens, c'est elle qui a conseillé aux estropiés de m'apporter leurs béquilles. Elle s'appelle sœur Félicité. Tu te rappelleras ce nom? Elle est de très bonne famille; elle se nommait dans le monde Mlle Agathe de la Cermillière; son oncle a été zouave pontifical; et elle a eu un ancêtre à qui un écuyer de Saint Louis a donné la peste. C'est une très belle légende. Et, voici que Madame la Supérieure est couverte de rhumatismes; elle ne peut plus du tout s'occuper des affaires de la communauté; on craint, même, qu'elle ne meurt bientôt. Or, — je ne parle pas de moi, qui suis mariée, — il n'y a que sœur Félicité, dans tout le couvent, qui soit digne de la remplacer. D'ailleurs, amies comme nous sommes, elle ne ferait jamais rien sans me consulter; et c'est moi qui m'occuperais de tout. Mais il y aura des intrigues, comme tu penses bien. Toutes les candidates vont écrire à leurs anciens directeurs de conscience et à leurs familles. Toi, tu dois avoir beaucoup de relations à Paris. On sait que, même d'opinions différentes, les journalistes se rendent des services entre eux; eh bien! si tu en as l'occasion, pour m'être agréable, tâche d'être utile...

— Oui, maman, dis-je, le pied déjà sur la première marche.

— A sœur Félicité.

— Oui, maman, dis-je, descendant vite.

— Recommande-la...

— Oui, maman.

— Ou fais-la recommander...

— Oui, maman.

— A l'archevêché...

— Oui, maman.

— Et à la nonciature.

— Oui, maman, je la ferai recommander, hurlai-je, par le Spectre de Fabien Liberge !

Et je dégringolai comme on se précipite. Le brouillard de toute la plaine s'était épaissi. On marchait dans du lait épars. « Monsieur veut-il qu'on attelle pour le reconduire à la gare ? — J'aime mieux aller à pied, j'aime mieux courir ! — C'est comme il plaira à monsieur. » Et le noiraud marchait devant moi en fredonnant un inepte refrain, alors en vogue : « C'est bien fait ! C'est bien fait ! Fallait pas qu'i y aille ! Fallait pas qu'i y aille ! C'est bien fait ! »

FIN DU SIXIÈME CAHIER

SEPTIÈME CAHIER

D'ARSÈNE GRAVACHE

Pour Electra.

I

Tous les soirs, en compagnie de quelques spectres, je prenais l'absinthe dans un petit café de la rue Vavin. L'absinthe était exécrable. Tout le monde la trouvait bonne. Des imbéciles ! elle ne valait rien. J'en prenais deux, trois, quatre verres. Les spectres me regardaient boire, et riaient en me regardant. Personne ne s'apercevait d'eux. Moi, je les voyais bien. Et je ne m'en étonnais plus, ni ne m'en effrayais. Je les connaissais depuis longtemps. C'étaient ceux qui me faisaient la révérence, après minuit, quand j'entrais dans mon antichambre, le bougeoir tremblant dans ma main, et qui me retiraient mon pardessus, me conduisaient vers mon lit, me déshabillaient, me déchaussaient, me disaient : « Bon sommeil ! » après avoir baissé la lampe; ceux qui, le matin, m'apportaient, dès mon réveil, ma tasse de chocolat. Et, durant toute la journée, ils m'accompagnaient, vaquant à mes occupations. Ils n'étaient point méchants, ils étaient plutôt gracieux, et très bien élevés. Ainsi, dans le petit café de la rue Vavin, à l'heure de l'absinthe, si des personnes, ne les voyant pas, naturellement, voulaient prendre place où ils étaient assis, ils s'évanouissaient, très discrètement, puis ils s'asseyaient pour causer le moins de dérangement possible, celui-ci sur les genoux de celui-là; et, souvent, les spectres qui étaient des dames s'asseyaient sur mes propres genoux, en manière de plaisanterie agréable. De sorte que j'étais tout à fait habitué à eux... Je mens ! je mens ! je mens ! Les nuits, les matins, les après-midi, les soirs, mes dents grinçaient d'épouvante, — oui, même au café Vavin, à l'heure de l'absinthe, — à cause des spectres familiers. Ils riaient? oui. Comme des têtes de morts. Ils me touchaient? Oui. Comme de grandes larves. Et ils me saluaient quand j'arrivais ou m'en allais? Oui. Ces fantômes avaient des politesses d'ordonnateurs des pompes funèbres. Oh! je savais bien qu'ils n'existaient pas en réalité. Vingt fois, je leur avais dit : « Vous êtes du néant, de la chimère, vêtue des extravagances de mon délire. Allez-vous-en ! allez-vous-en ! » Ils ne se retiraient pas. Et ils me regardaient m'endormir, manger, écrire, prendre l'absinthe. Et je les entendais me dire des choses... Oh ! les horribles choses qu'ils me disaient ! les effroyables reproches dont ils me ployaient le cou ! Ils m'accusaient de leur bonheur déchu en désespoir, de leur gloire bafouée, de leurs tendresses violées, de leur idéal ravalé. L'un d'eux, très souvent, — je pense que je reconnus Josias Stock, — me disait dans l'oreille : « Misérable ! misérable ! et imbécile ! il y avait dans le paradis un point sombre, un point noir, que les joyeux anges n'avaient jamais soupçonné, que les anges tristes, eux-mêmes, n'avaient jamais cherché. Mais, toi, ce point sombre, ce point noir, par un abominable instinct, tu l'as trouvé. Et tu l'as marqué de l'ongle de ton index, et tu as enfoncé ton doigt, et tu as fait du point un trou, et tu as élargi le trou, et tu as attroupé les passants de l'idéal, et ils se sont précipités vers ce trou devenu gouffre, et le paradis s'est effondré dans l'enfer, et l'Idéal s'est évanoui dans la Tare ! » Je répondais à Josias Stock : « Pardon ! » Mais je disais aux autres : « Pourquoi suis-je le criminel, puisque c'est vous qui êtes les crimes ? Les innocents n'avaient rien à redouter de moi. L'ombre, ce n'est pas de la faute de la lampe ! — C'est même pour ça, interrompit le spectre de Firmin Lope en ricanant, que, pour leur faire honneur, on appelle les mouchards des réverbères. » Et ces compagnons de toute ma vie, qui n'existaient pas, m'étaient bien plus horribles, en dépit de la satisfaction évidente, — du moins, je l'espérais telle, — de mon sourire, que s'ils eussent existé en effet. Je savais leur mensonge ! et c'était de lui surtout que j'avais peur, — oh ! combien j'en avais peur ! — car, s'ils n'existaient pas, en effet, ils étaient donc moi-même ? et j'étais donc, tout seul, mon propre reproche, ma propre accusation, ma propre damnation, prochaine ?

Il y avait, tous les soirs, au café de la rue Vavin, assis en face de moi, dans l'autre coin, un homme qui ne me gênait pas moins que les spectres. Il buvait de l'absinthe, comme moi. Il avait sur sa redingote noire, pointillée de gris par l'usure, — de ce pointillement du charbon ou de la truffe, — un mince filet de barbe fine, pointue et souple, comme un étroit ruisseau qui flue. Mais je ne pouvais lui voir le visage, parce qu'il tenait toujours baissé jusque sur son nez un énorme chapeau haut de forme, aux très larges bords ; et sa bouche, au lieu de cigare, mâchait un faux cigare, très large, qui cachait les lèvres. Cependant, inconnu, impossible à reconnaître, il m'inquiétait comme quelqu'un qui ne vous est pas étranger, qui, au contraire, vous fut très proche, qu'on a souvent vu autrefois, qu'on a vu récemment, qu'on reverra, — et qu'on ne reconnaît point cependant !

A vrai dire, les premiers soirs, j'avais pensé que c'était un agent de la Sûreté, qui se tenait là, en surveillance ; puis je crus que c'était, malgré sa redingote et son air, en somme, recommandable, quelque infâme drôle attendant la venue d'une fille à qui il extorquera de l'argent ignoblement gagné ; j'imaginai encore qu'il attendait les dupes de quelque tripot mi-ouvert à l'entresol du petit café... D'autres auraient vu en lui un consommateur qui prend un apéritif, le chapeau un peu bas pour se garantir des courants d'air. Je devinais, j'apprendrais, un jour ou l'autre, quelque singularité, malpropre sans doute, en cet homme qui était là.

Un soir, il se leva, non point très solide sur ses jambes. Il était ivre, le malheureux ! Il traversa la salle, vint à moi, ne leva point son chapeau (c'était un homme fort mal élevé ! ou bien il craignait de me montrer son visage ?) et me dit :

— Me permettez-vous, monsieur, de vous offrir une absinthe, et de m'asseoir en face de vous ?

— Ah ! prenez garde ! dis-je.

— N'ayez pas peur ! N'ayez pas peur ! dit-il, la

langue lourde. Je sais. Il y a les spectres. Ils sont assis, là. Je vous observe depuis assez longtemps pour savoir que vous avez, presque toujours, des invités de l'autre monde. Mais, ne craignez rien, je connais ça, les spectres, et ça me connaît.

Se tournant à demi :

— Vous permettez, mademoiselle ?

Et il s'assit.

— Garçon, deux absinthes.

Il s'accouda à la table de marbre. Je m'accoudai aussi. Nous eûmes une conversation assez curieuse.

II

D'abord, je le laissai dire, ne l'interrompant que de quelques brefs monosyllabes excitatifs. Depuis bien longtemps, j'avais remarqué que, si on veut faire parler les gens, il faut, au début surtout de l'entretien, leur parler le moins possible. Ce presque mutisme les gêne, les trouble, leur pèse, ne tarde pas à les mettre hors d'eux; et, — comme un jet d'eau, — la vérité jaillit de l'oppression du silence. Il me dit, dans la pénombre du long café étroit où l'on n'avait encore allumé que deux ou trois becs de gaz :

— Comme on se trompe, n'est-ce pas, monsieur?

La plupart des humains éprouvent une singulière terreur des personnes qui, défuntes, se manifestent à nous. Que cette épouvante est dénuée de tout fondement sérieux! Les hommes et les femmes, devenus extra-mortels par la mort même, ne gardent de la vie de naguère aucune grossièreté chagrinante. Ce qu'ils pouvaient avoir de dur, de pénible, de brutal s'est évanoui avec leur être physique; l'immatérialité implique l'urbanité.

— Eh! eh! fis-je.

— Quoi? auriez-vous à vous plaindre des fantômes avec qui vous faites société?

— Non! non!

— Si vous aviez quelque plainte à formuler sur un tel point, je serais fort heureux de la transmettre à qui de droit.

— A qui de droit?

— Parfaitement.

Ainsi, il se vendait lui-même. Évidemment, les mots « spectres, défunts, mortels » avaient, dans son argot, une signification spéciale; il me supposait environné de malfaiteurs, et, obligeamment, il m'offrait de recevoir ma plainte contre eux, et de la transmettre à ses chefs. J'étais trop près de la découverte pour me contenir davantage.

— Alors, dis-je...

— Hein?

— Vous êtes...

— Mais oui, dit-il.

— De la police ! criai-je en un triomphe d'eureka.

Il ne répondit pas très vite. Il se renversa sur le dossier de sa chaise. Il ôta son chapeau. Je vis le visage triste et désolé que j'avais cru reconnaître une fois que j'entrais dans la cour de la Bibliothèque nationale; et la longue barbe fine fluait, futile et légère, et si mélancolique, entre la double rangée des boutons de la redingote. Il me dit enfin :

— Monsieur, je suis, le comte d'Aprenève, le mari de votre mère; c'est son deuil que je porte, que je porterai toujours.

Il me montra le crêpe de son énorme chapeau.

Je criai :

— Maman est morte !

— Il y a trois ans. Ne le saviez-vous pas? Il est singulier que la Supérieure du couvent des Clarisses — Mlle Agathe de la Germillière, en religion sœur Félicité — ne vous ait pas prévenu. Il est bien plus singulier encore que la comtesse d'Aprenève, qui vous aimait tendrement, ne se soit jamais manifestée à vous depuis sa mort. Ah! que vous m'inquiétez, mon cher Arsène! Eh! quoi, Hélène d'Aprenève, malgré ses vertus, n'aurait-elle point trouvé grâce devant l'éternelle justice? et ses Mânes, — son péri-esprit posthume, comme disent les modernes, — seraient-ils condamnés à errer loin de ceux qu'elle préféra? Vraiment, ajouta-t-il d'un air surpris et apitoyé à la fois, vous n'avez pas vu votre mère depuis qu'elle est morte?

Une haine m'emporta contre ce sinistre plaisant. Une haine qui refoula tous les sentiments de sollicitude, de vénération attendrie, d'espoir d'agenouillement sur une tombe sacrée qu'avait fait naître en moi la nouvelle de maman morte...

Ah! mon Dieu! mon Dieu! Suis-je bien certain qu'il y eût besoin de les refouler, ces sentiments-là? Éprouvai-je alors quelque chose de bien différent de la surprise causée par la mort de n'importe qui, imprévue? Et l'horrible, — comme à bien des moments, que dis-je, comme à tous les moments d'angoisse de ma vie, — c'était que je ne savais pas si je souffrais de la cause même de ma douleur, ou de la douleur de n'en pas souffrir.

Mais une rage oublieuse de toute convenance, chercheuse, fouilleuse, me prit contre cet homme qui était là, contre le comte d'Aprenève, face maintenant patente, et où je ne retrouvais pas, — si, je l'y retrouvais! — le père de jadis, gras et blond, aux favoris larges et souples, à la bonne bouche qui baisait en riant mes petites boucles, le père à qui maman disait: « C'est très bien! c'est très bien! vous avez bien fait! j'en suis fière! » et je voyais,

— avec une joie tortureuse, — la décadence de l'ancien bon visage achevée en des rides grassement pendantes et en la bassesse d'une bouche d'ivrogne, qui bave... Seulement, une bonté, pareille à une clarté, persistait, — s'étant, me sembla-t-il, allumée plus loin, — en ses gros yeux bleus, restés purs, et, même devenus plus purs, d'être plus vagues encore! Je lui dis, tout proche, avec, aux lèvres, la salive d'une abominable convoitise du mal :

— Alors, c'est ça, voilà où vous en êtes?

D'abord :

— Garçon, deux absinthes.

Puis :

— Oui, voilà où j'en suis, dit-il, très humblement.

Je repris, féroce, avec la parfaite joie de trouver un trésor infâme qui jamais ne me fut donné, et d'en compter, pièce à pièce, la totale valeur :

— Vous saviez, quand vous l'avez épousée, que ma mère avait eu un amant?

— Oui, dit-il.

— Que cet amant, c'était?...

— Georges Lorelys.

— Non! Fabien Liberge.

— Georges Lorelys d'abord. Fabien Liberge, ce n'est qu'après Lorelys.

— Gredin!

— Oui, dit-il.

— Et vous saviez que votre fiancée avait un enfant?

— Oui, vous.

— Et vous l'avez épousée?

— Oui.

— Pourquoi?

— Parce qu'elle était riche, parce que son père avait une grande situation industrielle et financière; parce que, ce mariage, c'était la députation assurée, et, grâce à mes talents, le ministère bientôt! Du reste, ma parole d'honneur, Mlle Hélène d'Aprenève me plaisait infiniment.

— Et, sans doute, l'habitude des liaisons faciles et rapides, après les fêtes débilitantes, vous inclinait vers un lit nuptial où la virile besogne ne rencontrerait pas d'obstacle?

Il vida son verre. Il cria: « Une absinthe! »; il dit:

— Oui, peut-être.

— Misérable!

— Non, alors, dit-il, je n'étais pas un infâme. Vraiment, à cette époque-là, je n'étais pas tout à fait un infâme. Je faisais des choses vilaines, mais ma conscience avait encore assez d'imagination pour leur attribuer des causes presque honorables. Ainsi, je vous l'assure, Arsène, j'ai cru, véritablement, que j'aimais votre mère, j'ai cru, sincèrement, que je vous aimais autant que j'eusse aimé un fils que j'aurais eu; et vous ne pouvez pas imaginer de quelle loyale ardeur, quand le pouvoir était entre mes mains, je désirais le bonheur universel !

— Oui, c'est possible, dis-je; et c'est justement la chose funeste que la Faute puisse se croire la Bonne Intention; que l'Ignominie s'adonne à la Vertu; que la Peste, de bonne foi, se prenne pour une Panacée.

Après un silence :

— Puis, dis-je...

Je m'interrompis. J'eus peur. Je me souvenais que cet homme, — par qui j'avais été embrassé, caressé, choyé, aimé, oui, certainement, aimé (ah! aimé, juste assez, sans doute, pour que ma mère, éblouie, consentît à quelque signature), devait à Fabien Liberge, mon père, devait à moi, en somme, sa chute, sa ruine, son effondrement jusqu'à ce petit café de la rue Vavin. De quel outrage allait-il me reprocher sa déchéance? Non. il n'avait pas l'air menaçant. J'en pris, étant lâche, courage. Certainement, pour perdre une si offerte occasion de reproche, il devait avoir l'épouvante de quelque riposte bien plus redoutable que son reproche. Et je continuai :

— Puis, après des évènements, vous êtes tombé jusqu'au journalisme mercenaire ?

— Oui, dit-il.

— Vous avez, pour gagner de l'argent...

— Ah ! si peu !

— Je sais, très peu. Vous avez...

— Pour servir une rente à votre mère...

— Piètres intérêts de sa dot, je suppose ?

— Ah ! certes.

— Vous avez, pour gagner de l'argent, imprimé, dans un journal socialiste...

— Sur qui planaient des soupçons...

— Les soupçons ! ça ne plane pas ! c'est trop bas.

— Ah ! si vous cherchez des défauts littéraires...

— Vous avez imprimé le contraire précisément de ce que vous aviez proclamé au Corps législatif.

— Le contraire ?

— Oui.

— C'est-à-dire la même chose. Oui, la même chose. Mon enfant, — comme je vous disais jadis, — écoutez-moi. Il est impossible à une voix intelligente de ne pas prévoir son écho, qui, tout en la répercutant, en varie, par le lointain, la signification. Il n'existe aucun orateur qui n'ait, en soi-même, son contradicteur ! et quiconque affirme n'importe quoi implique, par le fait même de son affirmation, la possibilité de nier ce qu'il affirma. Donc, poursuivit le comte d'Aprenève, je continuai, dans le journal socialiste, à penser tout ce que j'avais toujours pensé, non sans avoir l'air de dire précisément le contraire de ce que j'avais eu l'air de dire. Mais ma fortune fut brève.

— Pourquoi?

— Parce que je n'avais pas de talent. J'étais capable (si l'on m'avait réduit à la plus extrême nécessité) d'une mauvaise action; je n'étais pas capable d'une bonne phrase. Vous ne pouvez pas vous imaginer combien le public est bête! Il désire, étant français, qu'on lui parle en bon français. De là, depuis tant d'années, le prodigieux succès de Rochefort. Au fond, le journalisme moderne, — semblable, à ce point de vue, à celui d'Aristophane, — ne peut plus se passer de la syntaxe; et le public est comme une grande dame qui, à ses réceptions, exige tel habit conforme à l'étiquette. Je dus quitter le journal socialiste.

— Que fîtes-vous ensuite?

— J'eus des cachets dans des assemblées d'actionnaires; je fus le fondateur, par le candide agrément d'une grande dame qui croit que le plumet de sa petite coiffe de chasse est un panache de bataille (d'ailleurs, elle ne sait pas de quelle bataille, ni qui se battrait!) le fondateur, dis-je, d'une société où l'on distribuait à des pauvres, des soupes qui ne valaient pas le sou que devait donner chaque pauvre.

— Abominable trafic!

— Pas si abominable, Je gagnais un demi-centime par soupe. Mais j'avais pitié. Je ne suis pas méchant.

— Non, dis-je, immonde!

— Oui, dit-il, pas méchant. Je quittai cet emploi. Ancien ministre, je fus très facilement président d'un cercle.

— Où l'on trichait?

— Naturellement. Mon cher Arsène, réfléchis un instant. Comment se pourrait-il faire qu'il y eût, — même en paradis — un cercle où on ne trichât point? Partout où s'éveille en le cœur de l'homme, — ou de l'ange, — le besoin, l'espoir ou le seul orgueil du gain hasardeux, s'éveille en même temps, en lui, la nécessité de satisfaire, n'importe comment, à tout prix, ce besoin, cet espoir, ou ce désintéressé orgueil? Et je ne sais pas si, jouant aux dés avec saint Jean, Jésus, d'un petit doigt rapide, pendant que saint Jean tournait la tête, n'eût pas aidé à l'inclinaison définitive d'un dé qui lui faisait gagner la partie. Car il y a une gageure entre l'homme et le hasard! et l'humanité ne veut pas la perdre. Le lucre, — même chez ceux qui croient ne désirer que lui, — n'est pas la raison de leur acharnement; en réalité, chaque joueur, honnête ou non, oppose, à l'imbécile fatalité, son rêve de chance, ou son génie, ou sa ruse, génie aussi.

— Donc, au cercle dont vous étiez président, vous trichiez?

— Moi!

— Oui.

— Jamais. Pas moi.

— Qui donc?

— D'autres. Les jours de grâce refusée, le Président de la République ne guillotine pas lui-même. Je laissais s'emplir la cagnotte sous la table de baccara, comme on laisse déborder le panier de son, sous la planche de la bascule; et, véritablement, il n'y a aucune raison, selon l'éternelle loi du butin après la victoire — règle incontestable de l'humanité! — qui puisse m'interdire la possession de tout ce que j'ai conquis, n'importe comment; chargé des dépouilles des gens que je dépouillai, je n'ai encouru aucune autre aventure que celle de la défaite sous l'universelle bêtise, ou du triomphe sur elle!

— Combien de mois à Mazas?

— Un an, dit-il.

— Par faveur?

— Oui. J'avais cinq ans de Centrale. Raison de

santé. Mazas. Puis, raison de santé encore, Sainte-Pélagie.

— On y est bien?
— A Saint-Pélagie?
— Oui.
— Comme au Grand-Hôtel. Même, j'aime mieux la cuisine de Sainte-Pélagie, plus simple. C'est en prison que je me suis refait l'estomac.
— Et vous êtes bien, à présent?
— Oh! très bien. Je digérerais des cailloux.
— Mais, libéré, que fîtes-vous?
— Vous vous trompez, je ne suis pas libéré.
— Vous n'êtes pas sorti de captivité?
— Pas du tout.
— Pourtant?...
— Pourtant, je suis là? Je vais vous expliquer ma situation qui, au premier abord, paraît singulière et confuse. Quelques jours avant le matin où je devais quitter Sainte-Pélagie, je vis sur la dernière marche, en bas de l'escalier qui finissait vers la cour, une toute légère forme blanche, ressemblante à du linge diaphane qu'on pourrait prendre pour une transparence de femme; et un remuement comme de mousseline traversée de jour me dit : « Voici que tu vas être libre. Et tu es heureux. Es-tu certain d'être heureux? Tu aurais le droit de l'être, si tu avais, en effet, par l'emprisonne-

ment d'une année, expié les fautes pour lesquelles tu fus condamné, et tant d'autres fautes que les juges ignorèrent. Ta conscience t'autorise-t-elle à être content de ta délivrance? Remarque que je suis, précisément, sur cette marche, une part de ta conscience, tombée d'un soupir de rancœur, hier, quand tu montais. Eh bien, à mon point de vue, ta condamnation t'a épargné. Tu aurais dû avoir le maximum. — Le maximum? dis-je. — Le maximum, » dit l'ombre blanche de ma conscience. Puis elle s'évanouit. De sorte...

— De sorte?

— De sorte, dit-il, que, hors de prison, je me mis en prison, chez moi, et je fais mes dix ans. C'est le maximum.

— Monsieur! dis-je, je vous ai rencontré sortant de la Bibliothèque nationale.

— Mon enfant, il y a, dans toutes les maisons pénitentiaires, une heure de récréation, vers midi; je l'emploie à lire.

— Monsieur! criai-je, vous prenez l'absinthe en face de moi, dans ce petit café de la rue Vavin!

— Mon cher enfant, on autorise les prisonniers dignes de quelque confiance à aller jusqu'à la cantine. Mais croyez que la discipline imposée par la peine que je subis est affreusement pénible. Ainsi, bien que je sois le locataire d'un assez vaste appartement, je suis obligé de demeurer tout le jour et toute la nuit dans une très étroite chambre, au fond de cet appartement; et j'ai fait mettre des barreaux de fer à ma fenêtre sur la rue, de peur que je ne m'évade.

— Vous êtes fou ?

— Vous n'avez pas envie de l'être ?

Il reprit :

— Le jeudi, c'est le jour du parloir. Mon valet de chambre, qui est habillé en guichetier, me conduit dans le grand salon où, à travers un grillage, j'ai la permission de causer avec les personnes qui viennent me rendre visite. Si elles me passent quelque menu cadeau, le guichetier l'observe, le tâte, l'ouvre en la suspicion qu'il ne contienne quelque engin d'évasion. Et j'ai flanqué à la porte un de mes domestiques qui n'avait pas surpris une petite fleur des champs que m'envoyait, dans un chou à la crème, cette petite du théâtre des Variétés, qui, souvent, m'est très agréable, malgré la grille.

— Vous en avez encore pour longtemps, à rester prisonnier ?

— Pour deux ans. Je ne me refuserai pas la remise généralement accordée aux prisonniers qui ont une bonne conduite, ou qui dénoncent des camarades près de s'évader. Je me suis déjà dénoncé, deux ou trois fois.

— A qui?

— A moi-même; je me tiendrai compte de mon zèle, bien qu'il me dégoûte un peu.

— Vous ne vous ennuyez pas dans votre chambre lointaine?

— Je ne peux avoir aucun instant d'ennui, à cause de tant de visiteurs.

— Des visiteurs? en votre geôle?

— Pas des visiteurs ordinaires. J'avoue que lorsque, la première fois, des ressuscités de tous les temps, hommes, femmes, rois, reines, et de pauvres diables traînant des linceuls troués, sont venus me rendre visite, j'ai eu quelque scrupule. Avais-je le droit, moi, condamné, moi, prisonnier, de recevoir, si peu réels qu'ils fussent, des visiteurs que le juge d'instruction n'avait pas autorisés à venir? Je m'informai auprès du directeur de la prison.

— Du directeur de la prison?

— Oui.

— C'était?...

— C'était moi, dit-il. Il me permit d'accueillir les personnes intangibles qui, pour entrer, n'avaient besoin d'aucune ouverture de portes; et même — car il est très affable et très conciliant — il m'autorisa à leur offrir, tous les jeudis soirs, dans les salons de la prison, une petite fête intime. Mais, à la sortie, on est très sévère, et ceux qui ont des corps palpables ne sont pas admis à regagner leurs voitures; on les réintègre dans les dortoirs.

— Monsieur, dis-je, si le peu d'expérience que j'acquis en le mépris de tous et en le bourrèlement de moi-même, suffit à juger un homme, vous devez être devenu enfin quelque professeur de prestidigitation ou de spiritime; et je m'imagine que, les jeudis soirs, dans le salon de la prison, vous faites tourner des tables évocatrices, où il y a une fente, comme au tapis vert des tripots.

Il se dressa. Il dit, fièrement :

— Oui, je fais tourner des tables, oui, j'évoque des esprits, oui, je suis médecin, et je fait métier de l'être! Et pourquoi donc, n'y aurait-il pas, aux tables qui tournent, des trous par où le bénéfice du Mage tombe dans un tiroir dont il a la clé? Est-ce que toute peine — et sait-on l'effroyable peine, que c'est d'affronter, de provoquer les mystérieux errants de la Mort! — ne mérite pas salaire? est-ce que le prix, matériel, d'une chose, en peut diminuer la valeur, intellectuelle et morale? Est-ce que la Messe est moins sublime, parce que le prêtre est payé pour la dire? Est-ce que le génie de Corneille ou celui de Victor Hugo, ou celui de Wagner sont diminués parce que le fauteuil d'orchestre coûte sept francs à la Comédie-Française et que le fauteuil d'amphithéâtre coûte quinze francs à l'Opéra? le lucre est indispensable à la vie telle que, humainement, nous la vivons encore, et aucune beauté ne saurait être ravalée par sa valeur marchande. En ce qui me concerne, moi si humble, on ne me salarie pas, on me fait l'aumône; le trou dans mes tables tournantes, c'est la fente du tronc du Pauvre Prisonnier. Mais, généralisons : de quel droit les vivants actuels refuseraient-ils de payer la seule allégeance de vivre qui leur soit possible, à ceux qui la leur procurent? Pour que l'entremetteur sublime entre le monde spirituel et le monde naturel puisse tenter les vérités ou les apparences auxquelles les humains devront de croire et d'espérer, il leur faut une liberté d'esprit, une vigueur de corps, que permettent le bon gîte et le bon repas. Il est difficile d'être apôtre, avec des crampes d'estomac, dues à l'absence de repas matinal! et, certes, les martyrs sous la rage de Septime Sévère, se seraient moins généreusement, moins héroïquement laissé dévorer par les lions et les tigres, s'ils n'avaient pas, d'abord, été bien nourris eux-mêmes, par le faste suprême des bourreaux ou par la charité de sfidèles; la sublimité ne peut pas se passer de solidité; et, pour pouvoir donner le bon exemple d'être mangés, il faut avoir mangé ; le jeûne est la pratique des chrétiens qui n'ont pas beaucoup de peine à prendre. Donc, oui, c'est vrai, oui, mon fils, poursuivit le comte d'Aprenèye, je me fais payer ce que je donne à des hommes tristes, à des femmes mélancoliques! et, ils ont beau me payer très cher : après m'avoir payé très cher, ils me sont encore redevables! ils devraient me payer avec des louis qui seraient des étoiles.

— Que leur donnez-vous donc? criai-je.

— La consolation! dit-il.

— Oh! vous consolez!

— Oui.

Je le regardai de tout près. Les rides blafardes, la bouche baveuse, mais les regards vagues et si bleus et si lointains, il me donna l'impression d'un vieil ivrogne qui aurait des yeux d'ange.

— Vraiment, vous consolez?

— Oui. Après avoir été consolé moi-même. Il m'arriva une chose étrange, un soir que tout le monde était couché dans la prison. Je ne dormais pas. J'avais le front vers le ciel, entre deux barreaux de la fenêtre. Et j'étais si abominablement triste de toutes les vilenies de ma vie, que j'aurais peut-être éprouvé une joie, si, tout à coup, au lieu d'être dans une pistole de Sainte-Pélagie, d'où on sort vers la vie, je m'étais trouvé dans la cellule de la Roquette, d'où l'on ne sort que pour aller voir, au matin vert, luire le clair du haut couteau! et je me sentais la bouche amère d'avoir si longtemps remâché mes remords. Mais un souffle me passa sur le front. Ce n'était pas du vent qui avait passé. Non, ce n'était pas le vent. Il n'y avait pas de vent dans la cour. C'était le [souffle, pur, de quelque chose, de quelqu'un. Il y avait une douceur de pensée en ce souffle, la douceur d'une pensée de pitié et de pardon. Puis, plus rien. Sans doute, je n'étais pas assez malheureux encore pour être déjà pardonné. Mais, une autre fois, un matin, après toute une nuit de larmes, où j'avais, mordant l'affreux drap du grabat, imploré la miséricorde de tous ceux à qui je fis du mal, un souffle encore, si pur, si doux, me caressa le front, les yeux, les lèvres. Ma porte était fermée! ma fenêtre était fermée! J'étais seul. Je ne dormais pas. Ah! je compris, je compris : c'était Hélène d'Aprenève, c'était votre mère, — elle venait de mourir, — qui s'approchait de moi, et me conseillait de ne pas désespérer, et, d'une idéale main, glissante comme une haleine, m'écartait les soucis du front. A partir de cette minute, je fus certain que, entre le monde extra-terrestre et moi, des liens s'étaient établis, qui ne seraient jamais brisés. Je vécus

.(même après être sorti de prison), tantôt dans ce qu'on nomme la chimère, tantôt dans ce qu'on nomme la réalité ; j'étais comme l'amphibie de l'extra-naturel et du naturel. Et il m'était impossible de considérer un miroir, sans que s'y reflétât une image qui n'était pas la mienne, et qui était si belle! Lorsque je m'asseyais, un peu triste, loin de ma table de travail, ou de la table du repas, la table, d'elle-même, se rapprochait de moi ; et, — même le valet de chambre sorti, — j'avais toujours mon verre plein, comme dans les festins des contes de fée, servis par des mains invisibles. Et toujours je sentais en moi, en tout moi, une grande aise, quelque chose, sans doute, de comparable à la sérénité des premières minutes de l'ivresse de l'opium. J'étais entouré et pénétré de bonheur. A tel point que je ne pus point résister à l'idée de faire participer toute l'humanité à une telle joie pacifique...

— Et, dis-je, de gagner beaucoup d'argent, par la même occasion!

— Et, dit-il, de gagner beaucoup d'argent. J'aurais été un infâme de ne pas vendre la félicité, puisque j'en étais le possesseur. Quoi! mon égoïsme n'eût-il pas été abominable? Et j'ai fait la parade sur le tréteau de l'idéal.

— Charlatan!

— Mais oui, charlatan, vendeur de l'orviétan du rêve. Les moyens n'importent guère, si l'âme humaine se délivre d'un peu de ténèbres et de désespérances. Malheur à celui qui, assis devant la table qui va tourner, l'arrête de la pointe du pied, tandis que le médium l'allait mettre en branle au moyen du crochet caché sous la manchette de sa chemise. Le criminel, ce n'est pas le trop adroit thaumaturge, c'est l'honnête, raisonnable et pratique observateur. Et pourvu qu'on croie, en vérité il importe bien peu que ce qu'on croit soit vrai ou soit faux. Croire *vraiment*, suffit. D'ailleurs, moi, je ne me laisse point décevoir, pas même par moi-même. Oui, j'en suis persuadé, j'en suis sûr, je suis arrivé à obliger, véritablement, le mystère à des manifestations visibles, tangibles, incontestables. Oui, oui, l'on rit des chapeaux tournants, des tables tournantes! Ah! ah! ce serait vraiment absurde que l'infini communiquât avec nous par de si bas moyens; et il n'y a rien de plus bouffon que Dieu, sur la table, remplaçant la soupe aux choux. Imbéciles! Est-ce que, au point de vue de l'immatériel, il existe une différence entre les diverses sortes de choses matérielles? Et pensez-vous que, au regard de celui qui a pour œil l'universelle vision, l'Himalaya soit beaucoup plus haut que la table de nuit de la chambre à coucher? Moi, je suis heureux, parce que la clémence des esprits m'environne de caressantes promesses, mais surtout parce que, à d'autres désolés, j'ai pu donner, — pas pour beaucoup d'argent, on peut s'abonner, il y a même des entrées gratuites, — j'ai pu donner, dis-je, l'extase d'un chuchotement qui dit : « je ne t'en veux plus ! » et le charme incomparable de leur crime, devenu, aux portes du paradis, une Innocence, ou un repentir à qui sourit un ange, la fleur du pardon dans la main !

III

S'il avait dit vrai, cependant? Si, par une force intime, absente de la plupart des hommes, il avait en lui la puissance de ramener parmi nous les âmes des corps disparus, moins méchantes, plus pardonneuses, heureusement désillusionnées des reproches et des rancunes par la vérité qu'elles savent? Hélas, mes spectres, à moi, étaient effroyables. Ils étaient de l'horreur câline, affreusement caressante. Et ils ne me quittaient pas. Et ils bordaient mon lit. Et ils me servaient à table. Oh! les exécrables mets qu'ils me servaient. Certes, j'avais toujours, comme tous les gens de sens rassis, jugé imbécilement mélodramatique cette scène du théâtre espagnol où Don Juan, dans l'enfer, mange les cœurs pantelants et boit les larmes de ses victimes. Mes spectres, — mes victimes peut-être, — m'offraient de bien plus immondes repas. Une odeur d'excréments sortait des plats qu'ils me présentaient! Et, si je me hasardais à me plaindre, ils me disaient : « C'est l'odeur des plaies que tu as découvertes en nous. Mange, mange, mange la chair de nos plaies, et bois l'ichor que tu en fis jaillir sous tes doigts acharnés. » Grâce! grâce! grâce! Je n'en pouvais plus. Je savais bien que mes spectres n'existaient pas... qu'ils étaient les formes de mes remords... à moins que, réels fantômes en effet, ils ne montassent d'un enfer vengeur, tandis que, peut-être, chez le comte d'Aprenève, les âmes descendaient du paradis, apaisées?

IV

Un geste m'avait poussé. Il n'y eut même pas un bruit de porte refermée. Rien. Rien que de l'ombre. J'étais dans une chambre très petite, ou dans une très vaste chambre. Je ne savais pas, je ne pouvais pas savoir, tant l'ombre était opaque. Il me semblait, plutôt, que le lieu était vaste, démesuré même. Mes mains tâtaient de l'obscur, mais je sentais que l'ombre n'était pas déserte. J'avais tout de suite éprouvé qu'elle était peuplée, cette ombre... de qui? Des vivants étaient-ils là, des « vivants » selon le sens que, sur la terre, nous attachons à ce mot, sans savoir, d'ailleurs, ce qu'il signifie, ou bien des « revivants » selon un autre sens plus ignoré encore ? D'un instinct, je m'étais assis sur un siège frôlé dans le hasard des tâtonnements. Et j'étais dans les ténèbres, seul, et entouré d'une foule invisible et inconnue. Il faut que je le dise : j'éprouvais de la surprise, de l'inquiétude, de la peur même; mais aucun de ces sentiments n'était dépourvu d'une sorte d'aise, d'une dilatation satisfaite de tout moi. Je me trouvais presque bien. La première appréhension calmée, je me trouvai tout à fait bien. J'étais comme dans un air imbu de mystérieux effluves sacrés qui enivrent doucement et consolent. C'est cet air-là que dut respirer Apollonius de Tyane aux trépieds soulevés des Brames! et quelque chose comme l'aube de l'espoir de ne pas être à jamais malheureux commençait, parmi les intenses ténèbres, à se lever au lointain orient de moi. Et voici que je n'étais pas seul, sans doute, à connaître ce commencement de résurrection aurorale, car, tout autour de moi, j'entendais — sans rien voir — ceux-ci très lointains, ceux-là proches, des soupirs, des soupirs heureux, des soupirs de consciences désoppressées, des soupirs de consciences hors d'un antique cauchemar, consciences qui surnagent enfin dans l'air de la pureté ou du pardon hors de l'enlisement dans des fanges, qu'elles crurent éternel! et il y avait une humilité fervente d'actions de grâces en ces soupirs qui ressemblaient aux pâmoisons d'une délivrance! Ces voix, pas articulées, mais si heureuses, étaient, sensiblement, des voix de vieux et de vieilles, et de jeunes hommes et de jeunes femmes. Sexes, âges, n'importe, je sentais qu'un arrachement de fardeau soulageait un grand nombre d'âmes; et une consolation, sur toutes, planait... avec quelles ailes? avec des ailes qui n'étaient pas même de la blancheur, tellement elles étaient, dans tout le noir, de la transparence. Et, soudainement, je vis des fuites, des retours, et des fuites encore, de langes célestes... En même temps, les soupirs se précisaient en vagues paroles, en paroles moins vagues; et, sous le passage des diaphanéités pâles, des mots suivaient des bras sans doute levés dans l'ombre! « Merci, merci! — Maman! — Ma sœur! — Oh! que tu es bonne! — Mon amour! — Je te fis tant de mal! — Tu ne m'en veux plus! — Oh! laisse-moi pleurer sur tes fraîches mains d'ombre! — Veux-tu que je meure! — Tu m'aimeras sans fin? — Tu veux bien me rendre, pour que j'y trouve le parfum de ta mort, qui m'est plus chère que ma vie, la fleur que nous avons cueillie ensemble, et que tu as emportée au tombeau? » Et moi-même, de plus en plus, j'étais envahi d'un bien-être, inconnu depuis tant d'années, ou, plutôt, jamais connu, car le monstre, le malheureux que je devais devenir, je l'étais déjà sur la terrasse de Courances, sous les caresses mélancoliques de Maman toute en soie. Quoi! l'ivrogne aux yeux d'ange avait donc eu raison? J'étais environné, sous des passages d'immatérielles candeurs, de toute une humanité pardonnée, consolée, heureuse. Certainement, des mères qui avaient pleuré leur fils le revoyaient, dans une gloire, et leur riant, et leur disant : Ne pleure plus! Certainement des susurrements d'outre-tombe, — on ne trompe point dans l'éternité, — affirmaient à l'amant qu'il ne fut point trahi, à l'épouse qu'elle fut seule aimée; et l'empoisonneur obtenait de la complaisance de sa victime devenue spectre l'aveu que, si elle avait bu le poison, — dont elle se doutait bien, — c'était pour en finir avec la vie, parce qu'il l'aimait moins depuis huit jours! de manière qu'il n'était pas du tout coupable! et elle serait sa sœur dans le ciel. Clémences! Apparitions apitoyées! avant-coureuses de la miséricorde infinie de Dieu! Tout l'égoïsme humain, épars en quelques présences invisibles, s'exaltait délicieusement sous la bénédiction caressante de l'inconnu ; et, autant qu'il m'était possible, m'avançant, me courbant sous les apparitions et les disparitions des Mânes tendres, je participais à la joie universelle de l'absolution.

— Allume-la donc!

— Hein?

— Allume-la.

— Quoi? qu'allumerais-je?

— La lampe.

— Quelle lampe?

— La lampe électrique, que tu as apportée, dont le fil te tourne autour des reins, et qui a son petit globe de verre entre les deux parements de ton smoking.

— Je ne l'allumerai point.

— Le petit bouton qu'il faut presser est dans ton gousset gauche... Presse-le.

— Non!

— Si.

La soudaine lumière éblouit, saccagea, dispersa toute l'ombre. On vit le salon blanc et or, très vaste, assez ressemblant à la salle commune des Grands Hôtels de tous les pays, et je contemplai la déroute burlesque des spectres, collaborateurs ordinaires des séances de magnétisme et de spiritisme, qui s'échappaient en emportant leurs linceuls et les vagues ressemblances, — masques, chevelures et voiles, — qu'indiquèrent des piétés confiantes!

J'avais fait justice de la superstition,

Nyx dit :

— Ah! ah! ah!

Mais le comte d'Aprenòve s'était dressé! il cria :

— Malheur au sacrilège qui a interrompu le mystère! Malheur à l'intrus dans le rêve! Chassez-le! Tuez-le! Chassez-le!

Et, sous les lueurs de la lampe, qui émanaient de moi, je vis s'approcher, les uns mélancoliques et faibles, les autres rudes, tous désolés et maudisseurs, des hommes et des femmes, les mères qui étaient venues pour revoir leurs fils, les amants qui espéraient des pardons et des promesses éternelles, et les coupables qui attendaient de célestes grâces d'une erreur de la justice éternelle, — je vis, dis-je, tous les désireurs de ce qui n'est plus ou de ce qui n'est point, s'approcher de moi, lentement d'abord, puis se ruer vers moi. Car j'avais été l'illumineur des douteuses ténèbres! le dénonciateur du truc dans le rêve! le renverseur des mannequins du musée de figures de cire des Barnums-Médiums. Et, un instant, je crus que les désillusionnés allaient m'assassiner. Ils auraient eu bien raison, de m'assassiner. Jamais aucun être humain ne fit à d'autres êtres humains tant de mal que je venais d'en faire à ceux-ci. Ils eurent tort de ne pas me tuer, ils m'auraient évité un effort, toujours difficile et pénible. Mais, en même temps que terribles, ils étaient burlesques, et je me mis à rire, à rire, à rire. Je riais si violemment qu'ils eurent peur de mon rire. Le comte d'Aprenève lui-même recula à cause de mon rire. Mais celui que mon rire effrayait le plus, c'était moi-même ! car voici que, enfin, je riais d'avoir tué, jusqu'en la plus lointaine, jusqu'en la plus chimérique manifestation du mystère, l'espérance même de l'espoir !

FIN DU SEPTIÈME CAHIER

Les personnes qui ont pris la peine de lire les pages qui précèdent les Sept Cahiers d'Arsène Gravache, se souviennent peut-être de ces lignes : « Qu'est devenu Arsène Gravache ? Il doit être mort. Tant de jours se sont écoulés ! Il se peut qu'il vive, cependant, très vieux, plus horrible. Peut-être quelqu'un se souviendra de l'avoir connu, saura s'il existe encore, ou bien s'il a fini de souffrir, et quelle fut la fin de ses souffrances ? » Et j'ajoutais : « Sa mort (s'il est mort), a pu avoir l'importance d'un exemple. » Or, l'appel que j'avais adressé à un inconnu, ou à des inconnus, n'est pas resté sans réponse. Le troisième cahier d'Arsène Gravache n'avait pas fini de paraître, lorsque je reçus une lettre du docteur Ernest Lecauchois, qui, depuis la mort de son père, le docteur Fernand Lecauchois, — c'est-à-dire depuis dix ans, — est propriétaire d'une maison de santé très fameuse. J'aurais pu rendre cette lettre publique dès qu'elle me parvint ; mais il m'a paru plus normal de ne la divulguer qu'après les Sept Cahiers, dont elle fournit la conclusion et comme qui dirait la morale. Voici la lettre du docteur Ernest Lecauchois :

« Morin-sur-Vanne, 30 octobre 1897.

« Monsieur,

« Je l'ai connu, ce malheureux, ce monstre. Je l'ai soigné, je l'ai aimé. Je ne savais pas alors que, dans d'abominables libelles, il avait calomnié mon illustre et vénéré père. Je lui pardonne ! comme mon père, en sa miséricorde, lui aurait pardonné sans doute. Et voici ce que je sais de sa vie et de sa mort.

« Il avait été, sur la plainte d'une dame Rosette Liberge, née Berchoux, qu'avait épousée *in extremis* le célèbre pamphlétaire Fabien Liberge, interné dans la maison de santé que je dirige depuis la mort de mon vénéré et illustre père. Je reconnus tout de suite en lui les symptômes de l'Humeur Noire, qui est la plus désolée des démences raisonneuses. Il était l'obstiné chercheur, l'abominable trouveur des ordures morales et physiques; on peut dire que son instinct était comme une aiguille aimantée vers le mal et le laid. Était-il guérissable? je n'avais pas tout à fait renoncé à l'espérer lorsqu'il s'évada de la maison de santé. Ce fut sans doute après cette évasion que vous fîtes sa connaissance à l'auberge de la mère Robinette, dans la forêt de Meudon. Mais son absence dura peu; un ou deux mois seulement; et, de lui-même, il revint se soumettre à mon traitement. Son état avait encore empiré. Il errait dans les couloirs, dans le jardin, — flaireur de toutes les immondices! Et une continue épouvante faisait affreusement hagards ses petits yeux saignants comme des yeux crevés. Je ne tardai pas à pronostiquer quelque crise fatale. En effet, une nuit — vers le milieu de la nuit — un infirmier vint m'éveiller, m'avertir que des bruits singuliers, des bruits de querelles et de renversements de meubles, se faisaient entendre dans la chambre particulière où j'avais installé Arsène Gravache. L'infirmier avait voulu entrer chez le malade; mais celui-ci s'était enfermé; et la porte était très épaisse, très solide. Je me levai, je m'habillai à la hâte, j'arrivai devant la porte. En effet, des bruits de heurts et des cris entre des paroles qui semblaient proférées non par une seule voix, mais par deux voix, venaient de la chambre, en un tumulte de colère. « Monsieur Gravache, dis-je. Monsieur Gravache! » Il ne répondit pas, et comme je craignais quelque funeste aventure, j'ordonnai à l'infirmier d'aller chercher des outils pour forcer la porte. Resté seul, je prêtai l'oreille, très fixement, très ardemment. Oui, j'entendais deux voix, ou du moins, il me semblait que j'entendais deux voix. L'une, assez grave et grasse, était celle d'Arsène Gravache; l'autre, grêle, fine, pointue, semblait celle d'un tout jeune garçon. Mais je n'aurais pas pu jurer que ce n'était pas le seul Arsène Gravache qui parlait avec ces deux voix. Distinctes, elles se ressemblaient. On eût dit les échos l'une de l'autre en des différences de lointain. Et maintenant je saisissais des mots : « Je ne veux plus... je ne veux plus... Ah! ah! ah!... Va-t'en!... Jamais!... Va-t'en!... Comment veux-tu que je m'en aille?... Tiens! je te renverse le lit sur le dos!... Ça t'a fait mal, n'est-ce pas?... Je te jetterai par la fenêtre!... Oui, oui, casse-toi les reins... Démon... Imbécile... Monstre... Lâche! Quoi! le jour de mon mariage était proche! Baubô, ma chère Baubô, se jugeait presque assez bien parée pour les noces! Avec les Tares de l'amour, de la gloire, de l'art, de l'or, de la liberté, de la religion et de l'infini mystère, tu lui avais déjà fait un diadème de magnifiques pustules! encore quelques sales perles de sanie, et la Laideur éternelle épousait l'éternel Mal. Mais toi, toi, lâche, tu te dérobes à ton devoir, tu renonces à ta fonction... Je te tuerai!... Bête!... Je t'égranglerai! » Et les violentes criailleries redoublaient dans les sonores bousculades des meubles contre les meubles, dans des éboulements de lourdeurs sur le plancher creux. Certainement, quelque catastrophe allait se produire. Comme on tardait à venir à l'aide! Comme l'infirmier mettait du temps à trouver les outils! Enfin, des pas rapides, en tumulte, montèrent l'escalier. L'interne de service, avec les gardiens et les deux sœurs de charité, arrivaient, s'informaient. Je pris des mains de l'infirmier une énorme barre de fer, dont je tâchai d'enfoncer la porte. Celle-ci geignit, résista. Je redoublai d'efforts. J'étais d'autant plus inquiet que, maintenant, le silence s'était fait dans la chambre. Quelque chose s'était peut-être accompli. Nous allions peut-être nous trouver en présence de la fin, de l'irrémédiable. La porte céda! Je me précipitai. Arsène Gravache était étendu sur le parquet. Il était seul, il était mort. Il s'était étranglé lui-même avec un foulard de soie. Nous le regardions, épouvantés. Son groin, même après le trépas, s'avançait, comme — selon votre expression assez juste — l'appareil aspiratoire et dégustatoire de certaines bêtes. Il flairait hideusement la mort.

« Veuillez agréer, etc.

« Ernest Lecauchois. »

Sans doute il existe beaucoup d'hommes

pareils à Arsène Gravache. Aucun souffle, si délétère et si sombre qu'il soit, ne saurait éteindre les Sept Étoiles.

FIN

TABLE

	Pages
J'ai longtemps hésité à faire imprimer	1
Premier cahier. — *Pour Alcyone*	15
Deuxième cahier. — *Pour Taygète*	26
Troisième cahier. — *Pour Maya*	279
Quatrième cahier. — *Pour Céléno*	389
Cinquième cahier. — *Pour Mérope*	409
Sixième cahier. — *Pour Astérope*	431
Septième cahier. — *Pour Électra*	473
Les personnes qui ont lu...	513

Paris. — L. Maretheux, imprimeur, 1, rue Cassette.

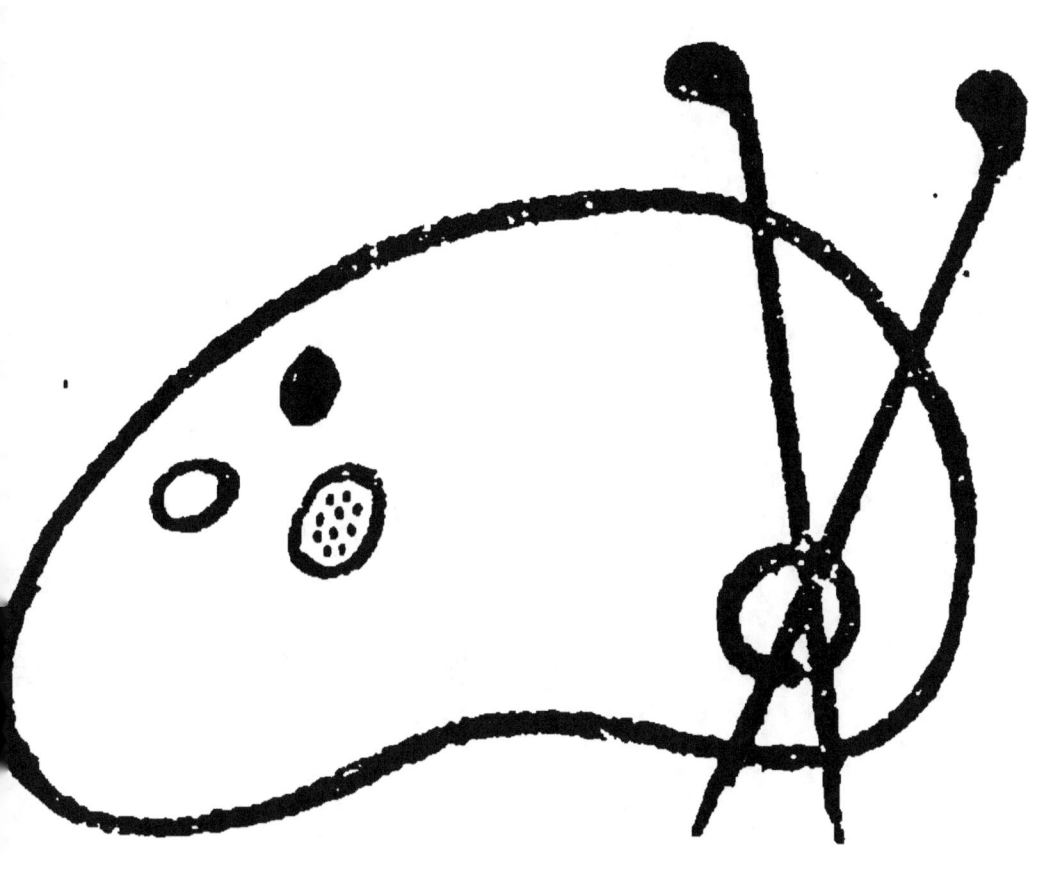

Original en couleur

NF Z 43-120-8

www.ingramcontent.com/pod-product-compliance
Lightning Source LLC
Chambersburg PA
CBHW051400230426
43669CB00011B/1714